基礎から学ぶ
原産地規則

長谷川実也・松本　敬　共著

日本関税協会

はじめに

　本書をご覧いただいている皆様の中には、日々の業務の一環としてすでに経済連携協定（EPA: Economic Partnership Agreement）で供与されている低い関税率を利用されている方、あるいは会社からの指示により利用に向けて勉強中の方等様々な知識や経験レベルの方がいらっしゃると思います。本書は、そのような読者の皆様にできるだけ分かり易く、EPA 利用の基本の一つとなる「原産地規則」について記載しています。

　2023 年 2 月 1 日現在、日本が署名済の EPA は 21 にのぼり、そのうち 20 の EPA が発効しています。発効済 EPA の締約国は、EU27 か国及びアセアン 10 か国を含め 50 か国となっています。EPA 締約国の間で約束された対象産品に対しては「無税」又は WTO の最恵国税率（MFN 税率）に比べ低い税率（以下「EPA 特恵税率」といいます。）が適用されます。輸入者が輸入国において、各 EPA の手続きに基づき輸入国税関に EPA 特恵税率の適用を求めることにより、当該税率の適用を受けることができます。

　EPA 特恵税率を利用するためには、貿易取引される産品が EPA 締約国の原産品である必要があります。原産品であるか否かを判断するために、大きく分けて①貿易取引される産品が EPA 締約国の原産品として認められる貨物か（原産性判断基準）、②原産品であると認められた産品が適正に輸入締約国に運送されたか（積送基準）、③ EPA 特恵税率の適用を求める輸入手続やその証明のための証拠書類の作成・保存等が適正に行われているか（手続的規定）の 3 項目が、原産地規則として定められています。原産地規則は EPA 毎に定められており、骨格の部分はほとんどの EPA で類似していますが、細部は EPA 毎に異なっています。

　日本として初めての EPA がシンガポールとの間で 2002 年に発効して 20 年が経過し、当初から積極的に EPA を活用されている企業の皆様にとっては、原産地規則はすでにおなじみのことと思われます。しかし、EPA 特恵税率を利用したいが、どのような書類を準備したら良いか分からない、輸入国税関による事後

の確認が不安で EPA 特恵税率の利用を躊躇する等の意見も良く聞きます。さらに、EPA に規定されている原産地規則が理解しにくい、EPA に規定されている意味が不明である等の困難に直面している方もいらっしゃると推測します。一方、日本が締結している EPA 締約国の 50 か国との間での貿易総額は、日本の総貿易額の約 8 割を占める規模となっています。その結果、日本の貿易関係者にとって、EPA 特恵税率を適正かつ効率的に利用することが、企業戦略の一つのカギともなってきています。

　そのため、本書は、EPA 特恵税率を利用されている企業や利用を検討されている企業の皆様に広くご利用いただけるように、原産品であるかどうかの判断に関する基本的な事項に加え、その証明に必要な具体的手続きや書類の作成方法、輸入国税関による事後の確認への対応等の実務に即した事項を充実させるとともに、原産地規則に関して知っておくと得をする知識についてもできる限り詳細に記載しました。

　なお、関税法や関税定率法において輸出入手続等を規定する場合は「貨物」という言葉が、輸出入貨物の関税分類を定める関税定率法の別表（HS 品目表）では「物品」という言葉が、各 EPA においては「材料」及び「産品」という言葉がそれぞれの法目的に基づき利用されています。このため本書においても、輸出入手続に関する説明では「貨物」を、分類に関する説明では「物品」を、原産地規則に関する説明では「材料」又は「産品」という言葉を使用しております。

　また、執筆の際に利用した税関、外務省、経済産業省等のホームページのURL を参考として脚注に記載しております。当該 URL は 2023 年 2 月 1 日時点にアクセス可能であったものを記載しております。税関ホームページ等の URLは、将来変更される、情報そのものが削除される場合もありますので、ご了承ください。

　本書が、貿易関係者、特に EPA 特恵税率を適用して貨物を輸出入されている皆様方にとって、原産地規則に関する知識を一層深めていただき、適正な税関手続が効率的に行われるための一助となれば幸いです。

目　次

目　　次

第 7 章　EPA 特恵待遇の要求、記録の保存と事後の確認への対応（ステップ 7〜9） 221

第 1 章　経済連携協定（EPA）の概要

1. 経済連携協定とは

　経済連携協定（EPA: Economic Partnership Agreement（以下「EPA」といいます。））は、幅広い経済関係の強化を目指して、貿易や投資の自由化や円滑化を進める二国間又は特定の地域の間で締結される協定です。読者の皆様の中には自由貿易協定（FTA: Free Trade Agreement（以下「FTA」といいます。））という言葉をお聞きになったことのある人も多いと思います。FTA と EPA の違いは、FTA が特定の国や地域の間で、物品の関税とサービス貿易の障壁等を削減又は撤廃し、協定の締約国や地域間における貿易の自由化を進めることを目的とした協定であるのに対し、EPA は、物品とサービスの貿易自由化に加え、投資、人の移動、知的財産の保護や競争政策におけるルール作りなど、様々な分野での協力や制限の撤廃を含む、幅広い経済関係の強化を目指す協定です[1]。

表 1-1　日本が署名している EPA と発効年月の一覧表

EPA の略称	発効年月	EPA の略称	発効年月
日シンガポール EPA	2002 年 11 月	日インド EPA	2011 年 8 月
日メキシコ EPA	2005 年 4 月	日ペルー EPA	2012 年 3 月
日マレーシア EPA	2006 年 7 月	日豪 EPA	2015 年 1 月
日チリ EPA	2007 年 9 月	日モンゴル EPA	2016 年 6 月
日タイ EPA	2007 年 11 月	TPP	未発効
日インドネシア EPA	2008 年 7 月	TPP11（CPTPP）	2018 年 12 月
日ブルネイ EPA	2008 年 7 月	日 EU・EPA	2019 年 2 月
日アセアン EPA	2008 年 12 月	日米貿易協定	2020 年 1 月
日フィリピン EPA	2008 年 12 月	日英 EPA	2021 年 1 月
日スイス EPA	2009 年 9 月	RCEP	2022 年 1 月
日ベトナム EPA	2009 年 10 月		

1　外務省「我が国の経済連携協定（EPA/FTA）等の取組」（https://www.mofa.go.jp/mofaj/gaiko/fta/index.html）。なお、日本以外の国が締結する協定は、関税撤廃・削減やサービス貿易の自由化以外の様々な分野を含むものであっても FTA と呼ばれることがあります。

　日本は、貿易の自由化を進めるにあたって、当初から FTA ではなくより包括的な EPA を推進してきました。そして 2002 年に初めての EPA がシンガポールとの間で発効しました。日本はその後も積極的に EPA の締結交渉を推進し、2023 年 2 月現在、24 か国・地域（締約国は 50 か国）との間で 21 の EPA に署名し、「環太平洋パートナーシップ（TPP: Trans-Pacific Partnership Agreement) 協定」を除く 20 の EPA が発効しています（表 1-1 参照）。

　また、これら発効済 EPA の 50 の締約国との間の貿易総額は、日本の貿易総額の約 8 割を占める規模となっています。

　特に近年「環太平洋パートナーシップに関する包括的及び先進的な協定（以下「TPP11」といいます。)」(2018 年 12 月発効)、「経済上の連携に関する日本国と欧州連合との間の協定（以下「日 EU・EPA」といいます。)」(2019 年 2 月発効)、「日本国とアメリカ合衆国との間の貿易協定（以下「日米貿易協定」といいます。)」(2020 年 1 月発効)、「地域的な包括的経済連携協定（以下「RCEP」といいます。)」(2022 年 1 月発効) といった経済規模や貿易規模の大きな EPA（以下総称して「メガ EPA」といいます。）が相次いで発効しています。このため、貿易取引を行っている企業にとっては、EPA をいかに効果的に活用するかが、企業の重要な成長戦略の一つになっているとも考えます。

　公益財団法人 日本関税協会（以下「日本関税協会」といいます。）が財務省の委託を受けて継続的に行っている「経済連携協定（EPA）利用に係るアンケート」の第 3 回調査結果[2]（2021 年 12 月 9 日から 2022 年 1 月 31 日の間実施）

図 1-1　EPA の利用状況（第 3 回 EPA 利用に係るアンケート調査結果）

【輸入】

	数値
日 EU	427
日タイ	368
日アセアン	340
日ベトナム	325
日インドネシア	293
TPP11	252
日インド	242
日マレーシア	211
日米	173
日オーストラリア	163
日フィリピン	157
RCEP	137
日英	123
日シンガポール	121
日メキシコ	115
日チリ	102
日スイス	86
日ペルー	64
日モンゴル	18
日ブルネイ	8

【輸出】

	数値
日タイ	220
日 EU	197
日インドネシア	176
日インド	155
日ベトナム	119
日アセアン	117
日マレーシア	93
日フィリピン	70
日メキシコ	70
日英	64
TPP11	57
日米	55
日オーストラリア	51
日スイス	43
日チリ	43
日シンガポール	32
RCEP	31
日ペルー	21
日モンゴル	16
日ブルネイ	4

によると、利用の多い EPA のトップ 5 は、輸入では日 EU・EPA、日タイ EPA、日アセアン EPA、日ベトナム EPA、日インドネシア EPA の順となっており、輸出では日タイ EPA、日 EU・EPA、日インドネシア EPA、日インド EPA、日ベトナム EPA となっています（図 1-1 参照）。RCEP についてもアンケート調査期間が発効後 1 か月間のみでしたが、輸入では 12 番目に入っています。

2. EPA 活用の効果と EPA 特恵税率

　企業が EPA を利用する上で最も大きなメリットは、輸入国において適用される輸入関税が撤廃又は削減されることにあります。撤廃又は削減の方法には、EPA の発効と同時に撤廃又は削減されるものと、一定の期間を経て段階的に引き下げられ、最終的に撤廃又は一定税率まで削減されるもの（以下「ステージング」といいます。）、あるいは一定期間経過後撤廃又は削減されるもの等様々な方式が EPA 毎に定められています。

　最初に、一般的な関税率と EPA 特恵税率の関係について説明し、続いて EPA 利用の効果について解説します。

　関税には様々な種類のものがあります。大きく分けて、法律に基づき適用される国定税率（基本税率、暫定税率[3]、一般特恵税率[4]）と、国際条約や協定に基づき適用される協定税率（WTO 協定税率、EPA 特恵税率等）があります。また、不正な貿易慣行に対抗するために認められている不当廉売関税（ダンピング防止税）や相殺関税等があります。

　ここでは、日本の関税体系の基本となっている基本税率、WTO 協定税率、EPA 特恵税率の関係について説明します。

① 　基本税率とは、すべての輸入貨物に対して、法律の変更がない限り長期的に適用される基本となる税率をいい、関税定率法の別表[5]に規定されています。

2 　公益財団法人日本関税協会「「経済連携協定（EPA）利用に係るアンケート」調査結果」(https://www.kanzei.or.jp/sites/default/files/pdfs/aeo/220419_EPA_SURVEY2021.pdf)

3 　一時的に基本税率に代わって適用される暫定的な税率のことをいい、常に基本税率に優先して適用されます。対象となる物品、税率、期間等は、関税暫定措置法に規定されています。

4 　開発途上国又は地域を原産地とする特定の輸入品について、一般の関税率よりも低い税率を適用して、開発途上国又は地域の輸出所得の増大、工業化の促進を図り、経済発展を推進しようとするものです。対象となる物品、税率、特恵受益国等は、関税暫定措置法に規定されています。

5 　日本の関税定率法の別表は、世界税関機構（WCO）が採択し管理している「商品の名称及び分類についての統一システム（Harmonized Commodity Description and Coding System）に関する国際条約」（通称「HS 条約」といいます。）の別表である HS 品目表に基づき作成されています。なお、HS 品目表につい

② WTO 協定税率とは、すべての WTO 加盟国・地域に対して、一定の税率を超える関税を課さないことを約束（譲許）している税率をいいます。WTO 加盟国・地域に対して譲許した税率は、WTO に提出した譲許表に記載されており、国定税率より低い場合、WTO 全加盟国と地域からの輸入貨物に等しく適用されます。これを最恵国待遇といい、WTO 譲許表に記載されている税率を最恵国税率（MFN（Most Favoured Nation）税率）ともいいます。

③ EPA 特恵税率とは、EPA 締約国の間において、関税率の撤廃（無税）又は特別に低い税率の適用を約束したもので、各 EPA の譲許表に記載された税率をいいます。

　EPA 特恵税率の対象品目が、基本税率及び WTO 協定税率が有税の物品であることを念頭に、これら 3 つの税率を図式化すると、図 1-2 のようにイメージすることができます。ただし、輸入される物品には基本税率が無税のもの、WTO 協定税率が無税のものも多くありますので、図 1-2 は 3 つの税率の関係を理解していただくために単純化したものとしてご覧ください。

図 1-2　基本税率、WTO 協定税率、EPA 特恵税率の関係

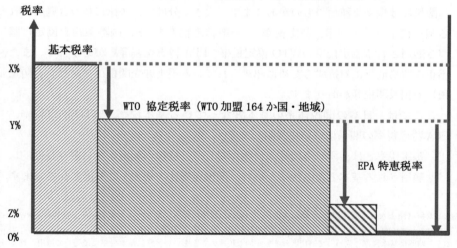

　WTO 加盟国が EPA や FTA を締結した場合、WTO 事務局に通報することが求められています。WTO 事務局が公表している資料によると、2023 年 3 月 1 日現在、世界で 355 の発効済 EPA/FTA 等が WTO 事務局に通報されています[6]。

ては、本章脚注 14 において説明しています。

6　WTO, RTA Currently in force year（by year of entry in force）, 1948 – 2022（https://rtais.wto.org/

したがって、EPA は日本への輸入又は日本からの輸出について利用されるばかりではなく、第三国間の貿易、例えば、ベトナムと中国、ベトナムと EU 等の間の貿易にも使用することができます。

現在、日本の多くの企業がバリューチェーンの効率化を求めて海外に進出し、中国、米国、EU、アセアン加盟国等に製造拠点を設け、日本と海外の製造拠点、海外の製造拠点間、あるいは他のサプライヤーと内外の製造拠点間において様々な原料、中間材料、製品等が貿易取引されています。

これら貿易取引されている様々な貨物について EPA 特恵税率を適用することが可能となれば、企業全体として大きな節税効果が得られ、コストの最小化と利益の最大化に貢献することが可能となります。例えば、RCEP 発効に際して、財務省、経済産業省、農林水産省が共同して試算した、関税収入等の減少額が公表されています。この試算によると、RCEP 発効による日本の関税収入減少額は、初年度で 437 億円、ステージングに基づく関税引下げが終了する最終年度（日本の場合最長 21 年）で 3,159 億円とされています。輸入者側からいえば、RCEP の特恵税率の活用により、初年度に 437 億円の節税効果が得られ、その後毎年節税額が拡大し最終年度では 3,159 億円の節税効果が得られ、それ以降も毎年同額の節税効果が得られるということとなります。また、日本の輸出品に対し RCEP 締約国において課される関税の支払減少額は、初年度で 3,087 億円、最終年度で 1 兆 1,397 億円と試算されています[7]。

このように、RCEP のみでも大きな節税効果が試算されており、この点が EPA 活用の最大のメリットと考えられます。そのメリットを享受するためには、それら貿易取引されている様々な貨物が、各国や地域が締結している EPA や FTA で定める原産品と認められるか否かが重要となります。原産品として認められるか否かは、EPA や FTA の協定毎に定められている原産地規則に基づき判断することとなります。

3. WTO の基本原則と EPA 原産地規則

国際貿易に関する基本的な枠組みとしては、1995 年 1 月 1 日に設立された国際機関の世界貿易機関（WTO: World Trade Organization）があります。WTO

UI/charts.aspx)

7　財務省「地域的な包括的経済連携（RCEP）協定に係る関税収入減少額及び関税支払減少額の試算について」(https://www.mof.go.jp/policy/customs_tariff/trade/international/epa/jrcep_kanzei.pdf)

には、2023 年 2 月現在 164 か国・地域が加盟し、国際貿易に関する様々な問題について議論するとともに、国際貿易に関する各種のルールを定めています[8]。

　WTO の最も基本的な原則の一つとして、いずれかの加盟国・地域に与える最も有利な待遇を、他のすべての加盟国・地域に対して与えなければならないとする最恵国待遇原則（MFN 原則）があります[9]。

　EPA は二国・地域間又は複数国・地域間で経済関係を強化するために、物品の貿易に関する関税の撤廃又は削減、サービス貿易の自由化等を約束したものです。これにより、域内国・地域間の貿易は自由になる一方で、域外国との貿易障壁は残ることから、EPA 締約国・地域とそれ以外の WTO 加盟国・地域との間で異なる待遇が与えられることとなり、最恵国待遇の原則に違反することとなります。しかしながら、GATT [10] 第 24 条に基づき、一定の条件の下でその取扱いが例外として認められています。また、開発途上国の輸出所得の拡大、開発の促進を目的とした開発途上国に対する関税上の特別措置として、先進国から開発途上国産品に対して、最恵国待遇に基づく関税率より低い関税率が適用される一般特恵関税制度（GSP: Generalized System of Preferences）についても、その例外として認められています[11]。

　このように、世界貿易は WTO の規律を原則とし、さらなる貿易の発展や促進を目的に、EPA/FTA や GSP といった制度が設けられています。これら EPA/FTA や GSP を利用して貿易を行う場合に、当該貿易対象の貨物が、EPA/FTA や GSP の適用対象となる貨物か否かを明確にする必要があり、そのために各EPA/FTA や GSP に原産地規則が設けられています。

4.　税関の基本的な役割

　税関は、国境において輸出入される貨物に対し適用される法令を最終的に執行

8　外務省「WTO（世界貿易機関）」https://www.mofa.go.jp/mofaj/gaiko/wto/gaiyo.html

9　経済産業省『2022 年版不公正貿易報告書』（第 II 部 WTO 協定と主要ケース　第 1 章最恵国待遇）207 頁 https://www.meti.go.jp/shingikai/sankoshin/tsusho_boeki/fukosei_boeki/report_2022/pdf/2022_02_01.pdf

10　1947 年に署名された「関税および貿易に関する一般協定」（General Agreement on Tariffs and Trade）の略称。関税引き上げ操作などの貿易制限を廃止し、自由貿易を国際的に推進することを目的として制定された国際協定です。

11　経済産業省『2022 年版不公正貿易報告書』（第 II 部 WTO 協定と主要ケース　第 1 章最恵国待遇）209 頁（https://www.meti.go.jp/shingikai/sankoshin/tsusho_boeki/fukosei_boeki/report_2022/pdf/2022_02_01.pdf）

する機関です。関税法、関税定率法及び関税暫定措置法といった税関手続や関税率を規定する法律に基づき、輸入貨物に係る関税や消費税を徴収するとともに、貨物の輸入や輸出に対する許可を行います。また、輸出入の許可に際して税関は、関税関係法令以外の法令（以下「他法令」といいます。）に基づき必要とされている許可や承認が得られているかについても確認することとされています。例えば、食品が輸入される場合、食品衛生法に基づく必要な許可等が得られているか、あるいは精密機械が輸出される場合、不正に武器等に転用されることがないか、関係省庁の確認は得られているか等の最終チェックを行います。このため、税関は、輸出入貨物の国境における総合的な法執行機関といわれています。

　日本税関は、これらの関税関係法令及び他法令を国境において適正に執行し、「安全・安心な社会の実現」と「適正かつ公平な関税等の徴収」を図りつつ、「貿易の円滑化」を同時に実現することをその使命としています。適正かつ公平な関税等の徴収からみると、2021 年度の税関による関税及び消費税等の収納額

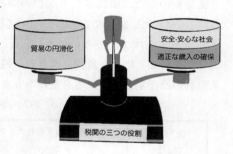

は約 11.4 兆円で、租税及び印紙収入の約 15％ に相当し、国の財政を担う重要な役割を果たしています。このうち、関税の徴収額は約 9,000 億円となっています。EPA の利用拡大により、国としては関税の徴収額の減少となりますが、EPA を利用する企業にとっては、その額が節税効果として企業収益の向上につながることとなります。

　では、関税の徴収額はどのようにして計算されるのでしょうか。また、貨物の原産地とどのように関係するのか、少し説明します。

5. 基本的な関税の仕組み

　関税は、基本的に輸入される貨物に対して課され、徴収が比較的に容易な税であることから、その歴史は非常に古く、すでにエジプト古王朝（紀元前 3500 年〜2000 年）において、関税が存在したといわれています[12]。古代では、砦の入り口において砦に運び込まれる貨物を検査して税をかけていました。関税は、かつては国家の歳入確保の手段である「財政関税」を主な目的としていましたが、今日では国内産業の保護を主目的とする「保護関税」が中心となっています。し

かし、開発途上国では現在でも財政関税として重要な役割を担っており、日本から輸出される中間材料や最終消費財に高い関税が課されるものも多くあります。

　世界中で貿易取引される貨物は千差万別で、その取引形態や取引相手国も様々です。また、関税に関しても、輸入される貨物の価額を課税標準とするもの（従価税）、輸入貨物の数量を課税標準とするもの（従量税）、従価税と従量税を合わせたもの、輸入する時期により税率が異なるもの（季節関税）等様々なものがあります。

　ここでは、従価税を例にとって、関税の基本的な計算方法と原産地規則の関係について説明します。

　従価税の場合、賦課される関税の徴収額は、課税標準である輸入貨物の価額（課税価額）に、法律で定められている関税率を掛けることにより算出できます。その算出方法は、図1-3のように、①「関税評価」により課税価格を決定し、②「関税分類」により貨物に課される税率を把握し、③「原産地規則」により輸入貨物の原産地を確定する必要があります。

図1-3　輸入関税徴収額決定の方法

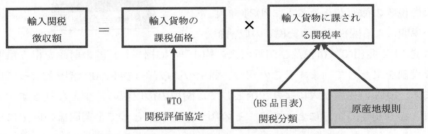

● 輸入貨物の課税価格は関税評価協定（関税定率法第4条に規定）に従い決定。
● 関税率は輸入される商品毎に関税定率法別表（HS品目表に基づき作成）に規定。
● 関税率は貨物の原産国により異なる場合があり（EPAやGSP）、貨物の原産国は各EPAやGSPの原産地規則に基づき決定。

　詳しい説明は第5章にて記載しますが、ここでは簡単に基本的事項を説明します。

　輸入貨物の課税価格は、WTOが定める、通称「関税評価協定」[13]により国際的に統一された方法で決定されます。関税評価協定の知識は、EPA特恵税率の対象となる原産品かどうかを判断する基準（以下「原産性判断基準」といいま

12　朝倉弘教『世界税関史』18頁（日本関税協会、1983）
13　関税評価協定とは、正式にはWTOが定める「1994年の関税及び貿易に関する一般協定第7条の実施に関する協定」をいいます。WTO加盟164か国・地域を中心として広く利用されています。

す。）の一つである付加価値基準（第5章第6節で説明します。）を使用する際に必要となります。

　関税率は、各国の関税率表に定められており、その関税率表は世界税関機構（WCO: World Customs Organization)[14] の定める HS 品目表 [15] に基づき作成されていますが、関税率表を基とし、輸入貨物が関税率表のどこに分類されて何パーセントの関税が賦課されるかを決定するための作業を「関税分類」といいます。また、EPA 毎にどの品目について関税率を撤廃するか否か、あるいはどの程度まで関税率を削減するかは EPA 締約国間の交渉により決定され、その結果は HS 品目表に基づき作成された各 EPA の譲許表に記載されます。加えて、第5章第5節で詳しく説明しますが、原産性判断基準の一つとして関税分類変更基準が採用されています。このように、HS 品目表は EPA 特恵税率の適用にとって非常に大きな役割を果たしています。

14　世界税関機構（WCO: World Customs Organization）とは、ベルギーのブラッセルに本部を置く税関の国際機関であり、税関制度の調和・統一及び税関行政の国際協力の推進等を目的としています。主な活動内容は、関税や税関手続に関する諸条約の作成及び見直し、国際貿易の円滑化や安全確保等に関するガイドライン等の作成・推進、国際的な監視・取締りの協力や関税技術協力の推進等です。

15　HS 品目表とは、WCO が定めた「商品の名称及び分類についての統一システムに関する国際条約（HS 条約）」の別表のことをいいます。現在、世界 200 以上の国や地域において関税率表の基礎として利用されています。

第2章　原産地規則の概要

1. 原産地規則とは

　原産地規則とは、端的にいえば産品の国籍を決めるためのルールをいいます。

　これまで述べてきたことでお分かりのように EPA 特恵税率の適用を受けて貨物を輸入したい場合、当該輸入貨物が利用しようとする EPA 締約国の原産品であることを税関に対して証明する必要があります。例えば、RCEP 特恵税率は、RCEP 締約国の原産品のみに適用されることから、輸入貨物が RCEP 締約国の原産品か否か決める作業が必要となります。原産品か否かは、RCEP に定められた原産地規則に基づき判断されます。

　また、我々は実に多くの産品に囲まれて日々生活しています。それらは国内で生産されたものもありますが、海外から輸入されたものや、国内で日本企業により生産された産品でも輸入された材料が使用されていることも多くあります。読者の皆様は、スーパーやコンビニで加工食品をお買いになる際、パッケージ裏面のラベルの記載を確認し、生産国や材料の原産国を確認する場合も多いのではないかと思います。あるいは、家電や各種雑貨を購入する際「Made in XXXX」という表示を目にしたことも多いと思います。これらの原産国の表示も原産地規則に基づき付されています。

　原産地規則には、目的毎に多くの規則があります。例えば、WTO の加盟国・地域からの輸入品に対して WTO 協定税率を適用するための規則、先進国が開発途上国からの輸入品に対し無税又は低い税率を適用するための規則、EPA 締約国からの輸入品に対し EPA 特恵税率を適用するための規則、商品の原産国表示を行うための規則、特定の地域で生産された農産品や酒類に認められている地理的表示に係る規則等各種の規則が存在します[1]。

　これらの原産地規則を規律する条約、協定、法令は、政策目的毎に異なっており、非常に複雑なものとなっています。2023年2月1日現在、日本には20の発効中の EPA が存在し、20の異なる EPA 原産地規則が運用されていますが、これら EPA 原産地規則の基本的構造は共通しています。本書は、貨物の輸出入

1　今川博＝松本敬『メガ EPA 原産地規則―自己申告制度に備えて―』3-22頁（日本関税協会、2019）

に携わる読者の皆様がよりスムーズに EPA 特恵税率を利用できるよう支援することを主目的とし、EPA 原産地規則の基本構造を詳しく説明するとともに、加えてよく利用されている EPA の特徴的で、かつ、重要と思われる規定について説明することとします。

　しかしながら、EPA 原産地規則の細部は EPA 毎に異なっており、それらをすべて解説することはできません。このため EPA 特恵税率のご利用に際しては、利用しようとする EPA の規定を税関ホームページ[2]等にてご確認ください。

2. 原産地規則の目的と種類

　国際貿易に利用される原産地規則には、大きく分けて 2 種類のものがあります。一つは、一般特恵関税制度（GSP）に基づき開発途上国に与えられる特恵、また、EPA/FTA において締約国に与えられる特恵に適用される特恵分野の原産地規則（特恵原産地規則）であり、もう一つは、それ以外の非特恵分野（例えば、WTO 協定税率の適用）に適用される原産地規則（非特恵原産地規則）です。

　非特恵原産地規則は、WTO 協定税率の適用以外にも、貿易統計、関税割当、不当廉売関税（ダンピング防止税）、相殺関税、セーフガード、原産地表示等にも用いられています。貿易統計は国の重要な統計指標の一つであり、どの国からどのような貨物がどの程度輸入されているか、また、どこの国に対してどのような貨物がどの程度輸出されているか、数量及び価額を毎月集計し公表されています。したがって、非特恵原産地規則は、各産品について最終的に一つの原産国を決めることができるように規定されています。

　特恵原産地規則は、前章で説明したように、WTO の最恵国待遇の例外である、開発途上国からの輸入品に対して一般特恵関税制度（GSP）に基づく一般特恵税率を適用するための GSP 特恵原産地規則と、EPA 締約国・地域からの輸入品  に対して EPA 特恵税率を適用するための EPA 特恵原産地規則の 2 つがあります。特恵原産地規則は、特恵税率の適用が認められるか否かを判断するために用いられるもので、輸入品がそれぞれの特恵原産地規則に定められている条件を満たせば特恵税率の適用を認める（「YES」）、満たさなければ認めない（「NO」）こと

となります。「NO」となれば特恵原産地規則の役割は終わり、原産国の決定は非特恵原産地規則に委ねられることとなります。

3. EPA 原産地規則の基本構造

繰り返しになりますが、EPA 原産地規則は、当該 EPA 締約国間で輸出入される産品が、当該 EPA の特恵税率の対象か否かを決定するためのものです。原産地規則を満たせば、EPA 締約国において EPA 特恵税率が適用され、関税無税又は MFN 税率より低い関税率が適用されます。日本が協定を締結している EPA の原産地規則は、次の 3 つの要素から構成されています（図 2-1 参照）。これらの詳しい説明は第 3 章以下に記載します。

図 2-1　原産地規則の 3 つの要素

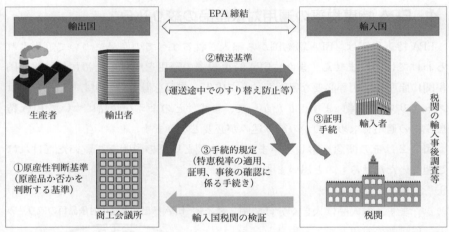

① 原産性判断基準

　　EPA 締約国において貿易取引される産品について、輸入国において関税上の特恵待遇（EPA 特恵税率の適用）の要求をするためには、当該 EPA 締約国の原産品であることが必要です。原産性判断基準は、当該産品が当該 EPA の原産品であるかどうかを判断するための基準です。

　　日本が締結しているほとんどの EPA の原産性判断基準は、基礎的基準（「完全生産品」、「原産材料のみから生産される産品」、「品目別規則を満たす産品」の 3 つの基準）、例外措置（デミニミス、累積等）、技術的規定（附属品、予備部品等、小売用の包装材料及び包装容器等の取扱い）で構成され

ています。

② 積送基準

EPA 締約国において貿易取引される産品について、輸出国から輸入国への産品の運送中にすり替え等による不正行為を防止することや、第三国における加工等によって原産品としての資格が失われないための措置を定めたものです。

③ 手続的規定

EPA 締約国において貿易取引される産品について、輸入国において EPA 特恵税率の適用を受けるために必要となる、輸入国税関に対する証明・申告手続、証明・申告に使用した書類の保存、輸入国税関による事後の確認の手続き等を定めたものです。

4. EPA 特恵税率の適用対象産品の絞り込み

EPA 特恵税率は、EPA 締約国から輸入されるすべての産品について適用されるわけではありません。また、EPA 特恵税率の適用を受けるためには、輸入国税関に原産地証明等必要な書類を付して申告・許可を得る必要があり、一定のコストとリスクが伴います。したがって、まず、どのような産品について EPA 特恵税率の適用を求めるのかの絞り込みが必要となります。

図 2-2 はその概念を示していますので、図と以下の説明をご覧いただければご理解いただけるものと思います。

① 有税品と無税品

まず、輸入品は大きく分けて関税賦課の対象となる有税品と、一般税率（基本税率又は WTO 協定税率）が無税である無税品に大別することができます。無税品については、コストをかけて EPA 特恵税率の適用を求める必要がないので、これを適用対象から除外します。なお、どのような産品が無

図 2-2　EPA 特恵税率適用対象品目の絞り込み

税品とされているかは EPA 締約国毎に異なっており、各締約国の関税率表又は WTO 譲許表をご覧いただく必要があります。

② EPA 特恵税率の対象品か否か

　一般税率が有税の産品すべてについて、EPA 特恵税率が適用されるわけではありません。EPA 特恵税率の適用対象品目は、EPA 毎に締約国間の交渉によって定められることから、同じ産品でも利用しようとする EPA により当該 EPA の特恵税率の対象となるか否か異なっており、その確認が必要となります。

③ 特恵マージン（一般税率と EPA 特恵税率の差）の確認

　産品が、利用しようとする EPA の特恵税率の対象品目であることが判明した場合に、一般税率と EPA 特恵税率の差（以下「特恵マージン」といいます。）がどの程度あるか調べます。その特恵マージンに当該産品の年間貿易額を掛けると、年間どの程度の節税効果が見込まれるか把握することができます。

　前述したとおり、EPA 特恵税率の適用を求める場合、原産品であることの証明を行う必要があり、かつ、EPA 毎に定められている書類保存や輸入国税関による事後の確認に備える必要があることから、一定のコスト（人件費や書類保存にかかる費用等）が必要となります。EPA 特恵税率の適用による節税効果とそのための必要なコストを比較し、節税効果の方が大きければ、EPA 特恵税率の適用を求めることに GO サインを出すこととなります。

　EPA 特恵税率は、EPA 発効時に即時撤廃となるものもありますが、国内産業保護の観点から一定期間をかけて段階的に引き下げられるものもあります。そのような場合、EPA 発効当初の特恵マージン額は少なくても数年後には十分にコストをカバーすることができるようになる場合もありますので、利用を考える場合、各 EPA の譲許表をしっかり確認することをお勧めします。

④ 関税割当制度等の確認

　特恵マージンが十分あると判断したら、輸入国において EPA 特恵税率の適用に際して関税割当制度[3]の対象か、その他の利用制限があるか否か調査します。関税割当制度の対象産品の場合、輸入者が当該割当数量の枠を保有しているか否かの確認が必要となります。割当枠を保有していない場合は、EPA 特恵税率の適用はなく、一般税率が適用されます。

3　第 4 章 3．関税割当制度等の対象か否かの確認（ステップ 4）において詳しく説明します。

　次に、このようにして絞り込みを行った産品に対して、EPA原産地規則を適用し、その結果、輸出締約国の原産品であると判断できた場合に、EPA特恵税率の適用を求めることとなります。少し面倒に思われるかもしれませんが、闇雲に原産地規則の適用作業を行い、かえってコスト高になったということがないよう、EPA特恵税率を利用するか否か最初によく検討を行うことをお勧めします。

　これまでのプロセスは、輸入品に対してEPA特恵税率の適用を求めるか否かを想定して記述していますが、日本から輸出する産品に対して、輸入相手国において日本との間で締結しているEPAに基づくEPA特恵税率を適用するか否かについても同様の検討を行う必要があることはいうまでもありません。日本からの輸出の場合、輸入国において有税品か無税品か、有税品の場合どの程度の関税が賦課されるか等について調査する必要があります。

　輸出相手先国において適用されている関税率については、日本税関のホームページの「EPA相手国側譲許表（関税率）」[4]を利用するか、日本貿易振興機構（JETRO）のホームページの「World Tariff」[5]によって調べることができます。ただし、輸入国における関税率の引下げや引上げがあり、両ホームページの情報と実際に輸入国で適用されている関税率が異なる場合もあります。実際に適用されているEPA相手国への関税率については、相手国の税関窓口へ相談するか、輸入者、現地の通関業者等の協力を得つつ事前によく確認を行うことが望まれます。

5. EPA特恵税率の適用に向けた9つのステップ

　前述のプロセスを含めて、EPA特恵税率の適用を受けるため、具体的には、以下に記載する9つのステップに基づき社内作業や手続きを行うこととなります（図2-3参照）。

　各ステップの詳しい説明については、第3章以下でステップ順に記載していますので、ここでは簡単な解説にとどめます。

① 　ステップ1：輸出入産品のHS番号の確定

　　　各国の関税率表、WTO加盟国の譲許表、EPA締約国の譲許表及びEPA原産地規則は、世界税関機構（WCO）が管理しているHS条約の附属書であるHS品目表に基づき作成されていることから、輸出入される産品及びそ

---

4 「EPA相手国側譲許表（関税率表）」(https://www.customs.go.jp/kyotsu/kokusai/aitekoku.htm)

5 「World Tariff」(https://www.jetro.go.jp/theme/export/tariff/)

の生産に使用されている材料が分類される HS 品目表の番号（以下「HS 番号」といいます。）を正しく知ることが重要となります。HS 番号の調べ方については次章で詳しく説明します。

② ステップ 2：EPA 特恵税率の対象品目か否かの確定

　前述の通り、利用しようとする EPA において特恵税率の対象品目となっているか否かの確認を行います。

③ ステップ 3：特恵マージン（一般税率と EPA 特恵税率の差）の確認

　前述の通り、特恵マージンによって得られる節税効果が EPA 特恵税率を利用する際に必要となるコストを上回るか否かの確認を行います。

④ ステップ 4：関税割当制度等の対象か否かの確認

　輸出入される産品に対して EPA 特恵税率を利用する場合、輸入国において関税割当制度等の輸入規制があるか否か、対象の場合は必要な割当枠を有しているか否か等の確認を行います。

⑤ ステップ 5：原産地規則を満たすか否かの確認

　輸出入される産品が、利用しようとする EPA の原産地規則を満たしているか否か確認し、そのことを裏付ける資料（以下「証明資料」といいます。）を作成します。このプロセスが、EPA 特恵税率を利用する際の最重要事項となります。産品が EPA の原産品であるかどうか判断する基準（原産性判断基準）として、「完全生産品」、「原産材料のみから生産される産品」、「品目別規則を満たす産品」の 3 つの基準が設けられています。

⑥ ステップ 6：原産地証明の作成

　ステップ 5 で、輸出入しようとする産品が、利用しようとする EPA の原産地規則を満たしていることが判明した場合、輸入国税関に提出する原産地証明の作成又は入手を行います。原産地証明の作成・入手については、輸出国の商工会議所等公的機関が原産品であることの証明（原産地証明書）を発給する「第三者証明制度」、輸出国の政府により認定された輸出者が証明を行う「認定輸出者制度」、輸出者、生産者又は輸入者が証明を行う「自己申告制度」の 3 つの制度があります。どの制度が利用できるか、どのような項目を記載すべきか、どのような様式を用いるべきか等は各 EPA で異なっています。

⑦ ステップ 7：日本又は相手国での輸入手続（EPA 特恵税率の適用の要求）

　輸入者が、ステップ 6 で作成又は入手した原産地証明を、輸入申告書等

とともに輸入国税関に提出して、EPA 特恵税率の適用を要求します。

⑧　ステップ 8：証明書類の保存

　　ステップ 6 で原産地証明を作成した輸出者、生産者又は輸入者は、原産品であることを裏付ける証明資料、原産地証明、インボイス、輸入申告書等 EPA 特恵税率に関係するすべての書類（以下「証明書類」といいます。）を一定期間保存します。

⑨　ステップ 9：輸入国税関の事後の確認（輸入事後調査、輸入国税関からの検証）への対応

　　ステップ 6 で作成された原産地証明が正しいかどうかについて、輸入国税関からの事後の確認（輸入事後調査又は EPA に基づく検証）が行われる場合があり、その場合には、証明書類の提出等の速やかな対応が求められます。

図 2-3　EPA 特恵税率の適用に向けた 9 つのステップ

ステップ 1：輸出入産品の HS 番号の確定
ステップ 2：EPA 特恵税率の対象品目か否かの確定
ステップ 3：特恵マージン（一般税率と特恵税率の差）の確認
ステップ 4：関税割当制度等の対象か否かの確認
ステップ 5：原産地規則を満たすか否かの確認
ステップ 6：原産地証明の作成
ステップ 7：日本又は相手国での輸入手続（EPA 特恵税率の適用の要求）
ステップ 8：証明書類の保存
ステップ 9：輸入国税関の事後の確認（輸入事後調査、輸入国税関からの検証）への対応

第3章　輸出入産品の HS 番号の確定（ステップ1）

1. EPA の利用と HS 番号の確定

　前章の EPA 特恵税率の適用に向けた 9 つのステップで説明したとおり、EPA 特恵税率の利用に際しては、まず、輸出又は輸入しようとする産品の HS 番号を確定する必要があります。

　現在、日本で発効している 20 の EPA において、EPA 締約国に対して関税撤廃又は削減を約束していますが、その対象となる産品、撤廃又は削減の方法等は EPA の譲許表に記載されています。その EPA 譲許表は、世界税関機構（WCO）が管理している HS 条約の附属書である HS 品目表に基づき作成されていることから、輸出又は輸入しようとする産品が EPA 特恵税率の対象となるか否かを把握するためには、当該産品の正しい HS 番号を知ることが最初のステップとなります。

　また、輸出又は輸入しようとする産品が EPA 締約国の原産品か否かを判断するための EPA 原産地規則も HS 品目表に基づき作成されています。さらに、EPA 原産地規則を用いて原産品か否かを判断する原産性判断基準の一つに関税分類変更基準が設けられており、これも HS 品目表に基づいています。第5章第5節において詳しく説明しますが、関税分類変更基準を用いるためには、輸出又は輸入しようとする産品の HS 番号に加え、当該産品の生産に直接使用した材料に関する HS 番号も知る必要があります。

　EPA 原産地規則の内容は EPA 毎に異なりますが、関税分類変更基準は、原産性判断基準の一つとしてすべての原産地規則において採用されており、原産性判断基準の基本となるものです。これらのことから、EPA 特恵税率の適用を検討する際は、まず、輸出入される産品及びその生産に直接使用されているすべての材料の HS 番号を正しく知ることが非常に重要となることがお分かりいただけたものと思います。

2. HS 品目表

　HS 条約（1988 年 1 月 1 日発効）は、2023 年 2 月 1 日現在、世界 159 か国及び EU が加盟しています。また、HS 条約の非加盟国であっても HS 品目

表を自国の関税率表として採用している国・地域及び関税同盟を加えると、合計 212 の国・地域及び関税同盟が HS 品目表を関税率表として使用しています[1]。HS 条約加盟国は、HS にいかなる変更も加えることなく、自国の関税率表及び貿易統計品目表として使用することが義務付けられています。そのため各国の関税率表に加え、WTO 譲許表や EPA 譲許表として広く利用されています。

　一方で HS 品目表は、国際貿易を取り巻く環境変化（新規商品の出現、貿易取引がされなくなった又は大幅に減少した商品、環境問題等の世界的な政策課題の出現等）に対応するために、5 年に 1 度の頻度で改訂が行われています。現在（2023 年 2 月 1 日時点）、通常の貿易取引に使用されているものは HS2022 年版品目表です。しかし、EPA 譲許表や EPA 原産地規則の品目別規則（品目毎に原産性判断基準を規定したもの。詳しくは第 5 章第 4 節で詳細に説明します。）として使用されているものは、基本的には当該 EPA 交渉が行われていた際に使用されていた HS 品目表となります。このため日本が締結している EPA では、HS2002 年版品目表、HS2007 年版品目表、HS2012 年版品目表、HS2017 年版品目表、HS2022 年版品目表の 5 種類が存在します。

　ただし、品目別規則に使用される HS 品目表のバージョンは、利用者の利便性を考慮し、それぞれの EPA 締約国間で交渉を行い、できる限り新しいバージョンの HS 品目表が使用できるような努力が行われています。その結果、日タイEPA は 2022 年 1 月 1 日から HS2002 年版から HS2017 年版に、RCEP は 2023 年 1 月 1 日から HS2012 年版から HS2022 年版に、日アセアン EPA は 2023 年 3 月 1 日から HS2002 年版から HS2017 年版にそれぞれ改正され使用されていますのでご留意ください（表 3-1 参照）。

　HS 品目表は、世界中に存在する物品を誰でも正しく分類できるように「部」「類」「項」「号」と呼ばれる 4 段階に区分された品目表と、その間の交通整理を行う「統一システムの解釈に関する通則」（以下「通則」といいます。）とで構成されています。

　HS 品目表は、第 1 部から第 21 部からなり、その下に第 1 類から第 97 類（第 77 類は空番）までの合計 96 の類が設けられています。HS 品目表は合計 6

1　WCO ホームページ「List of Contracting Parties to the HS Convention and countries using the HS」https://www.wcoomd.org/en/topics/nomenclature/overview/list-of-contracting-parties-to-the-hs-convention-and-countries-using-the-hs.aspx

表 3-1　EPA と使用されている HS 品目表のバージョン

EPA 名	譲許表	品目別規則	EPA 名	譲許表	品目別規則
日シンガポール EPA	HS2002 年版	HS2002 年版	日ベトナム EPA	HS2007 年版	HS2007 年版
日メキシコ EPA	HS2002 年版	HS2002 年版	日インド EPA	HS2007 年版	HS2007 年版
日マレーシア EPA	HS2002 年版	HS2002 年版	日ペルー EPA	HS2007 年版	HS2007 年版
日チリ EPA	HS2002 年版	HS2002 年版	日豪 EPA	HS2012 年版	HS2012 年版
日タイ EPA	HS2002 年版	**HS2017 年版**	日モンゴル EPA	HS2012 年版	HS2012 年版
日インドネシア EPA	HS2002 年版	HS2002 年版	TPP11	HS2012 年版	HS2012 年版
日ブルネイ EPA	HS2002 年版	HS2002 年版	日 EU・EPA	HS2017 年版	HS2017 年版
日アセアン EPA	HS2002 年版	**HS2017 年版**	日米貿易協定	HS2017 年版	HS2017 年版
日フィリピン EPA	HS2002 年版	HS2002 年版	日英 EPA	HS2017 年版	HS2017 年版
日スイス EPA	HS2007 年版	HS2007 年版	RCEP	HS2012 年版	**HS2022 年版**

(注)
➤日・タイ EPA は 2022 年 1 月 1 日から品目別規則が HS2002 年版から HS2017 年版に変更。
➤日アセアン EPA は 2023 年 3 月 1 日から品目別規則が HS2002 年版から HS2017 年版に変更
➤ RCEP は 2023 年 1 月 1 日から品目別規則が HS2012 年版から HS2022 年版に変更

桁の番号で構成されており、最初の 2 桁を「類」といい、次に 2 桁を加えた最初の 4 桁を「項」といい、さらに 2 桁を加えた 6 桁を「号」といいます。4 桁の項が HS 品目表の中核を構成し、貿易取引される物品をどこの「項」に分類するか決定することが HS 品目分類の中心となります。HS2022 年版では 1,228 個の項が設けられ、その下に合計 5,612 個の号が設定されています（図 3-1 参照）。

図 3-1　HS 品目表の構成図

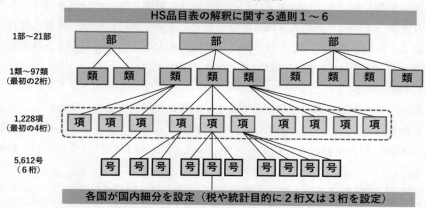

HS 条約加盟国は、この号レベルまでは変更を加えることができませんが、号

の下に自国の細分を設けることは許されています。各国は、6 桁の下にさらに 2
桁、3 桁又は 4 桁の細分を設け、関税の徴収、貿易統計の収集、各種貿易管理政
策の実現等のために利用しています。日本の場合、6 桁の号の下に 3 桁の統計細
分を設け、合計 9 桁の細分コード番号を持つ品目表として定め、関税率表や貿
易統計表に利用しています。しかしながら、原産性判断基準に国内細分は用いら
れないことから、本書ではその説明を行う場合、国内細分には言及しません。

　産品が、EPA 特恵税率の適用対象である原産品か否かの判断に用いられる原
産地規則の品目別規則では、原産性判断基準の一つとして「関税分類変更基準」
が設けられています。これは、輸出又は輸入される産品の HS 番号と、当該産品
の生産に直接使用されている非原産品（例えば、輸入貨物）である材料の HS 番
号の間に一定以上の変更がある場合に、当該産品を原産品と判断するものです。
日本が締結しているすべての EPA において、品目別規則として関税分類変更基
準が採用されていることから、輸出又は輸入される産品及びそれら産品に直接使
用されている材料について正しい HS 番号を知る必要があります。

　これらを背景に、本書では以下、輸出入の区別なく産品及びその材料の正しい
HS 番号を知る作業を品目分類と呼ぶこととします。

3.　品目分類の概要

　EPA 特恵税率を利用して産品を輸出又は輸入しようとする場合、当該輸出入
される産品を正しい HS 番号に分類する必要があります。そのためには、HS 品
目表の項の規定、部及び類の「注」の規定並びに通則に従って分類を行うことと
なります。まず、当該輸入される産品が何であるか、名称、形状、性質、材質、
用途等を正確に把握すること及び関係する項の規定を正しく解釈し、当該産品が
該当する（含まれる）項を確定することが必要です。

(1)　物品の把握

　分類しようとしている産品が何であるか明確に把握すること、すなわち、物品
の把握を行います。そのためには次の点に着目する必要があります。その際、物
品が実際に何に使われるかによる分類（用途分類）[2] は原則行いませんが、物品

2　項の規定で、「○○用のもの」、「主として○○に用いられる種類のもの」といった表現がありますが、こ
れはそうした物品を表す記述であって、実際に輸入後それに用いられるということを定めたものではありま
せん。国内税率細分で、特定用途減免税や軽減税率適用貨物等については、実際に定められた用途に用いら
れることを条件に税率が定められたものがありますが、HS6 桁の品目分類では、同じ物品が、輸入後の実
際の用途によって分類番号が異なるというような事態は品目表としては避けるべきで、こうしたものは、原

を把握する上で用途を知ることは、大変参考になります。

- ➤ 物品の名称
- ➤ 成分、構成材料等、何でできているか
- ➤ 用途は何か。どのように、また何に用いられるか
- ➤ 包装状態（小売用か否か、包装の最小単位等)
- ➤ 小売用のセットかどうか

(2) 項の規定の解釈と適用

　関係する項の規定を読み取り、その項に含まれる物品の範囲を正確に把握することが重要です。参考に、そのためのポイントを示します。

① 通則の規定を正しく理解し、適用すること。

② 項の規定及びこれに関係する部又は類の注の規定を正確に読み取ること。また、注の規定で、「この表において…」というような規定がありますが、これは HS 品目表全体を通じてという意味ですので、一度は、HS 品目表全体に目を通しておくことが必要です。

③ 項に含まれる物品の範囲については、関税率表解説（関税局長通達：WCO 作成の HS 品目表の解説である Explanatory Notes を翻訳したもの）の各項毎に記載されている総説の記述に目を通すことは大変有益です。この総説は、その類に含まれている項の規定に、どのようなものが含まれるかを示すことを目的として作成されたものです。

④ 分類しようとする物品が該当する項は、その項以外に考えられないか、再度チェックすることです。

　一つの物品は、必ずいずれかの項に分類しなければなりません。仮に複数の項に該当していてもいずれかに決める必要があります。その方法を示したのが以下に記載している「統一システムの解釈に関する通則」です。

4. 統一システムの解釈に関する通則

　品目分類については、誰が分類しても第 01.01 項から第 97.06 項までのいずれか同じ項に分類できるようにするための基本ルールが必要となります。そのルールが通則です。これは、HS 品目表の適用について統一的な運用を確保するために分類解釈の原則を示したもので、HS 品目表を構成する一部として、品目分

則としてありません。

類の基本を成すものです。

（1）通則の構成等

　通則の冒頭に、「この表における物品の所属は、次の原則により決定する。」として、通則1から通則6が規定されています。日本では国内細分の明確化その他分類の統一的運用を図る目的で、関税率表全体を通じて「備考」が置かれています。備考は、HS 条約上の規定ではなく、日本が独自に設けているものです。

　各通則の規定のポイントは次のとおりです。

➢　通則1　分類の基本原則で、通則1の規定によるほか、通則2以下の規定にも従って分類することを明示

➢　通則2　項の範囲を拡大する規定

➢　通則3　物品が二以上の項に属するとみられる場合の所属の決定方法

➢　通則4　関税率表中に該当するとみられる項がない場合の物品の所属の決定方法

➢　通則5　収納容器、包装材料及び包装容器の分類

➢　通則6　項のうちのいずれの号に物品が属するかを決定する方法

➢　備考：関税率表を適用する際に必要な事項のうち、関税率表全体に関するものその他を日本独自の事項として規定

（2）各通則の規定及びその意味

　各通則の規定のポイントは以下のとおりです。

①　通則1

> 　部、類及び節の表題は、単に参照上の便宜のために設けたものである。この表の適用に当たつては、物品の所属は、項の規定及びこれに関係する部又は類の注の規定に従い、かつ、これらの項又は注に別段の定めがある場合を除くほか、次の原則に定めるところに従つて決定する。

　この通則1は、品目分類の基本原則を示したものです。そのポイントは以下のイ．〜ハ．のとおりです。

イ．部、類及び節の表題は、単に参照上の便宜のために設けられたものであること

　HS 品目表の部及び類に含まれる物品が多種多様でかつ多数であるため、これらの物品をすべて表題に含めて表現することも、また、特定して列挙することも不可能です。そのため、通則1の冒頭で「部、類及び節の表題は、単に参照上

の便宜のために設けたもの」と規定し、これらの表題は単なる参考に過ぎないと定めています。これにより、部、類及び節の表題は、物品の所属を決定することに関して、何ら法的な性格を有するものでないことを明確にしています。

　例えば、第1部の表題は「動物（生きているものに限る。）及び動物性生産品」と規定されており、また、第1類の表題は「第1類　動物（生きているものに限る。）」と規定されています。さらに、第1類に含まれる各項の規定においても、例えば、「第01.02項　牛（生きているものに限る。）」と限定的に規定されています。もし、第1部や第1類の表題が法的拘束力を持っていれば、これらの下に設けられている各項の規定においてはこの括弧書きの規定は不要のはずですがそのようにはなっていません。これにより各項の規定は、部又は類の表題によって何ら拘束も影響もされることなく、独立した規定であることが分かります。

ロ．物品の所属は、項の規定及びこれに関する部又は類の注の規定に従い、その所属を決定すること

　この規定は、項の規定及びこれに関係する部又は類の注の規定が最優先するという規定であり、所属の決定を行う際に最初に考慮すべきことを明確にするために設けられたものです。上記イ．と関連して、多くの物品の所属は、通則の適用を検討するまでもなく、項の規定及びこれに関する部又は類の注の規定により決定されることを示しています。

　部及び類の注の規定は、通常、それぞれの部又は類の注1又は注2で当該部又は類に含まれない物品を規定しています。例えば、機械類及び電気機器が含まれる第16部においては、「注1　この部には、次の物品を含まない。」と規定し、(a) から (q) までの物品を記載しています。

　注2以降で、通常、当該部又は類に含まれるものや当該部又は類に含まれる物品の定義等が規定されています。

　日本のメーカーが国際市場で競争力を有する機械類や電気機器は、海外で調達した部品を使用して日本で組立と検査を行い輸出するといったバリューチェーンも多いと思います。輸出する機械が輸入相手国においてEPA特恵税率の適用対象である原産品か否かの判断を行う場合、当該機械の生産に直接使用されている非原産品である輸入した部分品[3]が「汎用性の部分品」であるのか、当該機械に

3　HS品目表において、製品等の部品のことを「部分品」といいます。

25

「専ら又は主として使用する部分品」であるのかにより、その判断が異なる場合も多くあります。

　「汎用性の部分品」であるのか、当該機械に「専ら又は主として使用する部分品」であるのかについては、「第15部　卑金属及びその製品」の「注2　この表において「汎用性の部分品」とは、次の物品をいう。」において詳しく規定されています。当該注は「この表において…」と規定していることから、汎用性の部分品の定義は第15部のみならず関税率表全体をカバーする定義ということとなります。機械類、電気機器や精密機器が EPA 上、原産品であるか否かを判断する上では、第15部注2の規定は非常に重要なものといえます。

第15部注2：この表において「汎用性の部分品」とは、次の物品をいう。
(a) 第73.07項、第73.12項、第73.15項、第73.17項又は第73.18項の物品及び非鉄卑金属製のこれらに類する物品（内科用、外科用、歯科用又は獣医科用の物品で専らインプラントに使用するために特に設計されたもの（第90.21項参照）を除く。）
(b) 卑金属製のばね及びばね板（時計用ばね（第91.14項参照）を除く。）
(c) 第83.01項、第83.02項、第83.08項又は第83.10項の製品並びに第83.06項の卑金属製の縁及び鏡
　第73類から第76類まで及び第78類から第82類まで（第73.15項を除く。）において部分品には、(a) から (c) までに定める汎用性の部分品を含まない。
　第二文及び第83類の注1の規定に従うことを条件として、第72類から第76類まで及び第78類から第81類までの物品には、第82類又は第83類の物品を含まない。

　さらに、「汎用性の部分品」に関しては、機械類及び電気機器並びにこれらの部分品等を分類する第16部の注1において、次のような規定が設けられています。

第16部注1：この部には、次の物品を含まない。（抄）
(g) 第15部の注2の卑金属製のはん用性の部分品（第15部参照）及びプラスチック製のこれに類する物品（第39類参照）

　これにより、鉄や銅といった卑金属製の汎用性の部分品に加え、プラスチック製の同種類の汎用性の部分品は第16部の機械類や電気機器に使用される種類のものであっても、材質により第39類又は第72類から第83類に分類されることが明確化されています。

　一方、機械類や電気機器の「専ら又は主として使用する部分品」については、第16部注2において明確に規定されています。

第16部注2：機械の部分品（第84.84項又は第85.44項から第85.47項までの物品の部分品を除く。）は、この部の注1、第84類の注1又は第85類の注1のものを除くほか、次

に定めるところによりその所属を決定する。

(a) 当該部分品は、第84類又は第85類のいずれかの項（第84.09項、第84.31項、第84.48項、第84.66項、第84.73項、第84.87項、第85.03項、第85.22項、第85.29項、第85.38項及び第85.48項を除く。）に該当する場合には、当該いずれかの項に属する。

(b) (a) のものを除くほか、特定の機械又は同一の項の複数の機械（第84.79項又は第85.43項の機械を含む。）に専ら又は主として使用する部分品は、これらの機械の項又は第84.09項、第84.31項、第84.48項、第84.66項、第84.73項、第85.03項、第85.22項、第85.29項若しくは第85.38項のうち該当する項に属する。ただし、第85.17項の物品及び第85.25項から第85.28項までのいずれかの項の物品に共通して主として使用する部分品は、第85.17項に属し、第85.24項の物品に専ら又は主として使用する部分品は、第85.29項に属する。

(c) その他の部分品は、第84.09項、第84.31項、第84.48項、第84.66項、第84.73項、第85.03項、第85.22項、第85.29項又は第85.38項のうち該当する項に属する。この場合において、該当する項がない場合には、第84.87項又は第85.48項に属する。

　このように、部及び類には多くの「注」が設けられ、分類のための交通整理を行っており、非常に重要な役割を有しています。そして、通則1で部及び類の注の位置付けを明確化しています。したがって、自社で取り扱っている物品、その材料や部分品のHS番号を確定しようとする場合は、まず、部及び類の「注」を注意深く読み理解することをお勧めします。

ハ．かつ、これらの項又は注において別段の定めがある場合を除くほか、必要に応じ通則2、3、4又は5の原則に従って決定すること

　この規定は、先に述べた、この通則1の規定によるほか、通則2以下の原則によって分類することを定めたものです。現代のグローバル・バリューチェーンのもとでは、各種材料、部分品、モジュール化された中間部品、運送のために分解された製品、様々な物質の混合物、複数の機能を有する多機能製品等の多種多様な物品が国際取引されています。HS品目表は、4桁の項でわずか1,228項目（HS2022年版品目表）しか規定がありません。これら貿易取引される産品をすべて網羅的に規定することも、1,228の項に正確に分類できるように規定することも不可能です。

　また、通則1の規定によっても、特定の物品が2以上の項に属する可能性がある場合もあります。例えば、航空機の窓用の強化ガラスは、航空機の部分品にも、強化ガラスにも該当する可能性があり、これらは、通則1だけでは所属を決定できません。

　これら物品を分類するために、後述する通則2以下の規定が設けられていま

す。

②　通則2

【通則2（a）】

> 各項に記載するいずれかの物品には、未完成の物品で、完成した物品としての重要な特性を提示の際に有するものを含むものとし、また、完成した物品（この2の原則により完成したものとみなす未完成の物品を含む。）で、提示の際に組み立ててないもの及び分解してあるものを含む。

　通則2（a）の前段の規定は、特定の物品を記載している各項の範囲を拡大し、これらの項に含まれる完成品のほか、未完成のもので、提示（税関に対する輸入申告又は輸出申告）の際に完成した物品としての重要な特性を有するものを含めるものです。いわゆる、未完成の完成品の分類に関する規定です。

　この規定の目的は、特定の物品を記載している各項の範囲を拡大し、これらの項に完成品のほか、未完成のものやブランクについても含めることです。ブランクとは、そのまま直接使用することはできませんが、完成した物品又は部分品のおおよその形状又は輪郭を有し、かつ、例外的な場合を除き、完成した物品又は部分品に仕上げるためにのみ使用する物品をいいます。

　例えば、ペットボトルの形成前の中間製品で、管状で一端が閉じており、口の方はねじ式の蓋を取り付けるためにネジが切られているもの等が該当します。ねじ切り部より下の部分は、輸入後に特定の形状の金型内で加熱し、空気圧を加えることにより所定の大きさ、形状に膨張させペットボトルを製造するのに使用します。提示の時は、試験管のような

図3-2　ペットボトルの形成前の中間製品

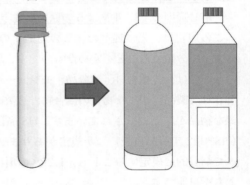

形状をしていますが、蓋をするようにネジ部は指定された大きさに加工されており、かつ、輸入後は加熱膨張させることにより特定の形状のボトルを簡単に製造できることから、ペットボトルが分類される項にこの中間製品も分類するとの合意がWCOにおいて得られています。（図3-2参照）

　通則2（a）の後段の規定は、完成した物品で提示の際に組み立ててないもの

又は分解してあるもの等は完成した物品と同一の項に所属することを定めたものです。このような状態で物品が提示されるのは、通常、包装、荷扱い又は輸送上の必要性、便宜等の理由によるものです。

　例えば、自転車を輸入する場合、タイヤ、サドル、ハンドル、ペダル等を取り外して段ボール箱に梱包して輸入することにより、大幅に輸送コストを削減することが可能となることから、自転車は通常分解して輸入されます。分解した状態で輸入された自転車は、輸入後に街の自転車屋において組み立てられて販売されます。このように分解されて提示されるものも完成品の自転車が分類される項と同じ項に分類しましょうというのがこの規定です。

　なお、後段の規定は、提示の際に必ずしもすべての部分品が揃った完全な完成品である必要はなく、前段の未完成の完成品（ほとんど完成した物品であり完成品としての重要特性を有している物品）にも適用されます。例えば、分解して輸入される自転車でサドルを有しないもの（サドルは輸入後日本で別途調達）のような場合にも適用されます。

　また、「提示の際に組み立ててないもの及び分解してあるもの」とは、組立て操作のみを伴うもので、例えば、締付具（ねじ、ナット、ボルト等）又は鋲接若しくは溶接により構成要素を組み立てれば完成品になるものをいい、組立方法の複雑さは考慮しません。完成された状態にするため当該構成要素に更なる加工等の作業を行う必要があるものは含まれません。完成品に組み立てる上で必要となる数を超える余分な構成要素（部分品）は、切り離して決定されます。

【通則2（b）】

> 　各項に記載するいずれかの材料又は物質には、当該材料又は物質に他の材料又は物質を混合し又は結合した物品を含むものとし、また、特定の材料又は物質から成る物品には、一部が当該材料又は物質から成る物品も含む。二以上の材料又は物質から成る物品の所属は、3の原則に従つて決定する。

　通則2（b）は、他の材料又は物質を混合し又は結合した物品及び二以上の材料又は物質から成る物品の所属に関するものです。

　この通則の目的は、通則2（a）と同様に、ある材料又は物質について記載した項の範囲を拡大して、各項には当該材料又は物質に他の材料又は物質を混合し又は結合した物品を含むようにすることにあります。また、その効果は、特定の材料又は物質から成る物品について記載した項の範囲を拡大して、各項には、部

分的に当該材料又は物質から成る物品を含むようにすることができます。

　この通則が適用される項は、材料又は物質が記載されている項（例えば、第11.01項の小麦粉及びメスリン粉）及び特定の材料又は物質から成る物品であることを示す記載のある項（例えば、第45.03項の天然コルクの製品）のような場合です。例えば、第45.03項の天然コルクの製品であれば、1辺50cmの正方形の天然コルクの板に補強と見栄えの向上を目的に4辺に幅1cmの化粧板（第44類）を貼ったものについては、重要な特性がコルク板にあれば、第44類の化粧板を使用（結合）していても第45類のコルクの製品に分類することができるとするものです。

　注意すべき点は、この規定は、部若しくは類の注又は項に別段の定めがない場合のみに適用することができる点です。例えば、第15.03項のラード油は、カッコ書きで「乳化、混合その他の調製をしてないものに限る。」と規定されているので、ラード油に他の油脂を混合したものについて、この通則2（b）の規定を適用して第15.03項のラード油に分類することはできません。

　調製品である混合物であっても、部若しくは類の注又は項の規定にそのようなものとして記載されているものは、通則1の原則に従ってその所属を決定することとなります。例えば、ラード油、大豆油、椰子油、その他の動植物性油脂などを混合して製造したマーガリンの場合、第15.17項に「マーガリン並びにこの類の動物性油脂、植物性油脂若しくは微生物性油脂又はこの類の異なる油脂の分別物の混合物及び調製品」と規定されていることから通則1の原則に基づき第15.17項に分類されます。

　また、通則1の規定上、項の記載に該当すると認められない物品までも含むように項の範囲を拡大するものではないという点は重要です。項の規定や、関連する部又は類の注に明確な規定がない場合であっても、通則2（b）の規定を際限なく膨らませて適用すべきではないということに注意が必要です。例えば、他の材料や物質を添加することにより項に記載する種類の物品の特性が失われるような場合には、適用されません。

　この通則の適用例として、家庭で二八蕎麦を作る材料として、2kg入りの小売り用袋に小麦粉20%及びそば粉80%を混合した粉製品が輸入された場合、通則2（b）の前段の規定に基づき第11.01項の「小麦粉及びメスリン粉」及び第11.02項「穀粉（小麦粉及びメスリン粉を除く。）」のいずれかに該当することとなります。

このように、他の材料又は物質を混合し又は結合した物品、二以上の材料又は物質から成る物品は、この通則を適用した結果、一義的にはそれを構成するすべての材料・物質が属することとなる、それぞれの項にも含まれることとなります。その結果、二以上の項に属するとみられ

図3-3　二八蕎麦製造用の混合物

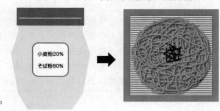

る場合には、次に記載する通則3の原則に従って所属を決定しなければなりません。

③　通則3

> 通則2 (b) の規定の適用により又は他の理由により物品が二以上の項に属するとみられる場合には、次に定めるところによりその所属を決定する。

通則3の規定は、通則2 (b) の適用により又は何らかの理由により、二以上の項に同時に所属する場合には、以下の三つの方法により物品の所属を決定することを定めたものです。

　　　3 (a)：「特殊な限定」

　　　3 (b)：「重要な特性」

　　　3 (c)：「数字上の配列において最後の項」

この方法は、この通則の配列上の順序に従って適用されます。すなわち、通則3 (b) は、通則3 (a) を適用しても所属を決定できない場合にのみ適用し、通則3 (c) は、通則3 (a) 及び3 (b) のいずれによっても所属を決定できない場合に適用されます。

なお、この通則も通則2と同じく部若しくは類の注又は項の規定において別段の定めがない場合にのみ適用されることとなっています。例えば、第97類の注5 (B) は「第97.06項には、この類の他の項の物品を含まない。」旨規定されていることから、第97.01項から第97.05項までのうち一つの項及び第97.06項の双方に属するとみられる物品は、第97.01項から第97.05項までのうちの一つの項に属することとなり、通則3の規定を適用せず、第97類の注5 (B) の規定を適用してその所属を決定することとなります。

【通則 3（a）】

> 　最も特殊な限定をして記載をしている項が、これよりも一般的な記載をしている項に優先する。ただし、二以上の項のそれぞれが、混合し若しくは結合した物品に含まれる材料若しくは物質の一部のみ又は小売用のセットの構成要素の一部のみについて記載をしている場合には、これらの項のうち一の項が当該物品について一層完全な又は詳細な記載をしているとしても、これらの項は、当該物品について等しく特殊な限定をしているものとみなす。

　輸出又は輸入される物品が何らかの理由で HS 品目表の二以上の項に所属する可能性がある場合、項の所属を決定するに際し最初に考慮すべき方法は、物品について「最も特殊な限定」をして記載をしている項が、これよりも一般的な記載をしている項に優先して適用されることです。

　いずれの項の規定が他の項の規定より「特殊な限定」をして物品を記載しているかを決定する上で厳密に規定することは困難ですが、一般的には次のように解釈します。

イ．名称（name）による限定は、種類（class）による限定よりも特殊な限定であるといえます。

　例えば、家庭で利用する電気カミソリは、第 85.10 項の「かみそり、バリカン及び脱毛器（電動装置を自蔵するものに限る。）」及び第 85.09 項の「家庭用電気機器（電動装置を自蔵するものに限るものとし、第 85.08 項の真空式掃除機を除く。）」の 2 つの項に分類される可能性がありますが、第 85.10 項の記載の方法（名称）が第 85.09 項の記載の方法（種類）よりも特殊な限定方法で記載されていることから電気カミソリは第 85.10 項に分類されることとなります。

ロ．物品がより明確に同一性を確認できる項の記載に該当する場合、より不完全な他の項の記載よりも特殊な限定をしているといえます。

　例えば、タフトしたじゅうたんで、輸入時の形状から明らかに自動車のフロアーにおいて使用するものと認定できるものであっても、第 87.08 項の自動車用の「部分品及び附属品（第 87.01 項から第 87.05 項までの自動車のものに限る。）」よりも第 57.03 項の「じゅうたんその他の紡織用繊維の床用敷物（人工芝を含み、タフトしたものに限るものとし、製品にしたものであるかないかを問わない。）」の方が特殊な限定ですので後者に分類されます（図 3-4 参照）。

　また、窓枠を付けていない航空機用の強化ガラスは、航空機用に適する特定の形状に加工したものであっても、第 88.07 項の航空機の「部分品（第 88.01 項、第 88.02 項又は第 88.06 項の物品のものに限る。）」よりも第 70.07 項の「安全

ガラス（強化ガラス及び合わせガラスに限る。）」の方
が特殊な限定であるので後者に分類されます。ただし、
第70類注1（e）のものを除く。

図3-4　自動車用フロアー
マット

　通則3（a）のただし書きに「二以上の項のそれぞ
れが、混合し若しくは結合した物品に含まれる材料若
しくは物質の一部のみ又は小売用のセットの構成要素
の一部のみについて記載をしている場合には、これら
の項のうち一の項が当該物品について一層完全な又は
詳細な記載をしているとしても、これらの項は、当該
物品について等しく特殊な限定をしているものとみなす。」旨規定されています。
　この意味は、例えば、先ほどの二八蕎麦を作る小麦粉とそば粉の混合物は、第
11.01項の「小麦粉及びメスリン粉」及び第11.02項の「穀粉（小麦粉及びメ
スリン粉を除く。）」の2つの項に分類される可能性があり、かつ、第11.01項
の小麦粉の方が、第11.02項の穀粉より限定した記載となっていますが、混合
物の分類を決定する場合は、この2つの項は「等しく特殊で限定したもの」と
みなすということです。
　この場合の物品の所属は通則3（b）又は3（c）の適用により分類を決定しま
す。

【通則3（b）】

　混合物、異なる材料から成る物品、異なる構成要素で作られた物品及び小売用のセットに
した物品であつて、（a）の規定により所属を決定することができないものは、この（b）の
規定を適用することができる限り、当該物品に重要な特性を与えている材料又は構成要素か
ら成るものとしてその所属を決定する。

　通則3の第二の方法は、通則3（a）の規定により所属を決定できない場合に
のみ適用するもので、当該物品に重要な特性を与えている材料又は構成要素から
成るものとしてその所属を決定することとされています。
　重要な特性を決定するための要素は、物品の種類によって異なり、その材料若
しくは構成要素の性質（容積、数量、重量、価格、機能等）又は役割により決定
されますが、次の4種類の物品に限り本規定が適用されます。
　イ．混合物：二種類以上の物質が均一に混じり合ったもの

ロ．異なる構成材料から成る物品：二種類以上の材料を組合せ、又は結合した物品

ハ．異なる構成要素から成る物品：異なる機能（役割）を持つ部分を結合した物品

ニ．小売用のセットにした物品

異なる構成要素で作られた物品には、当該構成要素が相互に結合し、実際上全体が分離不能になった物品のほか、分離可能な構成要素から成る物品も含みます。分離可能な構成要素から成る物品については、当該構成要素は相互に適合性を有し、また相互に補完し合い、かつ、ともに全体を構成するものであって、個々の部分品として通常小売用にならないものに限られます。

例えば、灰皿（取り外すことができる灰皿ボールとこれを支えるスタンドから成るもの）、家庭用の香辛料置台（特別に作成したフレームとフレームに適合する形状及び寸法にした適当数の香辛料用の空瓶から成るもの）等があります（図3-5 参照）。

図3-5　家庭用香辛料置台

小売用のセットにした物品とは、個別に販売できる物品を寄せ集め、小売用のセットにした物品で、次の3つの要件をすべて満たすものをいいます。

➤ 異なる項に属する二以上の異なった物品から成るものであること（なお、数本のフォンデューフォークのみのセット物品は、すべて同じ項に属するもので構成されるセットであるので、この通則の意味する範囲のセットとしては扱いません。）

➤ ある特定の必要性を満たすため又はある特定の活動を行うために、共に包装されたものであること

➤ 再包装しないで、使用者に直接販売するのに適した状態に包装されている物品であること

小売用のセットにした物品の例としては、ある即席料理を調製する際に共に使用する目的で、種々の食料品を組み合わせたもの等が含まれます。

➤ パンの中に牛肉を挟んだサンドイッチ（第16.02項）とフレンチフライ（ポテトチップス）（第20.04項）を共に小売用に包装したセットは、第16.02項に分類します。

➤ 生スパゲッティ（第19.02項）、すりおろしチーズ（第04.06項）、トマトソース（第21.03項）から構成されており、スパゲッティ料理に使用するため小売用のセットとして紙箱に詰められたものは第19.02項に分類します（図3-6参照）。

図3-6　小売用パスタセット

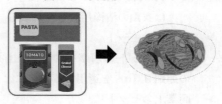

ただし、小売用のセットにした物品には、日本酒（第22.06項）とビール（第22.03項）を共に化粧箱に詰め、お歳暮やお中元用にセットにしたものがあります。このような商業上のセットは、特定の必要性を満たす又は特定の活動を行うために共に包装されたものとはみなされず、小売用に共に包装され提示されたものであっても、輸出又は輸入通関の際は、日本酒とビールに分離し、それぞれ該当する項に分類されることとなります（図3-7参照）。

図3-7　日本酒とビールのセット

　小売用セットとして一般に販売されている物品に関する関税分類上の取扱いは次の3種類となります。

➤ 通則1のセット

　　一つの目的を達成するために、又は利便性を向上するために二以上の異なる物品を取りまとめたものがあり、それらセットについて「項」において明記されているものを「通則1のセット」といいます。通則1のセットには、例えば次のようなものがあります。

● 第63.08項：織物と糸から成るセット（附属品を有するか有しないかを問わないものとし、ラグ、つづれ織物、ししゆうを施したテーブルクロス又はナプキンその他これらに類する紡織用繊維製品を作るためのもので、小売用の包装をしたものに限る。）

● 第82.06項：手道具又は手工具のセット（第82.02項から第82.05項までの二以上の項の製品を小売用のセットにしたものに限る。）

35

● 　第 96.05 項：トラベルセット（化粧用、洗面用、裁縫用又は靴若しく
　　は衣類の清浄用のものに限る。）
➢ 　通則 3 のセット
　　上述のセットの基準を満たしたもので、その所属は、通則 3（b）又は下記
　　の通則 3（c）を適用することにより、セット全体を一つの項に分類します。
➢ 　商業上のセット
　　上述の例示であるような、お中元やお歳暮用に販売される日本酒とビールを
　　化粧箱に詰めたセットは、小売販売を目的としてセットにしたものであって
　　も、通則 3 のセットの基準を満たさず、それぞれの物品の属する項に分類
　　します。
　小売用セットと原産地規則の関係については第 5 章第 9 節 8. において詳し
く記載しておりますのでご確認ください。

【通則 3（c）】

> （a）及び（b）の規定により所属を決定することができない物品は、等しく考慮に値する
> 項のうち数字上の配列において最後となる項に属する。

　通則 3 の第三の方法は、通則 3（a）及び 3（b）の規定によって分類が決定で
きない場合に適用するもので、物品の所属を決定する際、「等しく分類される可
能性のある項のうち、最も後ろの項に分類する。」という規定です。

　例えば、硬い広葉樹材のテーブル（第
94.03 項）と、テーブルとよく調和した
同じ材質で作られた 2 脚の木製椅子
（第 94.01 項）（格子柄の紡織用繊維製
のクッションシートを備えている。）か
ら成るセットであり、小売用に単一の箱
に収められているものについては、
WCO において分類が検討され、テーブ
ル又は椅子のいずれかが当該物品として
最も重要な特性を与えているか判断がつ

図 3-8　テーブルと椅子のセット

かないため、いずれも等しく考慮に値する項のうち、最後の項である第 94.03
項に分類することが決定しました（図 3-8 参照）[4]。

④ 通則 4

> 前記の原則によりその所属を決定することができない物品は、当該物品に最も類似する物品が属する項に属する。

この規定は、通則1から通則3までの原則によってその所属を決定できない物品は、当該物品に最も類似している物品が属する項に分類するということを定めたものです。

通則4の規定に基づいて所属を決定する場合、輸出又は輸入される物品に最も類似している物品を決定するために、輸出又は輸入される物品と同種の物品とを比較することが必要です。類似性は、品名、性質、用途など多くの要素により決定することとされています。

⑤ 通則 5

前記の原則のほか、収納ケースや包装容器のような物品については、次の原則を適用します。

【通則5（a）】

> 写真機用ケース、楽器用ケース、銃用ケース、製図機器用ケース、首飾り用ケースその他これらに類する容器で特定の物品又は物品のセットを収納するために特に製作し又は適合させたものであつて、長期間の使用に適し、当該容器に収納される物品とともに提示され、かつ、通常当該物品とともに販売されるものは、当該物品に含まれる。ただし、この（a）の原則は、重要な特性を全体に与えている容器については、適用しない。

この通則は、次の要件をすべて満たすものについてのみ適用します。
➤ 特定の物品又は物品のセットを収納するために特に製作し又は適合させた容器（すなわち、当該物品を収納するために特別に設計製作されたもの、収納する物品の形状に合わせて製作されているもの）
➤ 長期間の使用に適する容器（すなわち、これらの容器は、収納される物品の耐久性に合わせて製作されています。また、これらの容器は、当該物品が使用されない時（例えば、輸送、貯蔵等の期間）は、これを保護する役目があります。したがって、これらの基準に照らせば、ここでいう容器は単なる包装とは区別されます。）

---

4 税関ホームページ「関税率表解説・分類例規」（第94類国際例規）https://www.customs.go.jp/tariff/kaisetu/data2/94r.pdf

➤ 輸送の便宜のため収納される物品と別々に包装されているか否かを問わず、収納される物品とともに提示される容器（ただし、分離されて提示された場合、容器は、それ自体の該当する項に属します。）

➤ 通常収納される物品とともに販売される容器

➤ 重要な特性を全体に与えない容器

図3-9　ギターケース

　上記の要件をすべて満たし、この通則の規定を適用してその所属が決定される容器の事例には、例えば、身辺用細貨類の箱及びケース（第71.13項）、電気かみそりのケース（第85.10項）、双眼鏡のケース及び望遠鏡のケース（第90.05項）、楽器用のケース、箱及びバッグ（例えば第92.02項）等があります（図3-9参照）。

　他方、容器が物品全体に重要な特性を与えている容器については、この規定は適用されません。例えば、茶を入れた銀製の茶筒や砂糖菓子を入れた装飾性の高い陶磁製の容器はそれ自体が該当する項に属することとなります。

【通則 5 （b）】

> 　(a) の規定に従うことを条件として、物品とともに提示し、かつ、当該物品の包装に通常使用する包装材料及び包装容器は、当該物品に含まれる。ただし、この (b) の規定は、反復使用に適することが明らかな包装材料及び包装容器については、適用しない。

　この規定は、物品とともに提示され、当該物品の包装に通常使用される包装材料及び包装容器は、当該物品に含まれ、当該物品の属する項に共に分類すると定めています。

　例えば、精密機械の運搬に使用するために、特に機械の形状に合わせて作成した発泡スチロール製の包装材料は、当該機械が属する項に共に分類されます。

　しかしながら、明らかに反復使用に適するような包装材料及び包装容器については、この方法によっては分類しないと規定しています。例えば、圧縮空気（第28.53項）用又は液化石油ガス（第27.11項）用の鉄鋼製のボンベ等の容器は、輸入貨物の内容とは別に第73.11項に分類することとなります。

　なお、通則 5 （a）は、この通則 5 （b）の規定に優先します。したがって、通

則5（a）に記載されるようなケース、箱及びこれらに類する包装容器の分類は、通則5（a）を適用して決定することとなっています。これは、この5（b）の規定の冒頭に「(a)の規定に従うことを条件として…」との記述によるものです。

⑥　通則6

> この表の適用に当たつては、項のうちのいずれの号に物品が属するかは、号の規定及びこれに関係する号の注の規定に従い、かつ、前記の原則を準用して決定するものとし、この場合において、同一の水準にある号のみを比較することができる。この6の原則の適用上、文脈により別に解釈される場合を除くほか、関係する部又は類の注も適用する。

この通則は、項のうちのいずれの号に物品を分類するかについて規定したものです。

通則1から通則5までの原則により物品の項の所属を決定した後に、当該項の中のどの号に当該物品を分類するかについて決定する方法を定めたもので、次の方法に従って決定することとされています。

イ．号の規定及びこれに関係する号の注の規定に従う。

ロ．必要に応じて、通則1から通則5までの原則を準用して決定する。

ハ．同一水準にある号のみを比較し、これらが複数の場合にはこれらの間で比較し、所属する号を決定する。

ニ．部又は類の注の規定が号の規定及びこれに関係する号の注の規定と矛盾しない場合には、部又は類の注の規定も適用する。

なお、「同一の水準にある号のみを比較し」とは、号の規定中の一段落ちの号（5桁）は他の一段落ちの号（5桁）とのみ比較し、これが決まれば、その一段落ちの号の下での二段落ちの号（6桁）同士のみを比較して決めていくこととなります。したがって、一段落ちの号の記述と、二段落ちの号の記述を比較することはできません。

また、「文脈により別に解釈される場合を除くほか」とは、部又は類の注が号の記載又は号の注と矛盾する場合を除くということです。部又は類の注が号の記載又は号の注と矛盾する場合の例として、例えば第71類にこの事例が見られます。

第71類注4（B）で「「白金」とは、白金、イリジウム、オスミウム、パラジウム、ロジウム及びルテニウムをいう。」と規定する一方、同第71類の号注2に「第7110.11号及び第7110.19号において白金には、注4（B）の規定にか

かわらず、イリジウム、オスミウム、パラジウム、ロジウム及びルテニウムを含まない。」と規定しています。

　すなわち、第 71 類注 4（B）の「白金」の範囲は、第 71 類の号注 2 の「白金」の範囲と異なります。したがって、第 7110.11 号と第 7110.19 号を解釈する上では、号注 2 が適用され、類注 4（B）の適用はありませんのでご留意ください。

第4章　EPA 特恵税率の適用から関税割当制度等の確認（ステップ2～ステップ4）

1. EPA 特恵税率の対象品目か否かの確定（ステップ2）

　EPA 特恵税率の適用を受けようとする輸出又は輸入する産品の正しい HS 番号が確定したら、次は「EPA 特恵税率の対象品目か否かの確定」の作業を行うこととなります。利用を予定している EPA の譲許表と産品の HS 番号を対比し、産品が当該 EPA 特恵税率の対象となっているか否かを確認します。

（1）日本へ輸入される産品の EPA 特恵税率の確認

　日本へ輸入される産品が、EPA 特恵税率の対象となる産品か否かの確認方法には主要なものとして次のような方法があります。

① 　外務省ホームページ[1]で確認
② 　税関ホームページの実行関税率表[2]で確認
③ 　日本関税協会発行の『実行関税率表』[3]（書籍）で確認

　外務省ホームページは協定毎に EPA 譲許表を確認する必要がありますが、税関ホームページと日本関税協会の『実行関税率表』（毎年青色の表紙で発行され「ブルータリフ」と呼ばれています。）は基本的に同じ形式で構成されており、HS 番号毎にすべての EPA 特恵税率を横一覧で確認できるように編集されています。本書では税関ホームページから EPA 特恵税率を確認する方法を説明します。

　ベトナムからトマトケチャップを輸入する場合を例として調べる方法を説明します。トマトケチャップの HS 番号は第 2103.20 号として特定されており、日本の関税率表番号は HS 番号に国内細分の3桁を加えた合計9桁の 2103.20-010 とされています。

　まず、税関ホームページのトップページにアクセスすると[4]下方に 10 個の四

1 　外務省ホームページ「我が国の経済連携協定（EPA/FTA）等の取組」の発効済み EPA 一覧表から EPA 毎の日本の譲許表を確認します。(https://www.mofa.go.jp/mofaj/gaiko/fta/index.html)
2 　税関ホームページ「輸入統計品目表（実行関税率表）」の最新の実行関税率表を確認します。(https://www.customs.go.jp/tariff/index.htm)
3 　日本関税協会が毎年4月1日に発行しており、関税率表の解釈に関する通則、関税率表（基本、協定、暫定、一般特恵の各税率を一覧で記載）、EPA 等タリフデータ等から構成されています。
4 　本章1. における以下税関ホームページに関する説明は、すべて 2023 年2月1日現在に閲覧したページをベースにしています。

角いメニュー項目が設けられており、その一つに「品目分類について調べたい」がありますので、クリックしてください（図4-1参照）。

図4-1　税関ホームページのトップページ

クリックするとポップアップが現れ、ポップアップ内に「実行関税率表」という欄がありますので、クリックしてください（図4-2参照）。

図4-2　ポップアップ画面

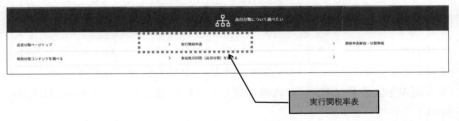

　クリックすると「輸入統計品目表（実行関税率表)」のページが表示されます。当該ページには現在利用されている最新の実行関税率表のほか、過去の実行関税率表（2003年～2021年）、関税率表解説・分類例規、事前教示（品目分類）等、関税分類に必要となる多くの情報が掲載されています（図4-3参照）。

　次に、最新の実行関税率表（最上欄に掲載）をクリックしてください。

　実行関税率表のページには、関税率表の解釈に関する通則、旧品目表に基づくEPA特恵税率が適用される品目一覧表等とともに、実行関税率表が第1類から

図 4-3　輸入統計品目表（実行関税率表）

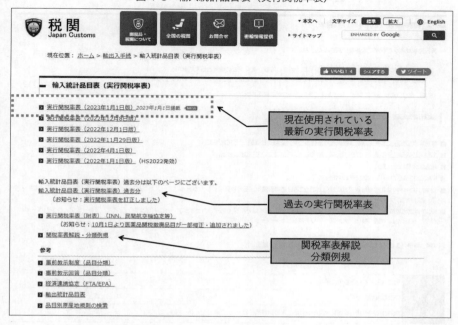

第 97 類まで類別に掲載されています（図 4-4 参照）。

　今回の事例は第 21 類のトマトケチャップですので、少しスクロールダウンして第 21 類（各種の調製食料品）の欄をご覧ください。右側に「類注」の欄と「税率」の欄があります。ここでは EPA 特恵税率を調べることが目的ですので、税率の欄をクリックしてください（図 4-5 参照）。

　税率の欄をクリックすると第 21.01 項から始まる税率表が現れます。スクロールダウンしていくと第 21.03 項（ソース、ソース用の調製品、混合調味料、マスタードの粉及びミール並びに調整したマスタード）があります。その下に第 2103.20 号（トマトケチャップその他のトマトソース）があり、国内税率細分（及び統計細分）として、2103.20–010（1 トマトケチャップ）を見つけることができます（図 4-6 参照）。

　トマトケチャップの税率を確認すると以下のことが分かります。

➢　基本税率：25％

➢　WTO 協定税率：21.3％

➢　特別特恵税率：無税（後発開発途上国を原産地とする物品）

図 4-4　実行関税率表（2023 年 2 月 1 日現在）

■ 実行関税率表（2023年1月1日版）

≡ 実行関税率表をご利用になる前にお読みください

注1　掲載している実行関税率表（タリフ）につきましては、あくまでご参考としてご利用ください。
　　実際の輸入手続きにあたってご不明な点等ございましたら、各税関の税関相談官までお問い合わせ下さい。

注2　タリフの読み方については税率決定までの流れをご覧下さい。

▌ 実行関税率表（2023年1月1日版）

▣ 関税率表の解釈に関する通則（輸入統計品目表の解釈に関する通則）[PDF:14KB] 🗎
▣ 旧輸入統計品目表に基づいてEPA税率が適用される品目について[PDF:56KB] 🗎
▣ 輸入関係他法令一覧表
▣ NACCS用品目コード（2022年12月8日）（1）（2）
▣ TPP11(CPTPP)協定の現時点（2022年11月）における締約国は、日本以外にシンガポール、オーストラリア、ニュージーランド、カナダ、メキシコ、ベトナム、ペルー、マレーシア。
▣ RCEP協定の現時点（2023年1月2日）における締約国は、日本以外にブルネイ、カンボジア、インドネシア、ラオス、マレーシア、シンガポール、タイ、ベトナム、中国、韓国、オーストラリア及びニュージーランド。

第 1部　動物（生きているものに限る。）及び動物性生産品　部注

分類

第 1類	動物（生きているものに限る。）	類注	税率
第 2類	肉及び食用のくず肉	類注	税率
第 3類	魚並びに甲殻類、軟体動物及びその他の水棲無脊椎動物	類注	税率

図 4-5　第 21 類「各種の調製食料品」

第4部　調製食料品、飲料、アルコール、食酢、たばこ及び製造たばこ代用品、非燃焼吸引用の物品（ニコチンを含有するかしないかを問わない。）並びにニコチンを含有するその他の物品（ニコチンを人体に摂取するためのものに限る。）　部注

分類

第16類	肉、魚、甲殻類、軟体動物若しくはその他の水棲無脊椎動物又は昆虫類の調製品	類注	税率
第17類	糖類及び砂糖菓子	類注	税率
第18類	ココア及びその調製品	類注	税率
第19類	穀物、穀粉又はでん粉若しくはミルクの調製品及びベーカリー製品	類注	税率
第20類	野菜、果実、ナットその他植物の部分の調製品	類注	税率
第21類	各種の調製食料品	類注	税率
第22類	飲料、アルコール及び食酢	類注	税率
第23類	食品工業において生ずる残留物及びくず並びに調製飼料	類注	税率
第24類	たばこ及び製造たばこ代用品、非燃焼吸引用の物品（ニコチンを含有するかしないかを問わない。）並びにニコチンを含有するその他の物品（ニコチンを人体に摂取するためのものに限る。）	類注	税率

図 4-6　トマトケチャップの税率

| 統計番号 Statistical code | | 品名 Description | 関税率 Tariff rate | | | | |
番号 H.S.code			基本 General	暫定 Temporary	WTO協定 WTO	特恵 GSP	特別特恵 LDC
21.03		ソース、ソース用の調製品、混合調味料、マスタードの粉及びミール並びに調製したマスタード					
2103.10	000	醤油	9.6%		7.2%	6%	無税
2103.20		トマトケチャップその他のトマトソース					
	010	1 トマトケチャップ	25%		21.3%		無税
	090	2 その他のトマトソース	20%		17%		無税

➤ 一般特恵税率：設定なし
➤ 暫定税率：設定なし

そしてその税率欄を右にスクロールしていくと EPA 毎の EPA 特恵税率が確認できます。EPA 特恵税率の欄に何も記載がないものは、当該 EPA に対して EPA 特恵税率の適用を約束していない（非譲許）ということです。例えば、日スイス EPA や日インド EPA の欄はブランクなので非譲許です。また、日ペルー EPA では「関税割当数量以内のもの　無税」と記載されており、関税割当を有していれば EPA 特恵税率で無税が適用され、有していない場合 WTO 協定税率（21.3%）が適用されます。

右にスクロールしていくと、合計 20 の発効済 EPA の税率をすべて確認することができます。ベトナムからトマトケチャップを輸入する場合、以下の 4 つの EPA 特恵税率のいずれかを利用することが可能となります（図 4-7 参照）。

図 4-7　ベトナムからトマトケチャップを輸入する際の適用可能な EPA 税率

| 統計番号 Statistical code | | 品名 Description | 関税率（経済連携協定） Tariff rate (EPA) | | | | | | | | | | | | | | 関税率 Tariff rate |
番号 H.S.code			アセアン ASEAN	フィリピン Philippines	スイス Switzerland	ベトナム Viet Nam	インド India	ペルー Peru	豪州 Australia	モンゴル Mongolia	TPP11 (CPTPP)	欧州連合 EU	英国 UK	RCEP(アセアン・豪州・ニュージーランド)	RCEP (中国)	RCEP (韓国)	日本 経済連携 125ヵ国
21.03		ソース、ソース用の調製品、混合調味料、マスタードの粉及びミール並びに調製したマスタード															
2103.10	000	醤油	無税	無税	無税	無税	無税	無税	0.9%	1.2%	1.2%	1.2%	6.2%	6.2%		1.2%	
2103.20		トマトケチャップその他のトマトソース															
	010	1 トマトケチャップ	21.3%	19.2%		19.2%		関税割当数量以内のもの　無税	17%		11.6%	11.6%	11.6%	21.2%			

➤ 日ベトナム EPA: 19.2%（EPA 譲許表[5]には、「基準税率（21.3%）から 19.2% までの 6 回の毎年均等な引下げにより、削減する。」とされており、

日ベトナム EPA は 2009 年 10 月に発効し、既に 6 年以上経過していることから現在は 19.2% と記載。）

➤　日アセアン EPA: 21.3%（EPA 譲許表[6]には、「21.3% を譲許」とされている。）

➤　TPP11: 11.6%（EPA 譲許表[7]には、「基準税率（21.3%）から 11 回かけて関税を撤廃」とされており、TPP11 は、2018 年 12 月 30 日に発効し、2023 年 2 月 1 日現在 5 回目の削減後の 11.6% が適用されている。2023 年 4 月 1 日から 6 回目の削減となり 9.6% が適用される。）

➤　RCEP（対アセアン・豪州・ニュージーランド）：21.3%（EPA 譲許表[8]には、「21.3% を譲許」とされている。）

　このように、HS 番号が確定したら、各号の下に設けられている税率細分を確定することにより、調べた時点で適用されている EPA 特恵税率を簡単に調べることが可能となります。上記例のベトナムからトマトケチャップを輸入する場合、TPP11 を利用すると最も低い税率で輸入することができ、さらに今後も毎年関税率が引き下げられ、2028 年 4 月以降は関税率が撤廃されることが分かります。

　各協定のステージング表は税関ホームページのトップページの「EPA／原産地規則について知りたい」をクリックすることにより表示されるポップアップ画面の「ステージング表」[9]からアクセスすることができますのでご利用ください。

（2）日本から輸出される産品の EPA 特恵税率の確認

　日本から輸出される産品が、輸入国において EPA 特恵税率の対象となる産品か否かの確認方法には主要なものとして次のような方法があります。

　①　外務省ホームページ[10]で確認

5　日ベトナム EPA に基づく譲許表（https://www.mofa.go.jp/mofaj/gaiko/fta/j_asean/vietnam/pdfs/fuzoku01.pdf）

6　日アセアン EPA に基づく譲許表（https://www.mofa.go.jp/mofaj/gaiko/fta/j_asean/pdfs/ajcep_k1.pdf）

7　TPP11 に基づく譲許表（https://www.cas.go.jp/jp/tpp/tppinfo/kyotei/tpp_text_yakubun/pdf/160308_yakubun_02-2.pdf、https://www.cas.go.jp/jp/tpp/tppinfo/kyotei/tpp_text_yakubun/pdf/160308_yakubun_02-3.pdf）

8　RCEP に基づく譲許表（https://www.mofa.go.jp/mofaj/files/100129081.pdf）

9　税関ホームページ「経済連携協定（EPA/FTA 等）：ステージング表」（EPA 等のステージング表（日本側関税率一覧）へのリンク）（https://www.customs.go.jp/kyotsu/kokusai/gaiyou/chui.htm）

10　外務省ホームページ「我が国の経済連携協定（EPA/FTA 等）の取組」の発効済み EPA 一覧表から EPA 毎の譲許表を確認します。（https://www.mofa.go.jp/mofaj/gaiko/fta/index.html）

②　税関ホームページのEPA相手国側譲許表（関税率表）[11]で確認

　ここでは、税関ホームページから確認する方法を説明します。まず、前記日本への輸入と同様、税関ホームページのトップページにアクセスすると下方に10個の四角いメニュー項目が設けられており、その一つに「EPA／原産地規則について知りたい」がありますので、クリックしてください（図4-8参照）。

図4-8　EPA／原産地規則について知りたい

　クリックするとポップアップが現れ、ポップアップ内に「相手国譲許表」という欄がありますので、クリックしてください（図4-9参照）。

図4-9　ポップアップ画面

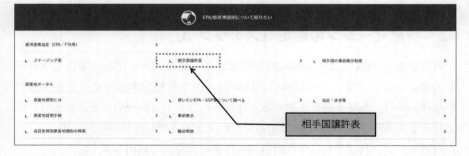

　クリックすると「EPA相手国側譲許表（関税率表）」のページが表示されます。当該ページには現在発効しているすべてのEPA締約国である23か国及びEUの合計24の締約相手国・地域側の譲許表が掲載されています（図4-10参照）。締約相手国・地域毎に、利用できるEPAに○印が付されており、当該箇所をクリ

11　税関ホームページ「EPA相手国側譲許表（関税率表）」から輸出相手国の関税率を確認します。（https://www.customs.go.jp/kyotsu/kokusai/aitekoku.htm）

ックすると譲許表をみることが可能となります。例えば、マレーシアの場合、日
マレーシア EPA（二国間の欄）、日アセアン（AJCEP の欄）、TPP11、RCEP の
4つの EPA を利用することができます。

図 4-10　EPA 相手国側譲許表（関税率表）

━ EPA相手国側譲許表（関税率表）

このページでは、我が国が締結している経済連携協定に関する相手国情報を掲載しております。
相手国税関等のホームページを掲載しておりますが、実際のEPA相手国への輸入手続については、相手国税関窓口にお問い合わせ下さい。

外部ページへリンク（※すべて新規ウィンドウで開きます。）

国等 （リンクは協定HP）	二国間	AJCEP （和文） （英文）	TPP11 （和文） （英文）	RCEP （和文） （英文）	参考（相手国税率検索サイトまたは税関HP）
シンガポール	○	○	○	○	シンガポール税関（Singapore Customs）
メキシコ	○		○		メキシコ経済省 (Secretaría de Hacienda) ※スペイン語のみ
マレーシア	○	○	○	○	マレーシア税関（Royal Malaysian Customs Department）

（途中省略）

EU	○				EU共通関税率検索サイト（TARIC）
英国	○				英国関税率検索サイト
米国	○				米国国際貿易委員会（USITC）検索サイト
韓国				○	韓国関税庁
中国				○	中国海関総署運営検索サイト

2. 特恵マージンの確定（ステップ3）

　利用できる EPA 特恵税率の確認ができたら、次のステップとして特恵マージ
ンの確認を行います。その目的は、EPA 特恵税率を利用するために必要な書類
の作成や保存、各種手続きに要する人件費等のコストと節税効果を比較検討して、
会社として EPA 特恵税率を利用するか否か決定する判断材料の提供です。

　特恵マージン及びそれに伴う節税効果は次の計算式で算出します。

節税額＝対象商品の輸入額×特恵マージン率（WTO 協定税率－EPA 特恵税率）

　例えば、前記のトマトケチャップをベトナムから年間5,000万円分輸入する
場合を想定すると節税額は以下のようになります。

節税額＝5,000万円×（21.3％－11.6％（TPP11））＝485万円

　他にも EPA 特恵税率が適用可能な対象産品を輸入している場合、一定のコス
トを支払っても EPA 特恵税率の利用に基づく節税額により、コストのカバーが

3. 関税割当制度等の対象か否かの確認（ステップ4）

可能との判断を行うこととなると思われます。

　日本からの輸出の場合は、輸入相手国における実行税率（WTO 協定税率又は当該国が自主的に削減した税率）と当該輸入国が日本から輸入される産品に対し譲許している EPA 特恵税率の差を調べ、特恵マージンを計算する必要があります。

　相手国の実行税率は、JETRO ホームページの World Tariff から参考として知ることができますが、正確な特恵マージンを計算する場合は、輸出相手国の輸入者等から正確な実行税率を教えていただくことをお勧めします。

3. 関税割当制度等の対象か否かの確認（ステップ4）

　次のステップとして、関税割当制度等の対象か否かの確認を行います。前記のトマトケチャップを輸入する場合、日メキシコ EPA 及び日ペルー EPA の欄に「関税割当数量以内のもの　無税」との記載があり、当該2つの EPA には関税割当が設けられていることが分かります。

　EPA に基づく関税割当制度とは、EPA 締約相手国に対して一定の輸入数量（関税割当数量）に限り、一般税率よりも低い特恵税率（枠内税率）を適用する一方、この一定の輸入数量を超える輸入分については、原則として、一般税率（枠外税率）を適用する仕組みです。日メキシコ EPA 及び日ペルー EPA の場合、関税割当制度の輸入枠を有している輸入者が EPA 特恵税率を利用して輸入する場合は関税無税が適用され、それ以外の者が輸入する場合は、WTO 協定税率である 21.3% が適用されることとなります。

　このため、輸出入しようとする対象産品が輸入国において関税割当制度の対象となっているか否か、また、対象となっている場合、輸入者が当該割当数量枠を有しているか否かを確認する必要があります。日本への輸入についての関税割当の数量枠の詳しい取得方法は農林水産省へお問い合わせください[12]。

　日本への輸入について、関税割当制度の対象か否かは、ステップ2で説明した EPA 特恵税率の確認の方法（実行関税率表）で確認するのが最も簡便な方法と思われます。具体的には、税関ホームページの実行関税率表の EPA 税率欄に「関税割当数量以内のもの」との記載があれば、関税割当制度の対象品目となります。

12　税関ホームページ（https://www.customs.go.jp/kyotsu/kokusai/seido_tetsuduki/wariate.htm）、農林水産省ホームページ（https://www.maff.go.jp/j/kokusai/boueki/index.html）

第5章 原産地規則を満たすか否かの確認 （ステップ5）

第1節 原産地規則の概要

1. 産品が原産地規則を満たすか否かの確認

EPA特恵税率は、輸入しようとする産品が、各EPAの原産地規則に定められている原産性判断基準を満たし、輸出締約国の原産品と認められる場合に適用されます。したがって、次のステップとして、輸出又は輸入しようとする産品が利用しようとするEPAの原産地規則に規定されている原産性判断基準を満たすか否かの確認を行います。この確認がEPA特恵税率の利用において最も重要なステップとなります。

日本が締結しているEPAは、日インドEPA[1]を除き原産性判断基準として3つの基準を採用しています。3つの基準とは、「完全生産品」（第一基準）、「原産材料のみから生産される産品」（第二基準）、「品目別規則を満たす産品」（第三基準）の3つです。

加えて、その例外措置として、品目別規則を満たさない場合においても、原産品と認められるか否かを検討する「デミニミス」と「累積」の規定、品目別規則を満たした産品であっても原産品と認められない「軽微な加工」（EPAにより表現が異なります。）がEPA毎に定められています。

さらに技術的規定として附属品、予備部品等、小売用の包装材料及び包装容器、こん包材料及びこん包容器、セット等の取扱いが規定されています。その概要は以下のようなフロー図（図5-1）で表されますが、内容や用語の使用方法等の詳細はEPA毎に異なっていることに留意してください。

2. 原産品

日本が締結しているEPAの原産地規則では、通常、定義に続き「原産品」を規定する条文が設けられています。そして前述の3つの基準である、「完全生産品」、「原産材料のみから生産される産品」、「品目別規則を満たす産品」のいずれ

---

1 日インドEPAにおいては、原産品（第27条）は、完全生産品（第28条）又は非原産材料を使用して生産される産品（第29条）に定める要件を満たすものの2つが規定されています。

図5-1　原産性判断の概念フロー図

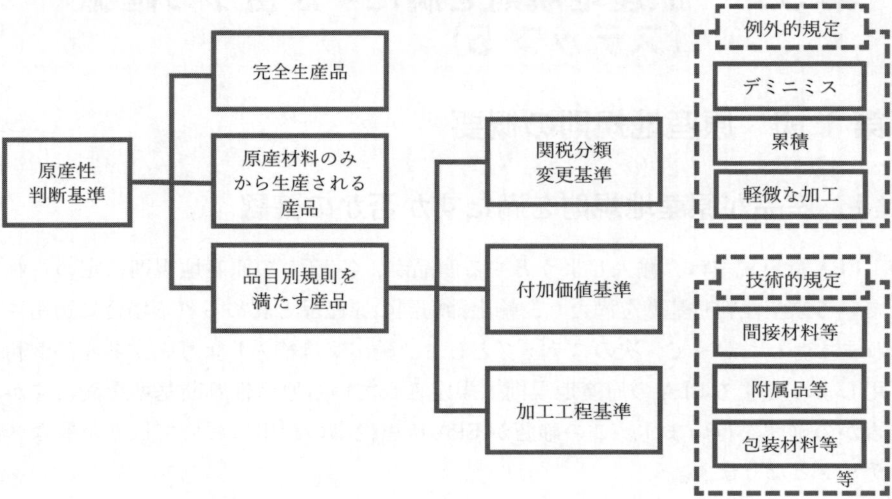

かに該当するものは他の締約国の原産品と規定されています（日インドEPAを除く）。ただし、その規定は各EPAにより異なっており、その意味及び範囲も異なることから注意深く条文の規定を読む必要があります。基本的な規定は次の通りです。

① 当該締約国において完全に得られ、又は生産される産品であって次条（完全に得られ、生産される産品）に定めるもの

② 当該締約国において当該締約国の原産材料のみから生産される産品

③ 当該締約国において非原産材料を使用して生産される産品であって、別表（品目別規則）に定める関連する要件を満たすもの

　ただし、EPAによっては「当該締約国」の代わりに「他の締約国」、「一の締約国」、「一又は二以上の締約国」といった表現が用いられている場合があります。ここで留意が必要なのは「一又は二以上の締約国」と規定されている場合です。当該表現が用いられている場合は、EPA締約国（二以上の国）を一つの地域として原産品か否かを判断することとなります。

　原産品か否かの判断を、締約国単位で行うのか（以下「締約国原産」といいます。）、当該EPAを締結しているすべての国を一つの地域とみなして原産品か否かの判断を行うのか（以下「協定原産」といいます。）により、その結果も大きく異なってくることから、原産品の規定については十分留意して読む必要があり

ます。詳しくは本章第 8 節で説明します。

3. 用語の定義と産品の生産に使用される材料の取扱い

　各 EPA の原産地規則を理解して輸出又は輸入しようとする産品が原産品か否かを判断する場合、原産地規則に頻繁に使用されている用語である「産品」、「材料」、「原産材料」、「非原産材料」等に関する定義を知っておくことが、EPA の条文を理解しやすくなり、原産品か否かの判断を容易にすると考えられます。また、国内調達した材料であっても原産品かどうかが不明なものも多いことから、主要な EPA において定義として規定されているそれら用語について解説するとともに、原産品と判断できない材料の取扱いを説明します。

➤ 「産品」とは、商品、生産品、製品又は材料をいう。(TPP11) (RCEP) (日アセアン EPA)

➤ 「産品」とは、生産によって生ずる物又は物質（他の産品を生産するための材料としての使用を目的とするものを含む。）をいい、前章に規定する産品をいうものと了解する。(日 EU・EPA)

➤ 「材料」とは、他の産品の生産において使用される産品をいう。(TPP11) (RCEP) (日タイ EPA)

➤ 「材料」とは、物又は物質であって、産品の生産において使用され、若しくは消費され、物理的に産品に組み込まれ、又は他の産品の生産に使用されるものをいう。(日アセアン EPA)

➤ 「材料」とは、物又は物質であって、産品の生産において使用されるもの（構成要素、成分、原材料及び部品を含む。）をいう。(日 EU・EPA)

➤ 「生産」とは、産品を得る方法をいい、栽培、採掘、収穫、飼養、成育、繁殖、抽出、採集、収集、捕獲、漁ろう、養殖、わなかけ、狩猟、製造、生産、加工及び組立てを含む。(RCEP)

➤ 「生産」とは、産品を得る方法をいい、栽培、採掘、収穫、成育、繁殖、抽出、採集、収集、捕獲、漁ろう、わなかけ、狩猟、製造、加工及び組立てを含む。(日アセアン EPA)

➤ 「生産」とは、産品の栽培、耕作、成育、採掘、収穫、漁ろう、わなかけ、狩猟、捕獲、収集、繁殖、抽出、養殖、採集、製造、加工又は組立てを含む作業をいう。(TPP11)

➤ 「生産」とは、全ての種類の作業又は加工をいい、組立てを含む。(日 EU・

EPA）

➤ 「原産品」又は「原産材料」とは、この章の規定に従って原産品とされる産品又は材料をいう。（TPP11）（RCEP）（日アセアンEPA）

➤ 「締約国の原産材料」とは、締約国において他の産品の生産に使用される当該締約国の原産品をいう。（日タイEPA）

➤ 「非原産品」又は「非原産材料」とは、この章の規定に従って原産品とされない産品又は材料をいう。（TPP11）（RCEP）

➤ 「非原産材料」とは、この章の規定に従って原産品とされない材料（原産品としての資格を決定することができない材料を含む。）をいう。（日EU・EPA）

➤ 「非原産材料」とは、他の産品の生産に使用される産品であって、締約国の原産材料でないものをいう。（日タイEPA）

　これらの定義から、「産品」とは生産行為によって生ずる商品、製品等をいい、その産品が他の産品の生産に使用される「材料」も産品の概念に含まれることとなります。

　例えば、自動車用のエンジンは、産品として、ピストン、ピストンブロック、シリンダー、クランク、点火プラグ、エンジンベルト等多くの材料から作られています。そして、生産されたエンジンは、自動車の一つの重要な材料（部品）として自動車に組み込まれます。したがって、原産地規則上、エンジンは産品であり、かつ、自動車の材料ということとなります。

　また、重要な定義として「非原産品」又は「非原産材料」があります。TPP11及びRCEPの定義では、原産地規則章に従って判断し、原産品とされない産品又は材料は、非原産品又は非原産材料とされます。この定義に従うと、国内で調達した材料であっても調達先が原産材料であることを明らかにすることができない材料、すなわち原産品であるかどうかが不明又は判断できない材料は、非原産材料とすることとなります。この点について、日EU・EPAは明確に、原産品としての資格を決定することができない材料を非原産材料に含める旨定義しています。他のEPAも表現に若干の違いはあっても同様の規定となっています。

第2節　完全生産品

1. 完全生産品とは

　ここから、締約国の原産品と認められる産品か否かを判断するために用いられる、原産性判断基準の3つの基準について、第一基準の「完全生産品」から順番に詳細に解説していきます。

　完全生産品とは、当該産品又は当該産品の生産に使用されたすべての材料が当該 EPA 締約国において完全に得られたものをいいます。図5-2の太線で囲まれた部分は、締約国 A における生産の工程を示していますが、輸出産品 A の生産に使用する一次材料の「R1」及び「R2」のみならず、R1 の生産に使用された「R3」及び「R4」も締約国 A の域内において生産されており、生産工程をどこまで遡っても当該締約国の原産品のみを使用している場合が完全生産品に相当します。

図 5-2　完全生産品のイメージ図

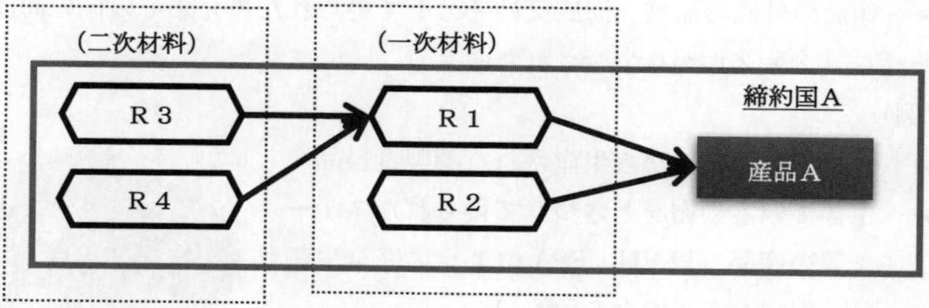

　完全生産品は、原産品を規定する条文において、通常「当該締約国（（一の締約国）又は（一又は二以上の締約国））において完全に得られ、又は生産される産品であって次条（完全に得られ、生産される産品の範囲を規定）に定めるもの」と規定されています。そして、通常、当該「原産品」を規定する条の次条に、何が完全生産品であるかについて具体的に定義されています。

　完全生産品の定義の例示として「TPP11」、「日 EU・EPA」、「RCEP」の各条文を以下に掲載します。TPP11 では (a)～(k) の11の定義、日 EU・EPA では (a)～(l) の12の定義、RCEP では (a)～(j) の10の定義が完全生産品として規定されています。

　日本の EPA に共通した完全生産品の定義を大きく分けると、以下の3つがあ

55

ります。

① 当該領域内の自然界に存在するもの、生まれ・成育するもの

(例)

➤ 生きている動物（生まれ、かつ、成育されたもの）、生きている動物から得られる産品（卵、羊毛等）、狩猟、捕獲、漁ろう等により得られた動物（水産物を含む）等

➤ 収穫や採取された植物及び植物性生産品（果実、花、野菜等）

➤ 土壌、海底又はその下から得られた鉱物その他の天然物質（石油、天然ガス、石炭、鉄鉱石等）

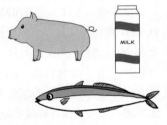

② 生産が締約国で完結しないものであっても、締約国の完全生産品として扱うもの

(例)

➤ 生産行為から生ずる廃品又はくず、資源回収用のみに適するスクラップ等

➤ 領海の外側の海域、海底又はその下で得られた魚介類その他の海洋生物

③ それら（①・②）から生産された産品

(例)

➤ 完全生産品のみから生産された調製食料品

➤ 生きている動物をとさつして得られたステーキ等の産品（日 EU・EPA のように完全生産品の規定がある場合を除く。）

TPP11 第 3.3 条（完全に得られ、又は生産される産品）

各締約国は、前条（原産品）の規定の適用上、次に掲げる産品を、一又は二以上の締約国の領域において完全に得られ、又は生産される産品とすることを定める。

(a) 当該領域において栽培され、耕作され、収穫され、採取され、又は採集される植物又は植物性生産品

(b) 生きている動物であって、当該領域において生まれ、かつ、成育されたもの

(c) 当該領域において生きている動物から得られる産品

(d) 当該領域において狩猟、わなかけ、漁ろう、採集又は捕獲により得られる動物

(e) 当該領域において養殖により得られる産品

(f) 当該領域から抽出され、又は得られる鉱物その他の天然の物質（(a) から (e) までに規定するものを除く。）

(g)　締約国の領域の外側であって国際法に基づき非締約国の領海の外側にある海、海底又
　　はその下（注）から、締約国において登録され、名簿に掲載され、又は記録され、及
　　び当該締約国を旗国とする船舶により得られる魚介類その他の海洋生物
　　注　この章のいかなる規定も、海洋法の諸問題に関する締約国の立場を害するもので
　　　　はない。

(h)　締約国において登録され、名簿に掲載され、又は記録され、及び当該締約国を旗国と
　　する工船の船上において、(g) に規定する産品から生産される産品

(i)　締約国又は締約国の者により、締約国の領域の外側であって非締約国が管轄権を行使
　　する区域の外側にある海底又はその下から得られる産品（魚介類その他の海洋生物を
　　除く。）。ただし、当該締約国又は締約国の者が、国際法に基づき、当該海底又はその
　　下を開発する権利を有することを条件とする。

(j)　次のいずれかの産品
　　(i)　当該領域における生産から生ずる廃品又はくず
　　(ii)　当該領域において収集される使用済みの産品から生ずる廃品又はくずであって、
　　　　原材料の回収にのみ適するもの

(k)　当該領域において専ら (a) から (j) までに規定する産品又はそれらの派生物から生
　　産される産品

日 EU・EPA 第 3.3 条（完全に得られる産品）

1　前条の規定の適用上、次に掲げる産品は、締約国において完全に得られる産品とする。

(a)　当該締約国において栽培され、耕作され、収穫され、採取され、又は採集される植物
　　又は植物性生産品

(b)　生きている動物であって、当該締約国において生まれ、かつ、成育されたもの

(c)　生きている動物（当該締約国において成育されたもの）から得られる産品

(d)　とさつされた動物（当該締約国において生まれ、かつ、成育されたもの）から得られ
　　る産品

(e)　当該締約国において狩猟、わなかけ、漁ろう、採集又は捕獲により得られる動物

(f)　当該締約国において養殖により得られる産品

(g)　当該締約国において抽出され、又は得られる鉱物その他の天然の物質（(a) から (f)
　　までに規定するものを除く。）

(h)　当該締約国の船舶により、両締約国の領海の外側に位置し、かつ、国際法に基づく第
　　三国の領海の外側に位置する海、海底又はその下から得られる魚介類その他の海洋生
　　物

(i)　両締約国の領海の外側に位置し、かつ、国際法に基づく第三国の領海の外側に位置す
　　る当該締約国の工船上で (h) に規定する産品のみから生産される産品

(j)　当該締約国又は当該締約国の者により、両締約国の領海の外側に位置し、かつ、第三
　　国が管轄権を行使する区域の外側に位置する海底又はその下から得られる産品（魚介
　　類その他の海洋生物を除く。）。ただし、当該締約国又は当該締約国の者が、国際法に
　　基づき当該海底又はその下を開発する権利を有することを条件とする。

(k)　次のいずれかの産品
　　(i)　当該締約国における生産から生ずる廃品又はくず
　　(ii)　当該締約国において収集される使用済みの産品から生ずる廃品又はくずであっ

て、原材料の回収にのみ適するもの

(1) 当該締約国において（a）から（k）までに規定する産品又はこれらの派生物のみから生産される産品

2　1（h）に規定する「締約国の船舶」又は1（i）に規定する「締約国の工船」とは、それぞれ、次の全ての要件を満たす船舶又は工船をいう。

(a) いずれかの欧州連合構成国又は日本国において登録されていること。

(b) いずれかの欧州連合構成国又は日本国を旗国とすること。

(c) 次のいずれかの要件を満たすこと。

   (i) 当該締約国の一又は二以上の自然人が50％以上の持分を所有していること。

   (ii) 次の（A）及び（B）の要件を満たす一又は二以上の法人（注）が所有していること。

  注　この章の規定の適用上、「法人」とは、営利目的であるかどうかを問わず、また、民間の所有であるか政府の所有であるかを問わず、関係法令に基づいて適正に設立され、又は組織される法定の事業体（社団、信託、組合、合弁企業、個人企業及び団体を含む。）をいう。

   (A) 当該締約国内に本店及び主たる営業所を有すること。

   (B) 当該締約国の自然人又は法人が50％以上の持分を所有していること。

RCEP 第3.3条（完全に得られ、又は生産される産品）

前条（原産品）の規定の適用上、次に掲げる産品は、一の締約国において完全に得られ、又は生産される産品とする。

(a) 当該一の締約国において栽培され、及び収穫され、採取され、又は採集される植物及び植物性生産品（果実、花、野菜、樹木、海草、菌類及び生きている植物を含む。）

(b) 生きている動物であって、当該一の締約国において生まれ、かつ、成育されたもの

(c) 生きている動物であって、当該一の締約国において成育されたものから得られる産品

(d) 当該一の締約国において行われる狩猟、わなかけ、漁ろう、飼養、養殖、採集又は捕獲により得られる産品

(e) 当該一の締約国の土壌、水域、海底又はその下から抽出され、又は得られる鉱物その他の天然の物質（（a）から（d）までに規定するものを除く。）

(f) 全ての締約国及び非締約国の領海の外側にある海、海底又はその下から、国際法に基づき、当該一の締約国の船舶（注1）により得られる水産物その他の海洋生物及び当該一の締約国又は当該一の締約国の者により得られるその他の産品。ただし、いずれかの締約国又は非締約国の排他的経済水域から得られる水産物その他の海洋生物については、当該一の締約国又は当該一の締約国の者が国際法に基づき当該排他的経済水域を開発する権利（注2）を有することを条件とし、また、その他の産品については、当該一の締約国又は当該一の締約国の者が国際法に基づき当該海底及びその下を開発する権利を有することを条件とする。

  注1　この条の規定の適用上、「当該一の締約国の工船」又は「当該一の締約国の船舶」とは、それぞれ、次の（a）及び（b）の要件を満たす工船又は船舶をいう。

   (a) 当該一の締約国において登録されていること。

   (b) 当該一の締約国を旗国とすること。

　　　この注 1 の第一文の規定にかかわらず、オーストラリアの排他的経済水域内で
　　操業している工船又は船舶であって、漁業管理法（1991 年）（連邦）（随時行われ
　　る改正を含む。）又は同法を承継する法令に規定する「オーストラリアの船舶」の
　　定義を満たすものは、それぞれオーストラリアの工船又はオーストラリアの船舶
　　とみなす。当該工船又は船舶がオーストラリアの排他的経済水域の外側で操業し
　　ている場合には、この注 1 の (a) 及び (b) に定める要件を適用する。
　注 2　水産物その他の海洋生物が原産品であるかどうかを決定するに当たり、この (f)
　　に規定する「開発する権利」には、締約国と沿岸国との間で締結された協定又は
　　取決めから生ずる当該沿岸国の漁業資源を利用する権利を含む。
(g) 公海から国際法に基づき当該一の締約国の船舶により得られる水産物その他の海洋生
　　物
(h) 当該一の締約国の工船の船上において、(f) 又は (g) に規定する産品のみから加工さ
　　れ、又は製造される産品
(i) 次のいずれかの産品
　(i) 当該一の締約国における生産又は消費から生ずる廃品又はくずであって、処分、
　　　原材料の回収又は再利用にのみ適するもの
　(ii) 当該一の締約国において収集される使用済みの産品であって、処分、原材料の回
　　　収又は再利用にのみ適するもの
(j) 当該一の締約国において専ら (a) から (i) までに規定する産品又はこれらの派生物か
　　ら得られ、又は生産される産品

2.　完全生産品の各定義とその解釈

　完全生産品の各定義を詳細にみると、同じ産品でも EPA により完全生産品と
認められる範囲が異なる場合があります。

(1) 生きている動物から得られる産品

　当該定義の事例として、例えば、北海道で搾乳されたミルクについて、
TPP11、日 EU・EPA、RCEP の各規定で完全生産品と認められるか否か考えて
みます。

　それぞれの EPA が該当する規定は以下のとおりです。
➤　TPP11：第 3.3 条 (c)「当該領域において生きている動物から得られる産
　　品」
➤　日 EU・EPA：第 3.3 条第 1 項 (c)「生きている動物（当該締約国において
　　成育されたもの）から得られる産品」
➤　RCEP：第 3.3 条 (c)「生きている動物であって、当該一の締約国において
　　成育されたものから得られる産品」
　このように TPP11 の場合、「生きている動物から得られる産品」とのみ規定

されており、成牛を輸入してミルクを搾乳したものは明確に完全生産品と認められます。しかし、日EU・EPA及びRCEPの場合、「生きている動物（成育されたもの）」との条件が付されていますので、成牛を輸入してミルクを搾乳したものは完全生産品とは認められません。しかしながら、どの程度の期間飼育したら「成育されたもの」と認められるかについて協定上明確な規定がないことから、具体的な扱いについては、輸入国税関に相談されることをお勧めします。

（2）とさつされた動物から得られる産品

　当該定義の事例として、日本から冷凍牛肉を輸出する場合を考えてみましょう。関係する規定としては以下のものとなります。

➤ TPP11：第3.3条（b）「生きている動物であって、当該領域において生まれ、かつ、成育されたもの」　及び

　（k）「当該領域において専ら（a）から（j）までに規定する産品又はそれらの派生物から生産される産品」

➤ 日EU・EPA：第3.3条第1項（d）「とさつされた動物（当該締約国において生まれ、かつ、成育されたもの）から得られる産品」

➤ RCEP：第3.3条（b）「生きている動物であって、当該一の締約国において生まれ、かつ、成育されたもの」　及び

　（j）「当該一の締約国において専ら（a）から（i）までに規定する産品又はこれらの派生物から得られ、又は生産される産品」

　日EU・EPAには、第3.3条第1項（d）「とさつされた動物から得られる産品」という規定があり、冷凍牛肉についてはこれに該当します。しかし、TPP11及びRCEPにはこの規定はなく、（b）「生きている動物」に関する規定と「それらから生産される産品」の規定であるTPP11第3.3条（k）、RCEP第3.3条（j）から判断することとなります。さらに、日EU・EPA第3.3条第1項（d）では、冷凍牛肉を製造する際に使用する動物は、当該締約国で「生まれ、かつ、成育されたもの」と規定されており、例えば、輸入した子牛を成育した後にとさつして冷凍牛肉としたものは完全生産品とはなりませんので、注意が必要です。

（3）魚介類その他の海洋生物

　魚介類については得られた海域が「領海」か「領海の外側の海域」なのかにより異なります。締約国の領海で捕獲された魚介類その他の海洋生物は当該締約国の完全生産品となります。締約国の領海の外側に位置し（排他的経済水域を含

む）、かつ、国際法に基づく第三国の領海の外側に位置する海、海底又はその下から得られる魚介類その他の海洋生物については、その魚介類その他の海洋生物を捕獲した船舶の属する締約国の完全生産品とされます。締約国の船舶になるための、「登録」、「旗国」、「所有」、「乗組員の数」等の要件に係る詳細な規定がEPA 毎に定められています。

　その要件として、TPP11 では第 3.3 条（g）に「登録、名簿に掲載又は記録、及び旗国」、日 EU・EPA では第 3.3 条第 2 項に「登録、旗国並びに本店及び主たる営業所の設置又は自然人若しくは法人が 50% 以上所有」、RCEP では第 3.3 条（f）に「登録及び旗国」とそれぞれ規定されています。

　このように、締約国の船舶及び工船の規定は EPA 毎に異なっていますので、利用される EPA の定義又は原産品の規定を詳しくお読みください。

(4) 養殖

　近年の EPA では、完全生産品の定義の 1 つに「当該締約国において養殖により得られる産品」が設けられています。養殖では、卵や稚魚を締約国以外の第三国（非締約国）から輸入し、締約国内で養殖し、成長した魚やエビ等を他の締約国に輸出することも想定されますが、そのような場合でも完全生産品と認められます。

　主要な EPA の定義は次のようになっています。

➤ TPP11：第 3.3 条（e）「当該領域において養殖により得られる産品」

➤ 日 EU・EPA：第 3.3 条第 1 項（f）「当該締約国において養殖により得られる産品」

➤ RCEP：第 3.3 条（d）「当該一の締約国において行われる狩猟、わなかけ、漁ろう、飼養、養殖、採集又は捕獲により得られる産品」

　「養殖」の具体的な定義に関しては、TPP11 第 3.1 条、日 EU・EPA 第 3.1 条、RCEP 第 3.1 条にほぼ同様に定義されており、餌やりや捕食生物からの保護を通じて、卵、稚魚、幼魚等から水生生物（魚、エビ等）を飼育することとされています。代表例として以下に RCEP の養殖の定義を記載します。

RCEP 第 3.1 条（定義）（抄）
　(a)「養殖」とは、成育又は成長の過程に対する生産を高めるための関与（通常の備蓄、給餌、捕食生物からの保護等）により、種苗（卵、稚魚、幼魚、幼生等）から水生生物（魚、軟体動物、甲殻類その他水棲無脊椎生物、水生植物等）を飼養することをいう。

　なお、その他の EPA の完全生産品の定義には「養殖」の規定は設けられてお

らず、「品目別規則を満たす産品」（第三基準）によって養殖された産品が原産品か否かを判断することとなります。

　また、第3類（魚並びに甲殻類、軟体動物及びその他の水棲無脊椎動物）に適用される「品目別規則を満たす産品」（第三基準）は、多くのEPAにおいて関税分類変更基準（類の変更）を採用しており、非締約国から輸入した卵、稚魚、幼魚等から養殖した産品については当該基準を満たさず、ほとんどのEPAで原産品とは認められない扱いとなっています[2]。

第3節　原産材料のみから生産される産品

　原産材料のみから生産される産品とは、産品の生産に直接使用された材料（原産地規則の説明においては、これを「一次材料」といいます。）が、すべて当該締約国の原産材料である産品をいいます。原産材料に関しては、多くのEPAにおいて、原産地規則を定める章の中で、定義が設けられています。

　例えば、RCEP第3.1条（定義）(l)において「「原産品」又は「原産材料」とは、この章の規定に従って原産品とされる産品又は材料をいう。」と規定されています。したがって、一次材料を生産するために使用した材料（これを「二次材料」といいます。）が、海外から輸入した非原産材料であっても、二次材料から一次材料を生産する工程が原産地規則を満たした場合、一次材料は原産材料と認められることとなり、当該材料を使用して生産した産品は「原産材料のみから生産される産品」に含まれます。

　もう少し具体的に下記図5-3-1にて説明します。太線で囲まれた部分が締約国Aにおける生産工程とお考えください。輸出産品は「産品B」です。産品Bは一次材料「R6」及び「R2」（A国の完全生産品）の2つから生産されており、「R6」は、二次材料の「R5」と「R4」（A国の完全生産品）を使用して生産されています。さらに、「R5」は太線の外にあり、締約国Aの非原産材料であることを示しています。

　この場合において、「R5」から「R6」を生産する工程が「R6」の品目別規則を満たす場合、「R6」は原産材料と認められます。その結果、一次材料である「R6」と「R2」はともに原産材料であることから産品Bは、「原産材料のみから

2　ただし、日シンガポールEPAの観賞用の魚（こい及び金魚をのぞく）、日ペルーEPAの一部の魚種等、日EU・EPAの大西洋マグロ（トゥヌス・ティヌス）については、一定条件・期間の成育等によって原産品としての資格が与えられる扱いとなっていますので、各EPAの規定を詳しくお読みください。

図 5-3-1　原産材料のみから生産される産品のイメージ図

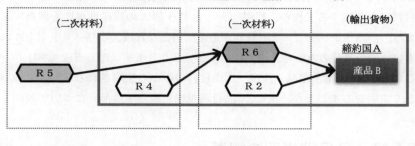

生産される産品」として原産品となります。

　「原産材料のみから生産される産品」と前述した「完全生産品」の相違点は、「原産材料のみから生産される産品」の場合、生産工程を遡っていくと、生産工程の川上において使用されている二次材料や三次材料には、海外から輸入された非原産材料が使用されていますが、「完全生産品」の場合は、生産に使用された材料をどこまで遡っても締約国の原産品（前述の図 5-2 のケースでは二次材料の R3 及び R4）である点です。

　ここで、プラスチック製品について考えてみましょう。プラスチック製品は、原油を精製してできるナフサを原料にして製造されていますが、日本は原油のほとんどを輸入に依存しており、完全生産品ではありません。一方で、「原産材料のみから生産される産品」の適用事例として、日本において、輸入されたナフサ（二次材料）を原料としてポリエチレンテレフタレートのペレット（一次材料）を製造し、それを原料としてペットボトル（産品）を製造する場合があります。

図 5-3-2　ペットボトルの製造工程

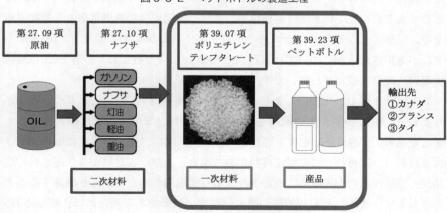

　輸入したナフサ（二次材料）からポリエチレンテレフタレートのペレット（一次材料）を製造する工程が、利用しようとするEPAの原産地規則を満たすことにより、当該ペレット（一次材料）が原産材料となれば、当該ペットボトルは、日本の「原産材料のみから生産される産品」となります（図5-3-2参照）。

　これまで、「完全生産品」及び「原産材料のみから生産される産品」について詳しく説明をしましたが、次に、「品目別規則を満たす産品」について説明します。

第4節　品目別規則の概要

1. 品目別規則を満たす産品

　グローバル・バリューチェーンが発達した現代社会において、産品の生産には、海外から輸入した材料も多く使用されています。用語の定義を説明する際にも述べましたが、原産地規則に基づき原産品とは認められない材料や産品、例えば、海外から輸入した材料や原産品かどうかが不明な材料は非原産材料とされます。EPA原産地規則では、産品の生産に非原産材料が使用されている場合、産品と当該非原産材料との間に一定以上の変更（実質的変更）が行われた場合、当該産品を、当該変更が行われた国の原産品とする考え方が採用されています。

　どのような変更が行われた場合に、それが実質的な変更と認められるかは、各EPAの締約国間の交渉により決定されます。その結果、実質的な変更と認められる基準は、EPAや産品毎に異なります。これらEPA締約国間の交渉により決定された産品毎の基準は、各EPAの品目別規則（PSR: Product Specific Rules）としてまとめられています。品目別規則には、①関税分類変更基準、②付加価値基準、③加工工程基準の3つの基準があります（表5-4-1参照）。3つの基準のどれが適用されるかについては、産品やEPA毎に異なっており、各EPAの品目別規則に詳細に規定されています。

　ステップ1において説明しましたが、品目別規則はHS品目表に基づき作成されており、EPA特恵税率の適用を検討する場合は、まず輸出又は輸入しようとする産品のHS番号を確定する必要があります。次に、産品の生産に直接使用される材料（一次材料）に非原産材料がある場合、当該一次材料から生産される産品が、当該産品のHS番号に規定された品目別規則を満たすか否か確認することとなります。また、品目別規則が関税分類変更基準である場合には、産品のHS

表 5-4-1　品目別規則に用いられている 3 つの基準

基準の名称	判断基準の概要
関税分類変更基準	産品の生産に使用した材料のうち、すべての非原産材料の関税分類（HS 番号）が産品の関税分類（HS 番号）と異なること。
付加価値基準	原則として、産品の価額と産品の生産に使用された非原産材料の価額との差を付加価値（分子）とし、産品の価額（分母）に対する比率が定められた数値以上となること。その他、使用される非原産材料の割合が定められた数値以下であること等いくつかの算出方式が存在。
加工工程基準	産品が指定された方法（例えば、化学反応や精製）によって生産されること。

番号に加え、当該産品の生産に使用されている一次材料の HS 番号も知る必要があります。

　これまで、輸出入者は、輸出又は輸入しようとする産品の HS 番号を、当該産品の輸出通関又は輸入通関の機会を通じて正しく把握されてきているものと思いますが、今後、EPA 特恵税率を利用しようとする場合、産品の生産に使用されたすべての一次材料の HS 番号を正しく把握する必要があります。また、付加価値基準やデミニミスを使用しようとする際は、産品及びこれら材料の価額についても正確に把握する必要があります。

　これらの点を踏まえ、以下品目別規則に採用されている 3 つの基準について、詳しく説明していきます。品目別規則は EPA によって異なっているため、最初にその種類と構造について説明をし、その後 3 つの基準について説明します。

2.　品目別規則の種類と構造

　品目別規則については、EPA の本文において、①すべての産品に対し横断的に適用される規則（これを通常「一般ルール」といいます。）を規定し、当該規則の適用の例外とする産品については、その品目別規則を EPA の附属書に規定する方式を採用する EPA と、②一般ルールを採用せず、すべての産品の品目別規則を EPA の附属書に個別に規定する方式を採用する EPA に大別することができます。一般ルールを採用する EPA と、品目別規則のみを採用する EPA は次のようになっています。

（1）　一般ルールを採用する EPA

　　　一般ルールを採用する EPA には、日アセアン EPA、日スイス EPA、日ベ

トナム EPA、日インド EPA があります。通常、日アセアン EPA 第 26 条第 1 項のように、関税分類変更基準と付加価値基準の 2 つが示され、いずれか一つの基準を満たす場合に締約国の原産品とするといった規定となっています（日インド EPA を除く）。日アセアン EPA では、関税分類変更基準として項の変更（4 桁の変更）、付加価値基準として域内原産割合 40％ 以上が示され、いずれか選択可能とされています。さらに第 2 項において、附属書に定める品目別規則の対象となる産品については、一般ルールは適用されず、当該品目別規則を満たす場合に原産品と認めると規定されています。

　日アセアン EPA と同様、一般ルールとして関税分類変更基準と付加価値基準の選択制が用いられているものとして、日スイス EPA、日ベトナム EPA がありますが、付加価値基準の数値は協定により異なっており、留意する必要があります。

　一方、一般ルールは採用しているが、関税分類変更基準及び付加価値基準の双方を満たすことが要件として規定されているものとして日インド EPA があります。具体的には、日インド EPA 第 29 条第 1 項において、（a）付加価値 35％ 以上であること及び（b）号の変更が行われていることの 2 つの条件を満たす産品を締約国の原産品とする旨定められています。

日アセアン EPA 第 26 条（完全には得られず、又は生産されない産品）（抄）
1　第 24 条（b）の規定の適用上、次に掲げる産品は、締約国の原産品とする。
（a）次条に定める計算式を用いて算定する当該産品の域内原産割合（以下「RVC」という。）が 40％ 以上の産品であって、生産の最終工程が当該締約国において行われたもの
（b）当該産品の生産に使用されたすべての非原産材料について、当該締約国において統一システムの関税分類の変更（以下「CTC」という。）であって 4 桁番号の水準におけるもの（すなわち、項の変更）が行われた産品
2　1 の規定にかかわらず、品目別規則の対象となる産品は、附属書二に定める適用可能な品目別規則を満たす場合には、原産品とする。

日インド EPA 第 29 条（非原産材料を使用して生産される産品）（抄）
1　第 27 条（b）の規定の適用上、次の（a）及び（b）の条件を満たす産品は、締約国の原産品とする。
（a）次条に定める計算式を用いて算定する当該産品の原産資格割合が 35 パーセント以上であること。
（b）当該産品の生産に使用された全ての非原産材料について、当該締約国において統一システムの関税分類の変更であって六桁番号の水準におけるもの（すなわち、号の変更）が行われていること。

2 1の規定にかかわらず、品目別規則の対象となる産品は、附属書二に定める適用可能な品目別規則を満たす場合には、締約国の原産品とする。

（2）品目別規則のみを採用する協定

上記以外の EPA には一般ルールは採用されておらず、すべての産品に対する規則が品目別規則に記載されています。ただし、その記載方法として、規則を文書で記載しているものと、略語の使用により記載を簡略化しているものの2種類があります。

略語を使用せず、品目別規則を文書で規定している EPA として日シンガポール EPA、日メキシコ EPA、日マレーシア EPA、日フィリピン EPA、日チリ EPA、日ブルネイ EPA、日インドネシア EPA、日ペルー EPA、TPP11 があります。

品目別規則に略語を使用又は略語と文書を併用している EPA として日タイ EPA、日豪 EPA、日モンゴル EPA、日 EU・EPA、日英 EPA、日米貿易協定、RCEP があります。これら EPA に利用されている略語の主要なものを表5-4-2 にまとめてみましたので、ご活用ください。

表5-4-2　品目別規則略語表

略語	日本語訳及び英語
CTC	関税分類変更基準 Change in Tariff Classification
CC	類変更 Change in Chapter
CTH	項変更 Change in Tariff Heading
CTSH	号変更 Change in Tariff Sub-Heading
FOB	本船甲板渡し価格 Free on Board
CIF	輸入港到着価格 Cost, Insurance and Freight
EXW	工場渡し価格 Ex-works
VA	付加価値基準 Value Added
RVC	域内原産割合 Regional Value Content
QVC	原産資格割合 Qualifying Value Content
LVC	原産資格割合 Local Value Content
VNM	非原産材料の価額 Value of Non-originating Materials
VOM	原産材料の価額 Value of Originating Materials
MaxNOM	非原産材料の最大限の割合 Maximum value of Non-Originating Materials

第 5 節 関税分類変更基準

1. 関税分類変更基準の特徴

　関税分類変更基準とは、HS 品目表の構造に着目し、産品の HS 番号と当該産品の生産に使用された非原産品である一次材料（非原産材料）の HS 番号が異なる場合に実質的な変更が行われたとみなし、当該産品が生産された国の原産品と認める基準です。関税分類変更基準の適用は、HS 品目表の分類の変更に着目した基準が設けられていることから「CTC（Change in Tariff Classification）」と呼ばれています。また、変更の種類として次の 3 種類が採用されています。

　　・類（Chapter）の変更（CC: Change in Chapter）
　　・項（Heading）の変更（CTH: Change in Tariff Heading）
　　・号（Sub-Heading）の変更（CTSH: Change in Tariff Sub-Heading）

　この CC、CTH、CTSH は品目別規則において頻繁に使用されており、関税分類変更基準を理解する上では非常に重要となりますので、是非覚えてください。

　類変更（CC）は、HS 品目表の最初の 2 桁の番号が異なること、項変更（CTH）は最初の 4 桁の番号が異なること、号変更（CTSH）は 6 桁の番号が異なることをそれぞれ示しています。HS 品目表の構造上、号変更（6 桁変更）が最も基準を満たしやすく、項変更（4 桁変更）、類変更（2 桁変更）となるに従い基準を満たすのが難しくなります。

　なぜ関税分類変更基準が品目別規則として採用されているかを理解していただくために、HS 品目表の構造を少し説明します。例えば、HS 品目表の第 18 類にはココア及びその調製品が分類されます。具体的には、次の 6 つの項が規定されています。

第 18.01 項：カカオ豆（生のもの及びいつたもので、全形のもの及び割つたものに限る。）
第 18.02 項：カカオ豆の殻、皮その他のくず
第 18.03 項：ココアペースト（脱脂してあるかないかを問わない。）
第 18.04 項：カカオ脂
第 18.05 項：ココア粉（砂糖その他の甘味料を加えたものを除く。）
第 18.06 項：チョコレートその他のココアを含有する調製食料品

　このように HS 品目表は、第 18.01 項のカカオ豆から第 18.06 項のチョコレートまで加工の度合いが進むにつれて項の番号が大きくなるように設計されてい

ます。この HS 品目表の構造の特徴を利用して関税分類変更基準は作成されています。

　関税分類変更基準の長所としては、① WCO が策定・管理し、世界の 200 以上の国・地域で関税率表の基礎として用いられている HS 品目表に基づき定められていることから、透明性と予見可能性が高いこと、② HS 品目表の構造が上記の事例に代表されるように、物品への付加価値の付与の程度に対応していること、③産品の生産に使用する材料の価額に関係なく原産品であるかどうかの判断ができ、複雑なコスト計算等を行う必要がないこと、等が挙げられます。

　一方、短所としては、①原産品であるかどうかの判断を行う際の基準となる HS 品目表の理解が必ずしも容易ではないこと、② HS 品目表は、関税徴収や貿易統計の収集を主目的として策定された品目表なので、原産品であるかどうかの判断に完全に適したものとはいえないこと、③ HS 品目表は、5 年単位で改正されるため、改正毎に EPA 締約国間で交渉して品目別規則の改訂が行われない場合、原産品の判断は EPA 交渉時に使用されていた古いバージョンの HS 品目表に基づき行う必要が生じます。その結果、輸入国税関における通関には最新の HS 品目表の番号を使用し、原産品の判断及び証明には EPA 毎に定められた古い HS 品目表の番号を使用しなければならないという作業が必要となること、等が挙げられます。

2. 関税分類変更基準と品目別規則の読み方

　読者の皆様が利用しようとする EPA において、自社が取り扱う産品が原産品であるか否か判断する場合は、これまで述べたように自社における生産工程が当該 EPA に定められた品目別規則を満たすか否かを知る必要があります。そのためには、EPA 毎に異なる品目別規則の規定の意味を正しく理解する必要があります。ここでは、調理した冷凍焼き鳥（第 1602.32 号）と家庭用冷凍冷蔵庫（第 8418.10 号）を例に、利用頻度の高い RCEP、日 EU・EPA、TPP11、日タイ EPA の品目別規則を示し、その具体的な読み方をご説明します。

　なお、外務省ホームページに掲載されている正式な品目別規則は縦書きですが、ここでは皆様が読みやすいように横書きに変換して解説します。

（1）　調理した冷凍焼き鳥（第 1602.32 号）

調理した冷凍焼き鳥は第 1602.32 号に分類されます。当該焼き鳥の生産に使用された材料の HS 番号は次のようになっています。理解を容易にするために焼き鳥のたれは、醬油と砂糖のみとしています。

（産品）冷凍焼き鳥：第 1602.32 号

（非原産材料）鶏肉：第 02.07 項、白ネギ：第 07.03 項、

竹串：第 14.01 項、醬油：第 21.03 項、砂糖：第 17.01

項

① RCEP

調理した冷凍焼き鳥が分類される第 1602.32 号の RCEP の品目別規則は「CC」と規定されています。すなわち、産品である調製した冷凍焼き鳥と産品の生産に使用された一次材料である非原産材料との間に類変更があれば、産品の生産に実質的な変更が行われたとみなされ、原産品であると認められます。

産品である調理した冷凍焼き鳥は第 16 類に分類されますが、当該焼き鳥の生産に使用した材料の鶏肉は第 2 類、白ネギは第 7 類、竹串は第 14 類、醬油は第 21 類、砂糖は第 17 類にそれぞれ分類され、産品と材料の HS 品目表の類番号が異なり、RCEP の品目別規則を満たすことが分かります。

RCEP の品目別規則に適用される HS 品目表については、RCEP 締約国間で協議し、2023 年 1 月 1 日から、これまでの HS2012 版品目表に代わり、最新版である HS2022 年版品目表へと変更されました[3]。したがって、2022 年中に

表 5-5-1　RCEP の第 1602.32 号の品目別規則

統一システム番号（2022 年の統一システム）			品名	品目別規則
類	項	号		
16			第 16 類　肉、魚、甲殻類、軟体動物若しくはその他の水棲無脊椎動物又は昆虫類の調製品	
	16.02		その他の調製をし又は保存に適する処理をした肉、くず肉、血及び昆虫類	
		1602.32	鶏（ガルルス・ドメスティクス）のもの	CC

3　税関ホームページ「地域的な包括的経済連携（RCEP）協定に係る HS2022 年版の品目別規則の実施について」（https://www.customs.go.jp/kyotsu/kokusai/gaiyou/rcep/rcep_20221221.html）

2012 年版を適用された方で、同一産品について 2023 年以降も引き続き原産品か否かを判断される場合、HS 番号が変更となっている可能性もありますので、ご留意ください。

② 日 EU・EPA

表 5-5-2　日 EU・EPA の第 16.01-16.02 項の品目別規則

統一システムに基づく分類（2017 年に改正された統一システム）	品目別原産地規則
16.01-16.02	生産において使用される第 2 類、第 3 類、第 16 類及び第 10.06 項の全ての材料が締約国において完全に得られるものであること。

　第 1602.32 号に適用される日 EU・EPA の品目別規則においては、「生産において使用される鶏肉（第 2 類）の材料が締約国において完全に得られるものであること」とされており、当該焼き鳥に使用される鶏肉は当該生産国の完全生産品である必要があります。ただし、日 EU・EPA では、EU27 か国は EU として一つの領域とされており、EU 域内の完全生産品であれば、当該産品の生産国の完全生産品である必要はありません。

　ここでは、第 2 類、第 3 類、第 16 類、第 10.06 項に分類される材料が使用されている場合は、当該材料が完全生産品であることが必要ですが、他の HS 番号に分類される材料については何ら規定が設けられておらず、それらが非原産材料であっても、当該品目別規則の適用の際は無視することができます。

③ TPP11

表 5-5-3　TPP11 の第 1602.32 号の品目別規則

統一システムに基づく分類（2012 年に改正された統一システム）	品目別原産地規則
1602.32	第 1602.32 号の産品への他の類の材料からの変更（第 2 類の材料からの変更を除く。）又は 域内原産割合が 45% 以上（控除方式を用いる場合）であること（第 1602.32 号の産品への関税分類の変更を必要としない。）。

　TPP11 においては、第 1602.32 号の品目別規則として 2 つの基準（関税分類変更基準と付加価値基準）が規定されており、「又は」で結ばれていることから、

いずれか一つの基準を満たせば原産品と認められます。

　関税分類変更基準では「他の類の材料からの変更（第2類の材料からの変更を除く。）」と規定されており、産品とその生産に使用された一次材料との間に類変更があれば原産品となります。ただし、カッコ書きで「第2類の材料からの変更を除く。」と規定されていることから、第2類に分類される鶏肉が非原産品である場合、第2類から第16類へ類の変更があっても原産品とは認められず、当該規則を満たすためには第2類の鶏肉がTPP11締約国の原産品であることが必要です。第2類に分類される鶏肉が原産品かどうかを判断するためには、TPP11の第2類の品目別規則を確認します。当該品目別規則は「第02.01項から第02.10項までの各項の産品への他の類の材料からの変更」と規定されており、当該締約国において当該鶏肉が、第1類に分類される「生きた鶏」から生産された場合、当該鶏肉は当該締約国の原産品となることが分かります。なお、この場合、「生きた鶏」は非原産品であっても当該品目別規則を満たすことになります。

　その結果、TPP11の原産品と認められるためには、調理した冷凍焼き鳥の生産に使用される鶏肉は生産国の原産品（すなわち、生きた鶏から鶏肉を生産すること）であることが必要となります。

　なお、TPP11は、「協定原産」を採用（第5章第8節参照）していることから、他のTPP11締約国の原産品である鶏肉を使用することも可能です。

④　日タイEPA

表 5-5-4　日タイ EPA の第 16.01–16.02 項の品目別規則

統一システムに基づく分類 （2017 年の統一システム）	品目別規則
16.01–16.02	CC（第 1 類又は第 2 類の材料からの変更を除く。）

　第1602.32号に適用される日タイEPAの品目別規則は、「CC（第1類又は第2類の材料からの変更を除く。）」と規定されており、産品とその生産に使用された一次材料との間に類変更があれば原産品となります。ただし、カッコ書きで「第1類又は第2類の材料からの変更を除く。」と規定されており、当該焼き鳥の生産に使用される鶏肉（第2類）及び当該鶏肉材料である生きた鶏（第1類）の両方が、締約国の原産品である必要があります。これは、当該鶏肉の生産に使用された生きた鶏が締約国の原産品[4]（すなわち、完全生産品（生まれ、かつ、成育したもの））でなければならないことを意味します。

　例えば、日本の事業者がタイから調理した冷凍焼き鳥を輸入し、日タイ EPA の特恵税率を利用する場合、その生産に使用された鶏肉はタイの原産品である必要があります。ただし、第 5 章第 8 節で詳しく記載しておりますが、累積の規定を利用することにより、日本の原産品である鶏肉をタイに輸出し、それを材料として使用する場合には、当該鶏肉はタイの原産品と認められ、当該焼き鳥はタイの原産品となります。

(2)　家庭用冷凍冷蔵庫（第 8418.10 号）

　もう一つ家庭用の冷凍冷蔵庫の事例を用いて解説します。一般的に家庭で用いられている 2 つ以上の独立したドアを有する冷凍冷蔵庫は、冷凍庫用のドアと冷蔵庫用のドアを有し、第 8418.10 号に分類されます。当該冷凍冷蔵庫の生産には多くの材料が使用されていますが、非締約国のサプライヤーから調達した凝縮器（冷媒を冷却して液化する機能を有する）と連結配管製造用の銅製パイプを除き、他の材料はすべて原産材料であることが確認されていると仮定して説明を行います。それぞれの分類は次のとおりです。

　（産品）冷凍冷蔵庫：第 8418.10 号

　（非原産材料）凝縮器：第 8418.99 号、銅製パイプ：第 74.11 項

① RCEP

　第 8418.10 号の RCEP の品目別規則は「CTSH 又は RVC40」と、関税分類変更基準の「号変更」又は RCEP 第 3.5 条（域内原産割合の算定）の規定に基づいて算定される産品の域内原産割合が 40% 以上という付加価値基準のいずれかを満たす必要があることが分かります。ここでは、関税分類変更基準について説明します。なお、付加価値基準に関する詳しい説明は次節（第 5 章第 6 節）をご覧ください。

　関税分類変更基準をみると「CTSH」と規定されており、産品である冷凍冷蔵庫（第 8418.10 号）とその生産に使用された凝縮器（第 8418.99 号）及び銅製パイプ（第 74.11 項）との間に号変更（HS 番号の 6 桁の変更）があれば、産品の生産に実質的な変更がなされたとみなされ原産品であると認められます。本産

4　日タイ EPA の「生きた鶏」（第 01.05 項）が含まれる第 01.01 項から第 01.06 項の品目別規則は「CC」と規定されており、第 01.01 項から第 01.06 項までの各項の産品へ他の類の材料からの変更が必要です。しかし、生きた鶏が第 1 類以外の他の類の材料から得られることはなく、当該品目別規則を満たすためには、生きた鶏は、当該締約国の原産品（すなわち、当該締約国で生まれ、かつ、成育されたもの（完全生産品））であることが求められます。

表 5-5-5　RCEP の第 8418.10 号の品目別規則

統一システム番号 (2022 年の統一システム)			品名	品目別規則
類	項	号		
84			第 84 類　原子炉、ボイラー及び機械類並びにこれらの部分品	
	84.18		冷蔵庫、冷凍庫その他の冷蔵用又は冷凍用の機器（電気式であるかないかを問わない。）及びヒートポンプ（第 84.15 項のエアコンディショナーを除く。）	
		8418.10	冷凍冷蔵庫（それぞれ独立した外部扉若しくは引出し又はこれらを組み合わせたものを有するものに限る。）	CTSH 又は RVC40

品の場合、号変更が認められることから、冷凍冷蔵庫は原産品となります。

　当該産品を含め第 5 章第 10 節で説明しますが、RCEP では、機械類の「完成品」が、非原産品である「専用の部分品」から生産された場合であっても、多くの場合、当該完成品を原産品と認める内容の緩やかな品目別規則が採用されています。この事例でも、「専用の部分品」である凝縮器（第 8418.99 号）から「完成品」である冷凍冷蔵庫（第 8418.10 号）への変更を認める「号変更」が採用されており、「専用の部分品」を海外から輸入して生産に使用しても原産品と認められることとなります。

② 日 EU・EPA

　日 EU・EPA において、第 8418.10 号に適用される品目別規則は「CTH、MaxNOM50％（EXW（Ex-works））又は RVC55％（FOB）」と規定されており、関税分類変更基準が 1 つと付加価値基準が 2 つの合計 3 つの基準のうち、いずれか一つを満たす必要があります。

表 5-5-6　日 EU・EPA の第 84.09-84.24 項の品目別規則

統一システムに基づく分類 (2017 年の統一システム)	品目別規則
84.09-84.24	CTH MaxNOM50％（EXW）又は RVC55％（FOB）

　ここでは、関税分類変更基準について説明します。関税分類変更基準をみると「CTH」と規定されており、産品と使用された材料の間に項変更（HS 番号の 4 桁の変更）が必要なことが分かります。すなわち、産品である冷凍冷蔵庫（第 8418.10 号）とその生産に使用された凝縮器（第 8418.99 号）及び銅製パイプ（第 74.11 項）との間に項変更があれば、産品の生産に実質的な変更がなされたとみなされ原産品と認められます。本事例の場合、銅製パイプが分類される第 74.11 項と産品が分類される第 84.18 項との間には項番号の変更が認められますが、凝縮器と産品は同じ第 84.18 項に分類され項番号の変更がないことから、冷凍冷蔵庫は原産品とは認められません。

　すなわち、日 EU・EPA においては、凝縮器といった「専用の部分品」に非原産材料を使用した場合は、品目別規則を満たさず、原産品とは認められないこととなります（ただし、付加価値基準を満たす場合は原産品と認められます。）。RCEP と比べ厳しい内容の品目別規則が採用されていることをお分かりいただけたと思います。

③　TPP11

表 5-5-7　TPP11 の第 8418.10 号の品目別規則

統一システムに基づく分類（2012 年に改正された統一システム）	品目別原産地規則
8418.10	第 8418.10 号の産品への他の項の材料からの変更、第 8418.10 号の産品への他の号の材料からの変更（(a) 第 8418.21 号若しくは第 8418.91 号の材料、(b) 第 8418.99 号の扉組立（(i) インナーパネル、(ii) アウターパネル、(iii) 断熱材、(iv) ちょうつがい又は (v) ハンドルのうち二以上が組み込まれるもの）又は (c) 第 8418.69 号の組立て（(i) 圧縮機、(ii) 凝縮器、(iii) 蒸発器又は (iv) 連結配管のうち二以上が組み込まれるもの）からの変更を除く。）又は域内原産割合が (a) 35% 以上（積上げ方式を用いる場合）若しくは (b) 45% 以上（控除方式を用いる場合）であること（第 8418.10 号の産品への関税分類の変更を必要としない。）。

　TPP11 においては、第 8418.10 号の品目別規則には 2 つの関税分類変更基準と付加価値基準の合計 3 つの基準が規定されており、それら基準のいずれか一つを満たす必要があります。

　1 番目の関税分類変更基準として、「項変更」が採用されており、前述の日

EU・EPA と同様、凝縮器（第 8418.99 号）と産品である冷凍冷蔵庫（第8418.10 号）は同じ項番号に分類されることから、「項変更」は充足されません。

　2 番目の関税分類変更基準として、第 8418.21 号又は第 8418.91 号、第8418.99 号及び第 8418.69 号の一部の品目からの変更を除く号変更が採用されており、冷凍冷蔵庫（第 8418.10 号）と非原産材料である凝縮器（第 8418.99号）及び銅製パイプ（第 74.11 項）との間に号変更があり、かつ、（c）により除外された第 8418.69 号に分類される凝縮器と連結配管（銅製パイプ）を組み立てたものでないことから、当該基準を満たし、冷凍冷蔵庫は原産品と認められることとなります。

④　日タイ EPA

表 5-5-8　日タイ EPA の第 8418.10-8418.69 号の品目別規則

統一システムに基づく分類 （2017 年の統一システム）	品目別規則
8418.10-8418.69	CTSH 又は QVC40

　日タイ EPA において、第 8418.10 号の品目別規則は、関税分類変更基準と付加価値基準の 2 つの基準が規定され、それら基準のいずれかを満たす必要があります。

　関税分類変更基準には号変更が採用されており、前述の RCEP と同様に当該基準を満たし、原産品と認められます。

　これまでの説明で、「品目別規則を満たす産品」（第三基準）で使用される基準（関税分類変更基準、付加価値基準、加工工程基準）、また、これら基準が品目別規則において、どのように規定されているかについてはある程度ご理解いただけたものと思います。付加価値基準及び加工工程基準については、次節以降で詳しく説明します。

　繰り返しになりますが、品目別規則は EPA 締約国間の交渉の結果として定められることから、上記の事例のように、産品毎、かつ、EPA 毎に異なった基準が設けられています。したがって、EPA 特恵税率を利用する場合、利用しようとする EPA の品目別規則を注意深く読み、自社が取扱う産品及び材料の HS 番号や、生産工程及び付加価値の算出に必要な価額情報をよく把握し、該当する品目別規則に規定された基準が満たされるか否かを正しく判断する必要があります。

第6節　付加価値基準

この節では、品目別規則を満たす産品の基準で採用される基準のうち、付加価値基準について説明します。

1. 付加価値基準の概要

「付加価値基準」は、機械類等の品目で、関税分類変更基準のもう一つの選択肢として多く採用されています。この基準では、産品へ付加された価値（付加価値）の割合が一定以上の場合に原産品として認められることとなります。この付加価値には、輸出締約国において産品の生産に投入されたすべての費用や利益を含みます。具体的には、生産に使用した材料のうち、当該締約国の原産材料の価額、労務費、経費、販売費及び一般管理費等のその他の費用及び利益を指します。この付加価値の具体的な算出は、「産品の価額」と産品の生産に使用された「非原産材料の価額」との比較等によって行われ、その算出方式は複数存在します。

付加価値基準の長所としては、品目別規則の簡素化に貢献し、誰もが理解できる数式で原産品か否かの判断ができる点があります。一方、短所としては、付加価値の算出には産品の生産に使用した材料の価額や生産に要した費用等の価額情報が必要であり、産品毎にそれら情報を適切に把握・管理しなければならないこと、また、それら価額情報は、為替レート、生産国での賃金、設定する利益の額等、産品は同じでも他の要因によって原産品か否かの判断に影響を与えるため、予見可能性が低い点があります。

2. 付加価値基準の基本

この基準を適用するにあたっては、付加価値の算出に用いられる「産品の価額」や「非原産材料の価額」が何かについて理解することが重要となり、図5-6-1を用いて説明します。

「産品の価額」は、図5-6-1の右端に示した輸出締約国の港から輸出される際の「FOB価額（本船甲板渡し価額）」又は図5-6-1の中央にある「工場渡し価額（Ex-works（以下「EXW」と略します。））」となります。「FOB価額」は、「工場渡し価額」に工場から輸出港までの国内運送費用を加えたものとなります。一方、「非原産材料の価額」は、図5-6-1の左端に示すように、原則として、当該非原産材料が輸出締約国に輸入される際のCIF価額（産品の価額に輸入港ま

77

図5-6-1　付加価値基準（基本）

海外から輸入
した材料
（非原産材料）　　国内サプライ
ヤーから調達
した材料　　生産者による
産品の生産　　輸出港への輸送　　産品の輸出

CIF価額
（輸入港到着
価額）　　国内運送費用　　製造コスト（材料費、
直接労務費、直接
経費、他の費用）、
利益　　工場渡し
価額
（EXW）　　国内運送費用　　FOB価額
（本船甲板渡し
価額）

➢ 付加価値の算出に用いられる「産品の価額」及び「非原産材料の価額」
　　基本：「産品の価額」　　⇒　FOB価額、又は、工場渡し価額
　　　　　「非原産材料の価額」⇒　CIF価額

での運送費用及び保険料を加算したもの）となりますが、国内のサプライヤーから調達した場合等でCIF価額が不明な時には、生産者が確認可能な最初の価額[5]となります。

3. 付加価値基準の算出方式

「産品の価額」は、付加価値基準の計算式の分母となるもので、前述の「FOB価額」又は「工場渡し価額」が多くの場合に用いられます。

「産品の価額」を図5-6-2の上段で示した棒グラフでみると、「FOB価額」は、「非原産材料」の価額に、輸出締約国で加えられた付加価値にあたる「原産材料」の価額、「直接労務費」、「直接経費」、「その他の費用」[6]、「利益」、「国内運送費用」の額を加えたもので構成され、一方、「工場渡し価額」は、「FOB価額」より工場から輸出港までの「国内運送費用」を差し引いたものとなります。

付加価値基準の主な算出方式として、「控除方式」があります。これは日スイスEPA以外の日本のすべてのEPAで採用されており、「FOB価額」から「非原産材料の価額」を引いたもの（すなわち、輸出締約国で加えられた付加価値）を

5　多くの場合、サプライヤーからの購入価額になると考えられますが、生産者が把握可能であれば、その先の価額（例えば、サプライヤーが当該材料を輸入しており、そのCIF価額が把握できるのであればその価額）を用いることができます。この点については、本節5.(非原産材料の価額の算出方法）でさらに詳しく説明します。
6　「その他の費用」には、間接労務費、間接経費、販売費及び一般管理費等の費用が含まれます。

図 5-6-2　主な計算方式

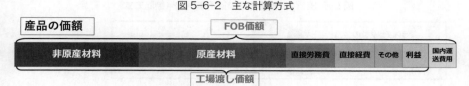

> **控除方式**（日スイス以外のEPAで採用（RCEPでも採用））
✓ **RVC**（**QVC, LVC**）
　　　☞　<u>FOB価額－非原産材料の価額（VNM）</u>
　　　　　　　　　　　FOB価額
> **非原産材料使用に係る最大許容比率**（日EU・EPA及び日スイスEPA）
✓ （**MaxNOM方式**）（**VNM方式**）
　　　☞　<u>　　非原産材料の価額（VNM）　　</u>
　　　　　　　　工場渡し価額（EXW）

「FOB 価額」で割ったものが、一定以上の割合となることを求めるものです。

　もう一つの重要な算出方式として、利用実績の多い日 EU・EPA で採用されている「非原産材料使用に係る最大許容比率」（略して「MaxNOM 方式」と呼ばれています。）があります。これは、使用できる非原産材料の最大の比率を規定し、「非原産材料の価額」を分子、産品の「工場渡し価額」を分母とした割合が当該最大比率以下であることを求めるものです。

（1）控除方式と MaxNOM 方式

　ここで、「控除方式」と「MaxNOM 方式」について、産品として、プラスチック製の床用敷物（第 39.18 項）を取り上げ、その計算例をそれぞれ図 5-6-3 と図 5-6-4 に示します。

　図 5-6-3 の計算例では、タイ産のプラスチック製の床用敷物（第 39.18 項）が、RCEP 上の原産品か否かを判断するため、RCEP の第 39.18 項の品目別規則のうち、付加価値基準（RVC40）を満たすかどうかを、「控除方式」の計算式を用いて確認したものです。この場合、計算式の分子を「FOB 価額」（100）から「非原産材料の価額」（30）を引いて算出し、それを「FOB 価額」（100）で割った計算結果（70）は 40 以上であり、当該床用敷物は RVC40 を満たすこととなります。

　図 5-6-4 の計算例では、イタリア産のプラスチック製の床用敷物（第 39.18 項）が、日 EU・EPA 上の原産品か否かを判断するため、日 EU・EPA の第

図 5-6-3　付加価値基準の適用事例①（控除方式）

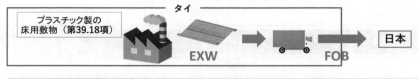

RCEPの第39.18項の品目別規則： CTH又はRVC 40

非原産材料（30）	原産材料（35）	直接労務費 （10）	直接経費 （10）	その他 （5）	利益 （5）	国内輸 送費用 （5）

$$\text{RVC 40} = \frac{\text{FOB価額} - \text{非原産材料の価額}}{\text{FOB価額}} \geqq 40\% \quad \text{（付加価値が少なくとも40％以上）}$$

➡ $\dfrac{100-30}{100} = 70\% \geqq 40\%$ ➡ **品目別規則を充足**

図 5-6-4　付加価値基準の適用事例②（MaxNOM 方式）

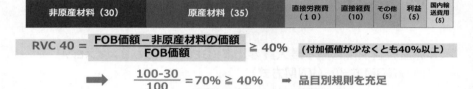

日EU・EPAの第39.18項の品目別規則：
CTH、MaxNOM 50%（EXW）、又はRVC 55%（FOB）

非原産材料（30）	原産材料（35）	直接労務費 （10）	直接経費 （10）	その他 （5）	利益 （5）	国内輸 送費用 （5）

$$\text{MaxNOM 50\%（EXW）} = \frac{\text{非原産材料の価額}}{\text{工場渡し価額}} \leqq 50\% \quad \text{（非原産材料の価額が最大で工場渡し価額の50％以下）}$$

➡ $\dfrac{30}{95} = 31.6\% \leqq 50\%$ ➡ **品目別規則を充足**

39.18 項の品目別規則のうち、付加価値基準（MaxNOM50%（EXW））を満たすかどうかを、「MaxNOM 方式」の計算式を用いて確認したものです。この場合、計算式の分子は「非原産材料の価額」（30）であり、それを「工場渡し価額」（95）で割った計算結果（31.6）は 50 以下であり、当該床用敷物は Max-NOM50% を満たすこととなります。

（2）その他の算出方式

それ以外の算出方式としては、図 5-6-5 に示すように、「積上げ方式」、「重点価額方式」、「純費用方式」があります。

図 5-6-5　その他の計算方式

付加価値基準のその他の計算式

✓ 積上げ方式

☞ <u>原産材料の価額(VOM)</u>　　　（**TPP11、日チリEPA**）
　　　FOB価額

☞ <u>原産材料の価額(VOM)＋直接労務費＋直接経費＋利益</u>（日インドEPA、日モンゴルEPA）
　　　FOB価額

☞ <u>原産材料の価額(VOM)＋直接労務費＋直接経費＋利益＋他の費用</u>　（**RCEP**）
　　　FOB価額

✓ 重点価額方式　（**TPP11**）

☞ <u>FOB価額－特定の非原産材料の価額(FVNM)</u>
　　　FOB価額

✓ 純費用方式　（**TPP11**）

☞ <u>ネット・コスト(NC)－非原産材料の価額(VNM)</u>
　　　ネット・コスト(NC)

　そのうち、「積上げ方式」は、一部の EPA に採用されています。前述した「控除方式」では、分子である産品の付加価値を、「産品の価額」から「非原産材料の価額」を差引くことにより算出しますが、「積上げ方式」では、付加価値を構成する要素[7]を積み上げることにより算出します。付加価値の構成要素をどこまで積み上げるかは EPA によって異なり、TPP11 や日チリ EPA では「原産材料の価額」のみが、日インド EPA や日モンゴル EPA では「原産材料の価額」、「直接労務費」、「直接経費」、「利益」を積み上げたものが、RCEP では「原産材料の価額」、「直接労務費」、「直接経費」、「利益」、「他の費用」[8]を積み上げたものが採用されています。

　重点価額方式及び純費用方式は、TPP11 のみに採用されています。TPP11 では、多くの品目において、控除方式以外に積上げ方式、重点価額方式が選択できる場合があり、純費用方式は自動車関連品目のみに選択可能です。

　重点価額方式では、非原産材料のうち、産品に適用される品目別規則に特定さ

7　「原産材料」の価額（直接材料費及び間接材料費）、直接労務費及び間接労務費、直接経費及び間接経費、販売費及び一般管理費等のその他の費用並びに利益があります。

8　RCEP において、「他の費用」に何が含まれるか明確な定義はありませんが、間接労務費、間接経費、販売費及び一般管理費等の費用が含まれると考えられます。「他の費用」にそれらすべての費用を含めることができた場合、付加価値を構成するすべての要素がカバーされることになり、この場合の「積上げ方式」による付加価値の算出結果は「控除方式」により、「産品の価額」から「非原産材料の価額」を差引により算出された付加価値と同じ結果になると考えられます。

れた非原産材料のみ（すなわち、品目別規則のうち、関税分類変更基準により分類変更が求められている非原産材料の価額（「特定の非原産材料の価額」と呼ばれています。）のみ）を計算式において考慮します。重点価額方式と控除方式の違いを、産品として、柄が卑金属製又はマホガニー製であるテーブルナイフ（固定刃のもの）（第8211.91号）を取り上げ、それぞれの計算例である図5-6-6と図5-6-7を用いて説明します。

　柄が卑金属製のもの及びマホガニー製のものいずれの場合も、図5-6-6に示すとおり、控除方式で計算した付加価値は品目別規則で求められる割合を満たしません。しかしながら、重点価額方式の場合は、当該産品に適用される品目別規則のうち、関税分類変更基準（この場合は類変更）により分類変更が求められている非原産材料（この場合は第82類に分類される非原産材料）のみを考慮すればよく、「マホガニーの柄」（第44類）は考慮する必要がないことから、ナイフの刃（第8211.94号）の6米ドルのみを「特定の非原産材料の価額」としてFOB価格から差引くこととなります。その結果、図5-6-7に示すように、付加価値70%となり当該割合を満たすこととなります。

　純費用方式では、産品の価額として「純費用」を用います。「純費用」とは、総費用[9]から、当該総費用に含まれる販売促進、マーケティングやアフターサー

図5-6-6　付加価値基準の適用事例③（控除方式）

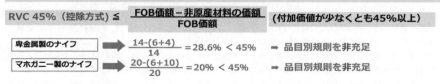

---

9 「総費用」とは、産品に係るすべての製品原価、期間原価及び他の費用をいい、以下のとおり規定されています。

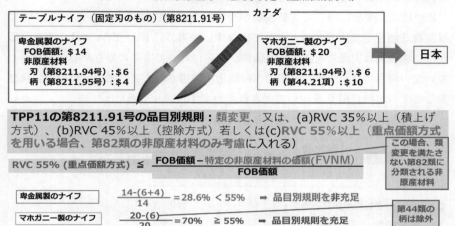

図 5-6-7　付加価値基準の適用事例④（重点価額方式）

ビスに係る費用、使用料、輸送費、こん包費並びに不当な利子を減じたものであり、その詳細な算出のための規定が TPP11 第 3.9 条（純費用）に規定されています。

4. 産品の価額の算出方法

「産品の価額」を算出するにあたって、大きく 2 つの場合に分ける必要があります。

1 つ目は、産品について買手により売手に支払われた又は支払われるべき価額（以下「支払価額」といいます。）がある場合で、この場合は、その価額を「産品の価額」とすることができます。なお、生産者は、工場渡し時点の「工場渡し価額」は必ず把握できますが、生産者が輸出者でない場合には、輸出時点の「FOB 価額」を知ることができない場合も考えられます。その場合、多くのEPA[10] では、当該産品の買手から生産者への確認可能な最初の支払いに係る価額

（i）製品原価は、産品の生産に関連する費用であり、材料の価額、直接労務費及び直接経費を含む。

（ii）期間原価は、その生ずる期間中に経費として請求される費用（製品原価を除く。）であり、販売費及び一般管理費を含む。

（iii）他の費用は、生産者の帳簿に記録される製品原価及び期間原価以外のすべての費用であり、利子を含む。

10　TPP11、日 EU・EPA、日英 EPA、日米貿易協定、日シンガポール EPA、日チリ EPA には明示的な規定はありません。日スイス EPA では、「産品の価額」として「工場渡し価額」のみが用いられます。

に調整される価額を用いると規定されています。

　2 つ目は、産品について支払価額がない場合は、TPP11 等ほとんどの EPA で
は関税評価協定で決定するとされています。一方、日 EU・EPA では、支払価額
がない場合又は実際に支払われた価額が生産において実際に要したものを反映し
ていない場合には、生産や輸出港への輸送に使用されたすべての材料の価額及び
要したすべての費用 11 を用いるとされています（図 5-6-8）。

図 5-6-8　計算式の分母

□　売手への**支払価額がある場合：**

➢　**控除方式：**　　　**FOB価額**
　・**FOB価額が不明で確認することができない場合：**
　　　当該産品の買手から生産者への確認可能な最初の支払いに係る価額に調整される価額
➢　**MaxNOM方式: 工場渡し価額　（EXW）**

□　支払価額がない場合又は実際に支払われた価額が**生産において実際に要したものを反映**
　していない場合：

➢　**TPP11等ほとんどのEPA：　関税評価協定で決定**
➢　**日EU・EPA：生産及び輸出港への輸送に使用されたすべての材料の価額及び要したす**
　　　　　　　　　　べての費用

　それらが具体的に各 EPA でどのように規定されているかは以下を参考にして
下さい。

> TPP11 第 3.1 条（定義）（抄）
> 「取引価額」とは、産品が輸出のために販売されるに当たって現実に支払われた若しくは支
> 払われるべき価格又は関税評価協定に従って決定されるその他の価額をいう。
> 「産品の価額」とは、産品の取引価額から当該産品の国際輸送に要する費用を除いたものを
> いう。

> RCEP 第 3.1 条（定義）（抄）
> (e)「FOB 価額」とは、産品の本船渡しの価額をいい、外国に向けた最終的な船積みを行う
> 港又は場所までの輸送（輸送の方法を問わない。）のために要する運賃を含む。
>
> RCEP 第 3.5 条（域内原産割合の算定）（抄）

11　関税評価協定では、支払価額等がない場合、①同種又は類似の貨物の取引価額、②国内販売価額から逆
　算した価額、③製造原価に基づく価額の順（②と③の順は入れ替え可能）で、産品の価額を決定すること に
　なりますが、日 EU・EPA の場合は、最初から③の製造原価に基づく価額により決定されることとなります。
　関税評価協定に基づく支払価額等の決定については、本節 6.（原産地規則と関税評価）で後述します。

2　この章の規定に基づく産品の価額については、1994 年のガット第 7 条の規定及び関税評価協定の規定に必要な変更を加えたものにより算定する。

日タイ EPA 第 28 条（原産品）（抄）
4　「FOB」とは、5 に規定する場合を除くほか、輸送の方法を問わず、産品の買手から当該産品の売手に支払われる当該産品の本船渡しの価額をいう。ただし、当該産品が輸出される際に軽減され、免除され、又は払い戻された内国税を含まない。
5　(a)　産品の本船渡しの価額は存在するが、その価額が不明で確認することができない場合には、4 (b) に規定する FOB は、当該産品の買手から当該産品の生産者への確認可能な最初の支払いに係る価額に調整される価額とする。
(b)　産品の本船渡しの価額が存在しない場合には、4 (b) に規定する FOB は、関税評価協定第 1 条から第 8 条までの規定に従って決定される価額とする。

日 EU・EPA 附属書三–A（非原産材料の最大限の割合（価額に基づくもの）及び最小限の域内原産割合（価額に基づくもの）の算定）定義（抄）
1 (b)　「EXW」とは、次のいずれかのものをいう。
(i)　最後の作業又は加工を行った製造者に対して支払われた又は支払われるべき産品の工場渡しの価額。ただし、当該価額には、当該産品の生産において使用された全ての材料の価額及び要した他の全ての費用から当該産品が輸出される際に払い戻され、又は払い戻され得る内国税を減じた額を含む。
(ii)　支払われた若しくは支払われるべき価額がない場合又は実際に支払われた価額が産品の生産に関連する全ての費用であって、当該産品の生産において実際に要したものを反映していない場合には、輸出締約国における当該産品の生産において使用された全ての材料の価額及び要した他の全ての費用。当該費用は、次のとおりとする。
(A)　販売費、一般管理費及び当該産品に合理的に割り当てることができる利益を含む。
(B)　当該産品を輸送するために要した運賃、保険料及び他の全ての費用並びに当該産品が輸出される際に払い戻され、又は払い戻され得る輸出締約国の内国税を除く。
1 (c)　「FOB」とは、次のいずれかのものをいう。
(i)　産品の売手に支払われた又は支払われるべき当該産品の本船渡しの価額（輸送の方法を問わない。）。ただし、当該価額には、当該産品の生産及び締約国の輸出港への輸送において使用された全ての材料の価額及び要した他の全ての費用から当該産品が輸出される際に払い戻され、又は払い戻され得る内国税を減じた額を含む。
(ii)　支払われた若しくは支払われるべき価額がない場合又は実際に支払われた価額が産品の生産に関連する全ての費用であって、当該産品の生産において実際に要したものを反映していない場合には、輸出締約国における当該産品の生産及び当該輸出締約国の輸出港への輸送において使用された全ての材料の価額及び要した他の全ての費用。当該費用は、次のとおりとする。
(A)　販売費、一般管理費、当該産品に合理的に割り当てることができる利益、運賃及び保険料を含む。
(B)　当該産品が輸出される際に払い戻され、又は払い戻され得る輸出締約国の内国税を除く。

5. 非原産材料の価額の算出方法

（1）非原産材料の価額の基本

　付加価値基準の計算式の分子である「非原産材料の価額」は、日EU・EPA等多くのEPA[12] では、非原産材料の価額として、輸入時のCIF価額（関税評価協定で決定される価額）が基本とされ、それが不明であり、かつ、確認することができない場合には、締約国において生産者が最初に確認することができる価額とされています。一方、TPP11では、産品の生産者によって輸入される場合は、輸入時のCIF価額とされ、産品が生産される領域において取得される場合には、生産者の支払価格、輸入時のCIF価額、締約国において最初に確認することができる価額から選択することとなります。（図5-6-9）

図5-6-9　計算式の分子：非原産材料の価額①

```
□ 日EU・EPA、RCEP、日タイEPA等多くのEPA

   □ 輸入時のCIF価額（関税評価協定で決定される価額）

   □ CIF価額が不明であり、かつ、確認することができない場合

      ➤ 締約国において最初に確認することができる価額

□ TPP11

   □ 産品の生産者によって輸入される場合

      ➤ 輸入時のCIF価額（関税評価協定で決定される価額）

   □ 産品が生産される領域において取得される場合

      ➤ 生産者の支払価格
      ➤ 輸入時のCIF価額（関税評価協定で決定される価額）
      ➤ 締約国において最初に確認することができる価額
```

　これは、生産者が直接輸入した場合には、生産者は輸入時のCIF価額が分かりますが、国内のサプライヤーから調達した場合には、サプライヤーへ支払った価額よりも前の時点に遡った価額の情報をサプライヤーから入手することは事実上困難であることから、その場合には生産者が締約国において確認できる価額を

12　マレーシア、フィリピン、ブルネイ、インドネシア、アセアン、ベトナム、スイス、インド、ペルー、豪州、モンゴル、シンガポールとのEPAも同様です。メキシコやチリとのEPAでは、取引価額（関税評価協定に基づくもの）とのみ規定しており、CIF価額が分からない場合の具体的規定はありません。

「非原産材料の価額」として認めるというものです。

　締約国において最初に確認することができる価額を図 5-6-10 に整理すると、TPP11 では、生産者が直接輸入した場合は、輸入時の CIF 価額、生産者が国内調達した場合は、生産者への支払価格が通常選択されますが、それより遡ることができる場合には、①輸入時の CIF 価額、②卸売時点の国内販売価額の順に選択することになります。一方、日 EU・EPA、RCEP、日タイ EPA 等多くの日本の EPA では、遡ることができる場合には、①輸入時の CIF 価額、②卸売時点の価額、③小売時点の価額（サプライヤーへの支払価額）と順に選択することになります。

図 5-6-10　計算式の分子：非原産材料の価額②

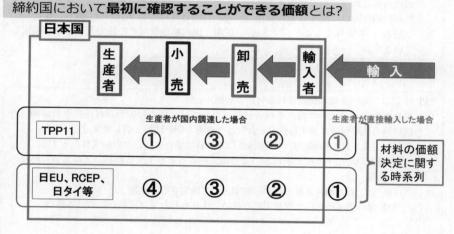

（2）非原産材料の価額に対する更なる調製

　「非原産材料の価額」として、最初に確認することができる価額を用いた場合に、日タイ EPA 等多くの日本の EPA では、それから国内輸送費用を控除できるとされています[13]。

　さらに、TPP11[14]、RCEP では、非原産材料の価額からは、国内輸送費用に加

13　日シンガポール EPA、日 EU・EPA には、国内輸送費用控除の明示的な規定は設けられていません。

14　TPP11 では、生産に使用される材料が原産材料である場合にも、価額の調整の規定があり、その場合は、国内輸送費用、関税・内国税等、また、無駄・使い損じの費用の加算が認められます。メキシコやチリとの EPA では、原産材料には、無駄・使い損じの費用の加算が認められます。

えて、関税・内国税等、また、無駄・使い損じの費用について、証拠があることを条件に控除できるとされています。

　それらが具体的に各EPAでどのように規定されているかは下記をご参照ください。

日タイEPA第28条（原産品）（抄）
6　非原産材料の価額は、次のいずれかの価額とする。
(a) 関税評価協定に従って決定される価額であって、当該産品の生産者の所在する締約国における輸入港に当該非原産材料を輸送するために要する運賃、適当な場合の保険料、こん包費その他のすべての費用を含むもの（**説明：CIF価額を指します。**）
(b) 当該非原産材料の価額が不明で確認することができない場合には、当該非原産材料についての当該締結国における確認可能な最初の支払に係る価額。ただし、当該非原産材料の供給者の倉庫から当該産品の生産者の所在地まで当該非原産材料を輸送するために当該締約国において要する運賃、保険料、こん包費その他のすべての費用及び当該締約国において要する他の費用（一般的に認められており、かつ、確認可能なものに限る。）を除外することができる。（**説明：国内輸送費用を控除できることを規定しています。**）

TPP11第3.7条（生産に使用される材料の価額）（抄）
(a) 産品の生産者によって輸入される材料については、輸入時の当該材料の取引価額（当該材料の国際輸送に要する費用を含む。）（**説明：CIF価額を指します。**）
(b) 産品が生産される領域において取得される材料については、次のいずれかとする。
　(ⅰ) 生産者が所在する締約国において当該生産者によって支払われた又は支払われるべき価格
　(ⅱ) (a) に定める輸入される材料の価額として決定される価額
　(ⅲ) 締約国の領域において確認可能な最初に支払われた又は支払われるべき価格

TPP11第3.1条（定義）（抄）
「取引価額」とは、産品が輸出のために販売されるに当たって現実に支払われた若しくは支払われるべき価格又は関税評価協定に従って決定されるその他の価額をいう。

TPP11第3.8条（材料の価額に対する更なる調整）から間接引用
1〜2
(a) 産品の生産者の所在地まで当該材料を輸送するために要する運賃、保険料、こん包費その他の全ての費用（**説明：国内輸送費用を指します。**）
(b) 締約国の領域において支払われる当該材料に対する関税、内国税及び通関手数料（免除され、若しくは払い戻される等されるものを除く。）（**説明：関税・内国税等を指します。**）
(c) 産品の生産における当該材料の使用から生ずる無駄になった部分及び使い損じた部分の材料の費用（再利用可能なくず又は副産物の価額を差し引いたものをいう。）（**説明：無駄・使い損じの費用を指します。**）

> 3　1〜2の費用等が不明である場合又は調整額に関する書面の証拠がない場合、価額の調整は、認められない。

RCEP第3.5条（域内原産割合の算定）（抄）
3　非原産材料の価額は、次のとおりとする。
(a) 輸入される材料については、輸入の時の当該材料のCIF価額
(b) 締約国において得られる材料については、確認可能な最初に支払われた又は支払われるべき価額

RCEP第3.1条（定義）（抄）
「CIF価額」とは、輸入産品の価額をいい、輸入国に入国する港又は場所までに要する保険料及び運賃を含む。

RCEP第3.5条（域内原産割合の算定）（抄）
2　産品の価額については、1994年のガット第7条の規定及び関税評価協定の規定に必要な変更を加えたものにより算定する。

RCEP第3.5条（域内原産割合の算定）（抄）
5　次の経費は、非原産材料又は原産地不明の材料の価額から控除することができる。
(a) 生産者まで当該非原産材料又は原産地不明の材料を輸送するために要する運賃、保険料、こん包費その他の輸送に関する費用（**説明：国内輸送費用を指します。**）
(b) 当該非原産材料又は原産地不明の材料に対する関税、内国税及び通関手数料（免除され、又は払い戻される関税及びその他の方法により回収される関税を除く。）（**説明：関税・内国税等を指します。**）
(c) 無駄になった部分及び使い損じた部分の材料の費用（再生可能なくず又は副産物の価額を差し引いたものをいう。）（**説明：無駄・使い損じの費用を指します。**）
　(a)から(c)までに規定する経費が不明である場合又は当該経費についての証拠がない場合には、その控除は、認められない。

---

6. 原産地規則と関税評価

　付加価値基準の計算に必要な要素である「産品の価額」と「非原産材料の価額」は、多くのEPAにおいて、関税評価協定に基づいて算出すると規定されており、付加価値基準を適切に適用するためには、関税評価の正しい知識が必要不可欠です。

（1）関税評価とは
　輸入品に課税される関税額は、輸入品の課税価額に税率を適用して算出されますが、この関税額算出の基礎となる課税価格を決定する方法は世界的に統一され

ていることが望ましく、WTOが定める関税評価協定がWTO加盟国・地域を中心として広く利用されています。日本では、関税評価協定に基づき、関税定率法第4条から第4条の9までに課税価格決定の方法が規定されており、当該規定に基づき輸入貨物の課税価格を決定する作業を「関税評価」といいます。

　次に、課税価格の決定の概要について説明します。なお、ここでは、関税評価の基本的な事項の説明のみを行いますので、その詳細については、税関ホームページ等[15]を参照に、正しい理解に努められることをお勧めします。

（2）課税価格の決定の方法

①　原則的な課税価格の決定方法

　輸入貨物の課税価額は、当該輸入貨物の取引価格、すなわち買手により売手に対し又は売手のために現実に支払われた又は支払われるべき価格（現実支払価格）に、その含まれていない限度において、次に掲げる運賃等の額（加算要素）を加えた価格をいいます。

> イ．輸入港までの運賃等
> ロ．仲介料その他の手数料（買付手数料を除く。）、容器の費用、包装費用
> ハ．買手により無償で又は値引きをして提供された材料・部分品、工具・鋳型、消費物品、日本以外の場所で開発された技術・設計等
> ニ．特許権、意匠権、商標権等の使用に伴う対価
> ホ．売手に帰属する収益（額が明らかな場合）

　現実支払価格は、当該輸入取引における、買手から売手への支払いの総額をいい、具体的には、現実支払価格の一部を構成する、別払金、弁済、相殺を仕入書価格にプラスし、現実支払価格の一部を構成しない、輸入国到着後の運送関連費用等をマイナスすることによって算出します。

> （ⅰ）現実支払価格の一部を構成する支払いの額としてプラスすべき要素
> －別払金（割増料、契約料等）
> －弁済（第三者への賠償金等）
> －相殺（買手による融資、立替金、価格調整金、賠償金等）
> （ⅱ）現実支払価格を構成しない支払いの額としてマイナスすべき要素（当該金額が明らかにされている場合に限ります。）

15　税関ホームページの関税評価ポータル、日本関税協会発行の『関税評価303』（2020年12月発行）を参考にしてください。また、日本関税協会では「関税評価（入門編、基礎編）」等のセミナーを用意しております。

- 輸入港到着後の運送に要する運賃、保険料その他の運送関連費用
- 課税物件確定後の据付け、組立て、整備又は技術指導に要する役務の費用
- 本邦で課される関税その他の公課
- 輸入取引に係る延払金利
- 輸出国で軽減又は払戻しを受けるべき関税その他の公課

② 原則的な課税価格の決定方法によれない場合

　次の場合には、①の原則的な課税価格の決定方法によることはできないと規定されています。

イ．輸入取引によらない貨物
　- 無償貨物
　- 委託販売貨物
　- 売手の代理人により輸入された後、売手によって国内販売される貨物
　- 賃貸借貨物　等
ロ．輸入貨物に係る輸入取引に関し、次に掲げる事情（特別な事情）のいずれかがある場合
　- 輸入貨物について、処分や使用に係る売手の制限がある
　- 輸入契約に課税価格の決定を困難とする条件がある
　- 売手に帰属する輸入後の収益があってその額が輸入時には不明である
　- 輸入契約価格に買手と売手の間の特殊関係が影響している
ハ．課税価格への疑義が解明されないもの
　- 課税価格の計算根拠となる書類に疑義がある場合　等

　原則的な課税価格の決定によれない場合、次の方法による課税価格の決定の可能性を（ⅰ）から順番に検討することになります。なお、（ⅲ）の製造原価を確認でき、輸入者が要請する場合は、（ⅱ）の国内販売価格に基づく方法に先立って、（ⅲ）の製造原価によって課税価格を決定することができます。

（ⅰ）同種（類似）の貨物の取引価格による方法
（ⅱ）国内販売価格から逆算する方法
（ⅲ）製造原価によって課税価格を決定
（ⅳ）特殊な輸入貨物に係る課税価格の決定

　次節では、品目別規則を満たす産品の基準で採用される基準のうち、加工工程基準について説明します。

第7節　加工工程基準

1. 加工工程基準の概要

「加工工程基準」は、化学品や繊維・繊維製品などで採用されており、産品が指定された製造工程や加工によって生産されていれば原産品としての資格が付与されるもので、具体的内容は各EPAにより異なります。

当該基準は、長所としては、比較的確認が容易である製造工程や加工の実施の有無によって原産品であるかどうかの判断を行えることが挙げられます。一方で、短所としては、日進月歩の技術革新の時代には基準の更新が不可欠となりますが、それに合わせたタイムリーな規則の改正は困難であること、立証によって社外秘が漏洩する恐れがあることが挙げられます。

2. 加工工程基準の例

その典型的な例として、図5-7-1に化学反応の例を紹介します。この例では、産品であるグリセリンは材料であるプロピレンから生産されますが、化学反応が行われていることを産品と材料の間の分子構造の変化によって確認することができます。品目別規則の例として、TPP11の第2905.45号の品目別規則[16]を見ると、関税分類変更基準（号変更（CTSH（6桁変更）））に加えて、加工工程基準

図5-7-1　加工工程基準の例示①

「化学反応」：分子内の結合を切断し、かつ、新たな分子内の結合を形成すること（略）により、新たな構造を有する分子を生ずる工程（略）

TPP11の第2905.45号の品目別規則：第2905.11号から第2905.59号までの各号の産品への他の号の材料からの変更、化学反応、精製、標準物質、又は異性体分離。

16　第2905.45号の品目別規則には、「第2905.11号から第2905.59号までの各号の産品への他の号の材料からの変更」のみ規定され、加工工程基準については、附属書三-D品目別原産地規則の第6部部注に規定されています。

として、化学反応など工程が指定されているのが分かります。なお、TPP11 では、化学反応以外に、精製、標準物質、異性体分離が指定されていますが、化学品に多く用いられる加工工程基準については、本節 3. の「化学品ルール」にてさらに詳しく説明します。

　もう一つの例として、日 EU・EPA の衣類の品目別規則に用いられる例を図 5-7-2 に紹介します。品目別規則として、「製織と製品にすること（布の裁断を含む。）との組合せ又はなせん（独立の作業）を経て製品にすること（布の裁断を含む。）。」の 2 つのオプションが指定されています。

図 5-7-2　加工工程基準の例示②

　ここで、「製織と製品にすること（布の裁断を含む。）との組合せ」とは、製織と縫製・組立の両方の工程が行われることを意味し、図 5-7-2 では、糸から布（製織）、布から衣類（製品にすること（布の裁断を含む。））の両方の工程が締約国において行われる①・③と①・④のケースがこれを満たし、非締約国で製織が行われる②・③と②・④のケースでは、この規則を満たしません。

　もう一つのオプションである「なせん（独立の作業）を経て製品にすること（布の裁断を含む。）」とは、製織は必要ありませんが、「なせん（独立の作業）」と「縫製・組立」の両方の工程が行われることを意味します。図 5-7-2 で、布のなせん等（以下でいう「なせん（独立の作業）」が行われたとします。）、布から衣類にすること（製品にすること（布の裁断を含む。））の両方が行われる②・③と②・④のケースがこの規則を満たすことになります。

　ここで、「なせん（独立の作業）」は、「スクリーン、ローラー、デジタル又は転写の技術を少なくとも二の準備又は仕上げの工程（精練、漂白、マーセライズ加工、ヒートセット、起毛、カレンダー仕上げ、防縮加工、永久加工、デカタイジング（蒸じゅう）、染み込ませ、補修、シャリング（剪毛）、毛焼き、エアー・タンブラー加工、乾燥幅出し機による加工、縮じゅう、蒸気による収縮加工、ウェットデカタイジング（煮じゅう）等）と組み合わせて用いて、紡織用繊維の基材に対して客観的に評価される機能（色、デザイン、技術的性能等）を恒久的性

質として与える技術をいう。ただし、生産において使用されたすべての非原産材料の価額が産品の EXW の 50% 又は FOB の 45% を超えないことを条件とする。」と定義されており、ただし書き以降に付加価値基準的な条件も設けられていることに注意が必要です。

3. 化学品ルール

　化学品は、多くの場合、原料と産品の間で HS 番号の変化を伴うことから、品目別規則として関税分類変更基準が採用される一方で、膨大な数の化学品に対し HS 番号は限られ、すべての場合に HS 番号の変更が生じるわけではないことから、それを補足する形で、付加価値基準、さらには、確認が容易である特定の生産技術・工程の実施の有無に着目した加工工程基準が設けられています。これら加工工程基準では、特定の生産技術・工程として、「化学反応」に加えて、「混合及び調合」、「精製」、「粒径の変更」、「標準物質の生産」、「異性体分離」、「生物工学的工程」（以下これらを「化学品ルール」といいます。）が用いられています。

　化学品ルールの導入は、TPP11、日 EU・EPA、また、USMCA[17] など近年のメガ EPA・FTA でその導入が進んできており、日本のアセアン加盟国との二国間の EPA をみると、シンガポール、タイ、インドネシア、ブルネイとの EPA で「化学反応」、「精製」、「異性体分離」、「生物工学的工程」が採用されてきています。しかしながら、RCEP では「化学品ルール」について、化学反応のみがごく一部の品目[18] で採用されるにとどまっています。これにより、RCEP では、関税分類変更基準を満たさない場合、満たしているかどうかの確認が容易な化学品ルールを適用できず、付加価値基準を満たすかどうかの計算を行うことが求められる[19] ことから、他の多くの EPA に比べ、化学品については使いにくい規則といえます（表 5-7 参照）。

　なお、化学品ルールは、化学品に横断的に適用されるものではなく、適用の有無については、各 EPA の個別品目の品目別規則の確認が必要です。

　以下、各化学品ルールについて説明します。

17　2020 年 7 月に発効した米国・メキシコ・カナダ協定（USMCA（United States-Mexico-Canada Agreement））を指します。

18　HS4 桁ベースでわずか 9 品目（第 29.01 項、第 29.02 項、第 29.07 項、第 29.09 項、第 29.14 項、第 2916.15 号、第 29.20 項、第 38.11 項、第 38.24 項）についてのみ採用されています。

19　RCEP では、化学品について、CTH/CTSH（関税分類変更基準）又は RVC40（40% 付加価値基準）の選択制です。

表 5-7　化学品ルールの採用状況

EPA/FTA 等	化学品ルール						
	化学反応	混合・調合	精製	粒径の変更	標準物質の生産	異性体分離	生物工学的工程
日本の EPA（相手国）							
シンガポール、チリ、タイ、インドネシア、ブルネイ	○	×	○	×	×	○	○
豪州	○	×	○	△	○	○	×
TPP11	○	△	○	△	○	○	×
EU	○	△	○	○	○	○	×
RCEP	△	×	×	×	×	×	×
メキシコ、マレーシア、アセアン、フィリピン、スイス、ベトナム、インド、ペルー、モンゴル	×	×	×	×	×	×	×
主要国の FTA							
USMCA	○	△	○	△	○	○	○
PEM	○	○	○	○	○	○	△
米国・豪州、米国・ペルー、米国・韓国	○	△	○	△	○	○	×
EU・カナダ	○	×	○	×	×	×	×
米国・シンガポール、米国・チリ、AANZFTA	○	×	×	×	×	×	×
NAFTA、EU・メキシコ、EU・チリ、EU・ペルー／コロンビア EU・韓国、ATIGA ACFTA、AKFTA、AIFTA	×	×	×	×	×	×	×

(注)　△を付した化学品ルールは、今回の例として選定した品目（第 2904.10 号）には適用されないものの他の化学品に適用されるものであることを示す。なお、PEM では生物工学的工程の中の細胞培養（cell culture）及び発酵（fermentation）が指定されている。

（1）化学反応

　「化学反応」とは、化学品ルールの中でも最も多く採用されているもので、分子内の結合を切断し、かつ、新たな分子内の結合を形成すること又は分子内の原子の空間的配列を変更することにより、新たな構造を有する分子を生ずる工程を

いい、次の事項を含まないとされています。

① 水その他の溶媒への溶解

② 溶媒（溶媒水を含む。）の除去

③ 結晶水の追加又は除去

(2) 混合及び調合

「混合及び調合」とは、所定の仕様と合致させるための材料の意図的な、かつ、比例して制御された混合又は調合（分散を含む。）であって、当該産品の用途に関係し、かつ、投入された材料と異なる物理的又は化学的特徴を当該産品に与えるものをいいます。

(3) 精製

「精製」とは、不純物の削減又は除去の工程であって、次のいずれかに該当するものをいう。

① 存在する不純物の含有量の 80% 以上の除去をもたらす工程

② 一又は二以上の次の応用に直接適する産品をもたらす工程（TPP11、日EU・EPA、日豪 EPA 以外）

　　イ．医薬用、医療用、化粧用、獣医用又は食品等級の物質

　　ロ．分析用、診断用又は実験用の化学品及び試薬

　　ハ．マイクロエレクトロニクスにおいて用いる元素及び成分

　　ニ．特殊光学的用途

　　ホ．生物工学的用途

　　ヘ．分離工程に用いる支持体

　　ト．原子力等級用途

(4) 粒径の変更

「粒径の変更」とは、産品の粒径の意図的なかつ制御された変更（重合体の溶解及びその後の沈殿又は析出による微粒化を含み、破砕又は圧縮のみによるものを除く。）であって、当該変更の結果として生ずる産品の用途に関係する特定の粒径、粒径分布又は表面積及び投入された材料と異なる物理的又は化学的特徴を有する産品を生ずるものをいいます。

(5)　標準物質の生産

「標準物質」（標準溶液を含む。）とは、分析、校正又は参照のための使用に適する調製品であって、正確な純度又は比率を有するものとして製造者により証明されたものをいいます。

(6)　異性体分離

「異性体分離」とは、異性体の混合物からの異性体の単離又は分離の工程をいいます。

(7)　生物工学的工程

「生物工学的工程」とは、次のいずれかのものをいいます。

①　微生物又は人、動物若しくは植物の細胞の生物学的若しくは生物工学的な培養、交配又は遺伝子の改変

②　細胞構造又は細胞間構造の生成、単離、精製、（日 EU・EPA のみ）発酵

第 8 節　基礎的基準の例外

この節では、産品が、原産性判断基準の 3 つの基準を満たさない場合に適用される救済規定として、僅少の非原産材料（デミニミス）と累積の規定を説明します。また、産品が、当該 3 つの基準の一つである「品目別規則を満たす産品」の基準を満たした場合であっても、それが原産品としての資格を付与するには不十分な作業又は加工のみによって行われた場合の規定について説明します。

1.　僅少の非原産材料（デミニミス）

「僅少の非原産材料」[20]（「デミニミス」と呼ばれています。）とは、生産に使用した非原産材料がごく僅かであるにもかかわらず、当該非原産材料の使用により品目別規則を満たさない場合に、当該非原産材料が全体として特定の割合を超えないときには、品目別規則の適用（通常、関税分類変更基準にのみに適用[21]）対象から除外する規定です。なお、付加価値基準では、非原産材料の価額は、そのまますべての価額が計算式に用いられ、デミニミスの対象とならないので注意が必要です。

20　日 EU・EPA、日英 EPA、日スイス EPA では、「許容限度」と呼ばれています。

21　例外として、日豪 EPA では、第 3.4 条で加工工程基準にも適用する等の規定があります。

　そして、EPA によって、デミニミスの適用の例外とする品目や品目別に異なる基準が設定されています。例示として日タイ EPA、日 EU・EPA、TPP11、RCEP の規定を後述しますので参考にしてください。また、TPP11、日 EU・EPA では、繊維・繊維製品について別途複雑な規定が設けられています。一方、RCEP では、これら例外品目の設定や繊維・繊維製品についての複雑な規定はみられず、HS 全品目での産品価額の 10% 以下の基準を採用するとともに、繊維・繊維製品については、産品の総重量の 10% 以下の基準も選択可能として設けられています。

　なお、TPP11 においては、第 3.11 条第 1 項（デミニミスとして非原産材料の価額が産品の価額の 10% 以下と規定）に加え、同条第 2 項に、「1 の規定は、他の産品の生産において非原産材料を使用している場合にのみ、適用する」旨の規定があり [22]、図 5-8-1 を用いて説明します。

図 5-8-1　デミニミス適用における注意点

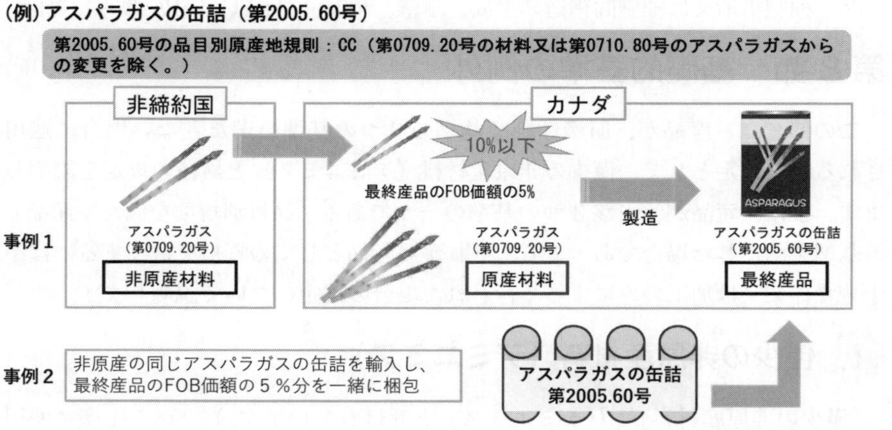

（例）アスパラガスの缶詰（第 2005.60 号）

第2005.60号の品目別原産地規則：CC（第0709.20号の材料又は第0710.80号のアスパラガスからの変更を除く。）

非締約国　　カナダ

10%以下

最終産品のFOB価額の5%

事例1

アスパラガス
（第0709.20号）
非原産材料

アスパラガス
（第0709.20号）
原産材料

製造

アスパラガスの缶詰
（第2005.60号）
最終産品

事例2　非原産の同じアスパラガスの缶詰を輸入し、最終産品のFOB価額の５％分を一緒に梱包

アスパラガスの缶詰
第2005.60号

（出典：税関ホームページ（「日米貿易協定の概要」2019年12月）」の事例を基に作成）

　事例 1 は、非締約国からアスパラガスをカナダに輸入し、当該非原産材料と原産材料のアスパラガスを使用してアスパラガスの缶詰を製造する場合です。アスパラガスの缶詰が分類される第 2005.60 号の品目別規則は、類変更（ただし、第 0709.20 号の材料又は第 0710.80 号のアスパラガスからの変更を除く。）と規定されており、非締約国産のアスパラガスを使用した場合、この品目別規則を

22　他に、日米貿易協定にも同様の規定があります。

満たしません。ただし、使用されている量が、産品の FOB 価額の 5% であり、同条第 1 項のデミニミス（非原産材料の価額が当該産品の価額の 10% 以下）を満たしているので、原産品と認められることになります。

　一方、事例 2 は、非締約国の自社工場から最終産品と同じアスパラガスの缶詰を輸入し、輸出する最終産品に、その FOB 価額 5% 分の非締約国産のアスパラガス缶詰を一緒に梱包する場合です。この場合、産品と同じ産品を梱包しただけであり、他の産品の生産に非原産材料を使用しているのではないため、同条第 2 項により、デミニミスは適用されないこととなります。

　TPP11 以外の日本の EPA にはこのような明示的な規定はありませんが、本来、デミニミスは、当該産品の生産に使用された非原産材料の割合が僅少の場合に救済することを目的としたもので、産品と同一の非原産の産品の混入を行うような場合には適用されないことは当然のことと考えられます。したがって、TPP11 の規定は、この原則を確認するための規定と考えられます。

［主要 EPA のデミニミスの規定］

> 日タイ EPA 第 30 条（僅少の非原産材料）
> 　附属書二に定める品目別規則の適用上、品目別規則において特定の産品について、その価額、重量又は容積による特定の割合が定められ、かつ、当該産品の生産に使用される非原産材料が全体として当該割合を超えない場合には、当該非原産材料が当該産品について適用される規則を満たしているか否かは考慮しない。
> 附属書二（第三章関係）品目別規則（抄）
> 第一節　一般的注釈
> (f) 第 30 条に規定する特定の割合であって、産品の生産に使用される非原産材料（関連する関税分類の変更が行われないものに限る。）の価額の総額又は総重量に関するものは、次のとおりとする。
> 　（ⅰ）統一システムの第 19 類から第 24 類までの各類に規定する産品については、当該産品の価額の 7%
> 　（ⅱ）統一システムの第 28 類から第 49 類までの各類及び第 64 類から第 97 類までの各類に規定する産品については、当該産品の価額の 10%
> 　（ⅲ）統一システムの第 50 類から第 63 類までの各類に規定する産品については、当該産品の重量の 10%

> 日 EU・EPA 第 3.6 条（許容限度）（抄）
> 1　産品の生産において使用される非原産材料が附属書三-B に定める要件を満たさない場合において、次のときは、当該産品は、締約国の原産品とみなす。
> 　(a) 統一システムの第 1 類から第 49 類まで又は第 64 類から第 97 類までの各類に分類される産品については、全ての非原産材料の価額が当該産品の工場渡しの価額又は本船

渡しの価額の 10% を超えないとき。

(b) 統一システムの第 50 類から第 63 類までの各類に分類される産品については、附属書三–A 注釈 6 から注釈 8 までに定める許容限度が適用されるとき。^(参考)

2　1 の規定は、産品の生産において使用される非原産材料の価額が、附属書三–B に定める要件において特定される非原産材料の最大価額（百分率で表示されるもの）を超える場合には、適用しない。

3　1 の規定は、第 3.3 条に規定する締約国において完全に得られる産品については、適用しない。附属書三–B の規定が産品の生産において使用される材料が完全に得られる産品であることを要求する場合には、1 及び 2 の規定を適用する。

（参考）繊維・繊維製品のデミニミスの規定の概要
　日 EU・EPA の第 50 類から第 63 類までの繊維・繊維製品にかかるデミニミスは、大きく分けて、下記①の重量ベース及び②の価額ベースの 2 つの規定があり、それ以外に特定の産品にかかる規定があります。なお、詳細については、附属書三–A 注釈 6 から注釈 8 及び税関ホームページの「原産地規則解釈例規」を参照してください。
①　重量ベース
　　非原産の「基本的な紡織用繊維」^(注)の重量がすべての基本的な紡織用繊維の 10% 以内であること。（産品が 2 以上の基本的な紡織用繊維を含む場合に限ります。）
　　(注)　32 の主要な天然繊維、人造繊維が挙げられています。
②　価額ベース
　　第 61 類、第 62 類及び第 63.01 項～第 63.06 項の産品について、非原産の紡織用繊維の価額が産品の価額（EXW 又は FOB）の 8% 以内であること。（非原産の紡織用繊維が、産品以外の項に分類され、かつ、裏地、芯地以外に限ります。裏地、芯地については、原産材料であることが必要です。）

TPP11 第 3.11 条（僅少の非原産材料）
1　各締約国は、附属書三–C（第 3.11 条（僅少の非原産材料）の規定の例外）に規定する場合を除くほか、産品が附属書三–D（品目別原産地規則）に定める適用可能な関税分類の変更の要件を満たさない非原産材料を含む場合であっても、当該産品に含まれる全ての当該非原産材料の価額が当該産品の価額（第 3.1 条（定義）に定めるもの）の 10% を超えず、かつ、当該産品がこの章に規定する他の全ての関連する要件を満たすときは、当該産品を原産品とすることを定める。

2　1 の規定は、他の産品の生産において非原産材料を使用している場合にのみ、適用する。

3　1 に規定する産品が域内原産割合の要件の対象にもなる場合には、当該産品に含まれる非原産材料の価額は、適用可能な域内原産割合の要件においては、非原産材料の価額に含める。

4　繊維又は繊維製品については、1 の規定に代えて第 4.2 条（原産地規則及び関連事項）の規定を適用する。^(参考)

（参考）繊維・繊維製品のデミニミスの規定の概要
　TPP11 の繊維・繊維製品²³にかかるデミニミスを以下に示しますが、詳細については、

23　繊維及び繊維製品の対象は、HS 分類上の繊維・繊維製品（第 50 類～第 63 類）よりも広く、バッグ類

第 4.2 条（原産地規則及び関連事項）を参照してください。

① 第 61 類～第 63 類の産品
- 関税分類を決定する構成部分に関税分類変更を満たさない非原産ファイバー・糸を含む場合、当該ファイバー・糸の総重量が当該構成部分の総重量の 10% を超えないこと。
- なお、関税分類を決定する構成部分に弾性糸を含む場合には、弾性糸が域内で完全に作られるものであること。

② 第 61 類～第 63 類以外の産品
- 関税分類変更を満たさない材料の総重量が、産品の総重量の 10% を超えないこと。
- なお、関税分類変更を満たさない材料に弾性糸を含む場合には、弾性糸が域内で完全に作られるものであること。

RCEP 第 3.7 条（僅少の非原産材料）

1　附属書三 A（品目別規則）に定める関税分類の変更を満たさない産品は、当該産品がこの章に定める他の全ての関連する要件を満たす場合において、次のいずれかのときは、原産品とする。

(a) 統一システム番号の第 1 類から第 97 類までの各類に分類される産品については、当該産品の生産において使用された非原産材料（該当する関税分類の変更が行われていないものに限る。）の価額が当該産品の FOB 価額の 10% 以下の場合。当該非原産材料の価額は、第 3.5 条（域内原産割合の算定）3 の規定に従って決定される。

(b) 統一システム番号の第 50 類から第 63 類までの各類に分類される産品については、当該産品の生産において使用された非原産材料（必要な関税分類の変更が行われていないものに限る。）の総重量が当該産品の総重量の 10% 以下の場合

2　1 に規定する非原産材料の価額は、該当する域内原産割合の要件においては、非原産材料の価額に含められる。

---

2. 累積

「累積」とは、産品の生産が行われた輸出締約国のみでは原産性判断基準を満たせない場合に、他の締約国で生産された材料や行われた生産行為を、輸出締約国の材料又は生産行為として扱う（原産扱い）ことで、より原産地規則を満たしやすくする規定をいいます。

(1) 累積と「締約国原産」・「協定原産」

ここでは、「累積」と「締約国原産」と「協定原産」との関係について説明します。

まず、「締約国原産」と「協定原産」について説明します。

（第 4202.12、4202.22、4202.32、4202.92 号）、傘（第 66.01 項）、ガラス繊維（第 70.19 項）、布団等（第 9404.90 号）、おむつ等（第 96.19 項）も含まれます。

「締約国原産」とは、EPA の各締約国を一単位として原産性判断基準を適用することをいいます。EPA の条文には締約国原産という言葉は使用されておらず、EPA の原産品を規定する条文において、「締約国」や「一の締約国」という表現となっていれば、締約国原産が採用されていると理解してください。例えば、

➤ 「<u>当該締約国</u>において完全に得られ、……」（日タイ EPA 第 28 条第 1 項 (a)）

➤ 「<u>一の締約国</u>において完全に得られ、……」（RCEP 第 3.2 条 (a)）

➤ 「<u>他方の締約国</u>の原産材料のみから生産される産品」（日 EU・EPA 第 3.2 条 (b)）

　　（注）日 EU・EPA の前文に、欧州連合（EU）を「締約国」というと規定しており、EU 加盟 27 か国を一つの締約国と規定しています。

「協定原産」とは、全締約国を一つの地域として原産性判断基準を適用することをいいます。EPA の原産品を規定する条文において「<u>一又は二以上の締約国</u>において…」という表現になっていれば、協定原産が採用されていると理解してください。例えば、

➤ 「<u>一又は二以上の締約国</u>の領域において完全に得られ…」（TPP11 第 3.2 条 (a)）

➤ 「一の締約国において<u>一又は二以上の締約国</u>からの…」（RCEP 第 3.2 条 (b)）

「締約国原産」では、それぞれの締約国を一単位として原産品か否かの判断を行うことから、「締約国原産」を採用する EPA では、「累積」の規定は、他の締約国の材料（又は生産行為）を当該締約国の材料（又は生産行為）とみなすことによって適用されます。

　一方、全締約国を一つの地域として原産品か否かの判断を行う「協定原産」を採用する EPA では、他の締約国で生産された材料及び行われた生産行為は、一つの地域内のものとして、当初から原産品の判断を行う際の対象とされます。よって、「協定原産」を採用する EPA では、本来、累積にかかる規定は別途設ける必要はないことになります[24]。

　多くの EPA は、原産性判断基準の 3 つの基準すべてについて、「締約国原産」

24　しかしながら、「協定原産」を採用する EPA であっても、TPP11、日メキシコ EPA では、明確化の観点と考えられますが、別途累積の規定が設けられています。一方、同じ「協定原産」を採用する日米貿易協定には、累積の規定は設けられていません。

又は「協定原産」のどちらか一方を採用していますが、RCEP 及び日アセアン EPA では第二基準のみに、日豪 EPA では第三基準のみに「協定原産」を採用しており、その場合に限って、全締約国を一つの地域として、そこで生産された材料及び行われた生産行為をすべて累積することができます。

① 「締約国原産」を採用する日タイ EPA の原産品と累積の規定

日タイ EPA 第 28 条（原産品）（抄）
1　この章に別段の定めがある場合を除くほか、次のいずれかの産品は、締約国の原産品とする。
(a)　当該締約国において完全に得られ、又は生産される産品であって、2 に定めるもの
(b)　当該締約国の原産材料のみから当該締約国において完全に生産される産品
(c)　非原産材料をその全部又は一部につき使用して当該締約国において完全に生産される産品であって、附属書二に定める品目別規則及びこの章の他のすべての関連する要件を満たすもの

日タイ EPA 第 29 条（累積）
　産品が一方の締約国の原産品であるか否かを決定するに当たり、当該一方の締約国において当該産品を生産するための材料として使用される他方の締約国の原産品は、当該一方の締約国の原産材料とみなすことができる。

② 「協定原産」を採用する TPP11 の原産品と累積の規定

TPP11 第 3.2 条（原産品）
　各締約国は、この章に別段の定めがある場合を除くほか、次のいずれかの産品であって、この章に規定する他の全ての関連する要件を満たすものを原産品とすることを定める。
(a)　一又は二以上の締約国の領域において完全に得られ、又は生産される産品であって、次条（完全に得られ、又は生産される産品）に定めるもの
(b)　一又は二以上の締約国の領域において原産材料のみから完全に生産される産品
(c)　一又は二以上の締約国の領域において非原産材料を使用して完全に生産される産品であって、附属書三 D（品目別原産地規則）に定める全ての関連する要件を満たすもの

TPP11 第 3.10 条（累積）
1　各締約国は、産品が一又は二以上の締約国の領域において一又は二以上の生産者によって生産される場合には、当該産品が原産品であることを定める。ただし、当該産品が第 3.2 条（原産品）に定める要件及びこの章に規定する他の全ての関連する要件を満たす場合に限る。
2　各締約国は、他の締約国の領域において他の産品の生産に使用される一又は二以上の締約国の原産品又は原産材料を当該他の締約国の領域における原産品又は原産材料とみなすことを定める。
3　各締約国は、一又は二以上の締約国の領域において一又は二以上の生産者により非原産材料について生産が行われる場合には、当該生産が当該非原産材料自体に原産品としての

資格を与えるために十分であったかどうかにかかわらず、産品が原産品であるかどうかを
決定するに当たり、当該生産を当該産品の原産割合の一部として考慮することができるこ
とを定める。

③ 「締約国原産」と「協定原産」を採用する RCEP の原産品と累積の規定

RCEP 第 3.2 条（原産品）（抄）
　この協定の適用上、次のいずれかの産品であって、この章に定める他の全ての関連する要
件を満たすものは、原産品として取り扱う。
(a) 一の締約国において完全に得られ、又は生産される産品であって、次条（完全に得ら
　れ、又は生産される産品）に定めるもの
(b) 一の締約国において一又は二以上の締約国からの原産材料のみから生産される産品
(c) 一の締約国において非原産材料を使用して生産される産品であって、附属書三 A（品
　目別規則）に定める関連する要件を満たすもの
　（説明：(a) と (c) は「締約国原産」、(b) は「協定原産」を採用していることを指します。）

RCEP 第 3.4 条（累積）
1　この協定に別段の定めがある場合を除くほか、第 3.2 条（原産品）に定める原産品の要
　件を満たす産品又は材料であって、他の締約国において他の産品又は材料の生産において
　材料として使用されるものについては、完成した産品又は材料のための作業又は加工が行
　われた当該他の締約国の原産材料とみなす。
2　締約国は、この協定が全ての署名国について効力を生ずる日に、この条の規定の見直し
　を開始する。この見直しにおいては、いずれかの締約国において産品について行われる全
　ての生産行為及び付加される全ての価値に 1 の累積の適用を拡張することを検討する。
　締約国は、締約国が別段の合意をする場合を除くほか、見直しの開始の日から 5 年以内
　に当該見直しを終了する。

(2)「部分累積」と「完全累積」

　累積とは、他の締約国で生産された材料や行われた生産行為を輸出締約国の原
産扱いとして累積することです。原産扱いとする方法について、ここでは、「部
分累積」と「完全累積」の 2 つに分けて説明します。

① 部分累積

　「部分累積」とは、一般的にはモノの累積ともいわれるものです。他の締約国
の原産材料のみを原産扱いとして累積の対象としますが、その一方で、他の締約
国の生産行為は累積の対象としません。よって、他の締約国で生産された材料で
あっても、原産性判断基準を満たさず当該締約国の原産材料とみなされない材料

（非原産材料）は累積の対象となりません。すなわち、当該非原産材料の生産の一部に使用された他の締約国の原産材料、また、他の締約国で生産に投入された費用を含めて、当該材料全体を非原産材料として取扱うこととなります。

　部分累積を採用している EPA の例として、日タイ EPA があり、その累積の規定は前述の 2.(1) ①を参照してください。

② 　完全累積

「完全累積」とは、モノと生産行為の累積といわれるものです。「部分累積」で認められた他の締約国の原産材料の累積（モノの累積）のみならず、他の締約国の生産行為（生産に使用されている他の締約国の原産材料を含む。）についても、自国の生産行為として累積することができます。すなわち、他の締約国から調達した材料が非原産材料であっても、その材料に対する当該締約国の生産行為を自国の生産行為として扱うことができます。

　完全累積を採用している EPA の例として、日 EU・EPA の累積の規定を次に示します。

日 EU・EPA 第 3.5 条（累積）（抄）
1　一方の締約国の原産品とされる産品は、他方の締約国において他の産品を生産するための材料として使用される場合には、他方の締約国の原産品とみなす。(**説明：「モノの累積」の規定です。**)
2　一方の締約国において非原産材料について行われた生産は、産品が他方の締約国の原産品であるかどうかを決定するに当たって考慮することができる。(**説明：「生産行為の累積」の規定です。**)

---

(3) 累積の適用の効果
① 　関税分類変更基準の場合

　関税分類変更基準では、産品に使用された非原産材料のみが、当該基準を満たしたかどうかの判断対象となりますので、産品の生産に使用される材料が、累積によって原産材料とされた場合には、関税分類変更基準の適用に当たって考慮する必要がないという効果があります。

② 　加工工程基準の場合

　加工工程基準では、関税分類変更基準同様、産品に使用された非原産材料のみが当該基準を満たしたかどうかが判断の対象となりますので、産品の生産に使用される材料が、累積によって原産材料とされた場合には、加工工程基準の適用に

当たって考慮する必要はありません。さらに、生産行為を累積対象とする「完全累積」を採用する EPA では、他の締約国で行われた加工工程を、当該基準を満たしたかどうかの判断の対象として累積できる効果があります。

③　付加価値基準の場合

イ.「部分累積」と「完全累積」の効果の違い

　ここでは、「部分累積」と「完全累積」の効果の違いを説明します。

　図 5-8-2 は、日本の産品の生産において、累積の対象として使用する他の締約国の材料が、原産性判断基準を満たした他の締約国の原産品である場合と、満たさない非原産品である場合の 2 つの場合に分けて、その効果を示したものです。

図 5-8-2　付加価値基準における累積適用の効果

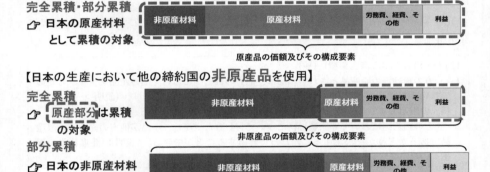

　すなわち、他の締約国の材料が原産品であれば、「完全累積」及び「部分累積」の両方において、当該材料が日本の原産材料とみなされ、その価額全体を付加価値基準算出の際に原産材料として扱うことができます。

　一方、他の締約国の材料が非原産品である場合には、「部分累積」では、日本の非原産材料となり、付加価値基準の算出において、その価額全体が非原産材料として計算されます。「完全累積」では、当該材料の中の他の締約国の原産部分、すなわち、当該材料の生産に投入された他の締約国の原産材料と生産行為にかかる労務費、経費、その他の費用、利益を累積の対象として、付加価値基準の算出において、それらを除いた価額（他の締約国の非原産品の生産に使用された非原産材料部分のみ）が非原産材料として計算されることになります。

ロ．「部分累積」における付加価値基準に限って救済する規定

　部分累積を採用する一部の EPA においては、他の締約国の非原産品を使用する場合に、付加価値基準に限って救済する規定があります。例えば、図 5-8-3 に示すように、日マレーシア EPA 第 29 条（累積）第 2 項で付加価値基準を適用するのに際し、産品の生産に使用される非原産材料の価額は、当該非原産材料の生産に使用される非原産材料の価額に限定することができる旨定めています。同様の規定は日フィリピン EPA、日ブルネイ EPA、日インドネシア EPA にもあります。これら EPA では、イ．の「完全累積」の場合と同様に、他の締約国の非原産品である材料の中の原産部分を累積の対象とすることができます。

図 5-8-3　部分累積における付加価値基準に限って救済する規定

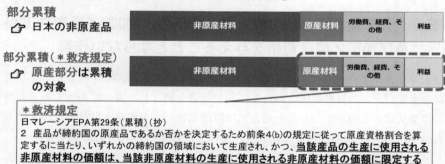

【日本の生産において他の締約国の非原産品を使用】

部分累積
☞ 日本の非原産品

部分累積（＊救済規定）
☞ 原産部分は累積の対象

＊救済規定
日マレーシアEPA第29条（累積）（抄）
2　産品が締約国の原産品であるか否かを決定するため前条4(b)の規定に従って原産資格割合を算定するに当たり、いずれかの締約国の領域において生産され、かつ、**当該産品の生産に使用される非原産材料の価額は、当該非原産材料の生産に使用される非原産材料の価額に限定することができる。**ただし、これにより、当該産品が前条1(c)の規定に従って当該締約国の原産品となることを条件とする。
（他に、日フィリピンEPA、日ブルネイEPA、日インドネシアEPAに同様の規定有）

(4)「締約国原産」と「協定原産」及び「部分累積」と「完全累積」

　表 5-8 は、各 EPA の「締約国原産」と「協定原産」、「部分累積」と「完全累積」の採用状況をマトリクスにまとめたものです。この章で述べた、締約国原産と協定原産の違い、部分累積と完全累積の違いを理解した上で、読者の皆様が利用しようとしている協定がマトリクスの何処に当てはまるかを確認し、原産品か否かの判断を行ってください。

表 5-8　締約国原産と協定原産・部分累積と完全累積

	締約国原産	協定原産
部分累積 （モノの累積）	日マレーシア、日チリ、日タイ、日インドネシア、日ブルネイ、日アセアン（注1）、日フィリピン、日スイス、日ベトナム、日インド、RCEP（注3）	日アセアン（注1） RCEP（注3）
完全累積 （モノ・生産行為の累積）	日シンガポール、日ペルー、日豪（注2）、日モンゴル、日 EU、日英	日メキシコ TPP11、日米 日豪（注2）

（注1）第一及び第三基準は締約国原産、第二基準は協定原産
（注2）第一及び第二基準は締約国原産、第三基準は協定原産
（注3）第一及び第三基準は締約国原産、第二基準は協定原産
　　　完全累積（生産行為等の累積）については、協定がすべての署名国について効力を生ずる日に規定の見直しを行い、見直しの開始の日から 5 年以内に終了する。

3. 十分な変更とはみなされない作業又は加工／軽微な工程及び加工／原産資格を与えることとならない作業

十分な変更とはみなされない作業又は加工の規定は、EPA によって呼び方は違いますが[25]、品目別規則を満たす産品の基準を満たした場合であっても[26]、当該作業又は加工のみが行われた場合には原産品としての資格を付与しないとするもので、TPP11 及び日米貿易協定以外の日本の EPA で採用されています。

当該作業又は加工として、7 つの工程を指定する日アセアン EPA 及びアセアン加盟国との 2 国間の EPA、11 の工程を指定する RCEP、17 の工程を指定する日 EU・EPA 等、EPA によってその内容は異なっています。

(1) 各 EPA に共通して規定されている作業又は加工

各 EPA に共通して規定されている作業又は加工として、以下 6 つがあります[27]。

① 輸送又は保存の間に（産品を良好な状態に保つために）行われる行為（例：乾燥、冷凍、塩水漬け等）

② 改装及び仕分け（日メキシコ EPA には改装は含まれていません）

[25]　日 EU・EPA、日英 EPA では「十分な変更とはみなされない作業又は加工」、RCEP では「軽微な工程及び加工」、日アセアン EPA 等では「原産資格を与えることとならない作業」と呼ばれています。
[26]　アセアン、マレーシア、フィリピン、タイ、インドネシア、ブルネイ、ベトナムとの EPA では、関税分類変更基準及び加工工程基準のみに言及しています。
[27]　税関ホームページ「我が国の原産地規則～EPA 原産地規則（詳細）～」2022 年 4 月（https://www.customs.go.jp/roo/origin/epa_roo.pdf）を基に作成

③　瓶、箱等の容器に詰める等の包装作業

④　未完の完成品の部品等の収集（RCEP には含まれていません）

⑤　物品を単にセットにすること

⑥　組み立てられたものの分解

(2)　特定の EPA にのみ規定されている作業又は加工

特定の EPA にのみ規定されている作業又は加工として、以下 8 つ等があります[28]。

①　マーク、ラベル等の貼付等（日シンガポール EPA、日メキシコ EPA、日スイス EPA、日インド EPA、日 EU・EPA、日英 EPA、RCEP）

②　単なる切断（日シンガポール EPA、日スイス EPA、日インド EPA、日 EU・EPA、日英 EPA、RCEP）

③　単に分類する作業（日豪 EPA、日 EU・EPA、日英 EPA、RCEP）

④　単なる混合（日シンガポール EPA、日スイス EPA、日インド EPA、日 EU・EPA、日英 EPA、RCEP）

⑤　動物のとさつ／単純な塗装（日スイス EPA、日インド EPA、日 EU・EPA、日英 EPA、RCEP）

⑥　洗浄、浄化、粉じんの除去（日スイス EPA、日インド EPA、日 EU・EPA、日英 EPA）

⑦　単なる水等による希釈（日インド EPA、日 EU・EPA、日英 EPA、RCEP）

⑧　繊維製品等のアイロンがけ又はプレス／穀物及び米の殻の除去、漂白、研磨又は艶出し／果実、野菜等の皮、核又は殻の除去／研ぐこと又は単純な粉砕／砂糖の着色又は角砂糖とするための工程（日スイス EPA、日 EU・EPA、日英 EPA）

(3)　日 EU・EPA 及び RCEP に規定されている作業又は加工

日 EU・EPA 及び RCEP では、規定された作業又は加工の中に、「単純な」という用語を用いた工程があり、この「単純な」という用語の恣意的な解釈を軽減する観点で、「単純な」とは、「専門的な技能又は特別に生産され、若しくは設置された機械、器具若しくは設備を必要としない活動」と定義しています。ただし、

28　前脚注参照

このような定義はあるものの、「単純な」といった主観的な解釈をもたらす可能性のある用語を用いており、必要により、具体的事例について、輸入国税関への確認が必要と考えられます。

(4) TPP11 及び日米貿易協定

　TPP11 及び日米貿易協定では十分な変更とはみなされない作業又は加工の規定は設けられていませんので、品目別規則を満たす産品の基準を満たせば、原産品としての資格が付与されることになります。これは、品目別規則は、はじめからそのような不十分な変更を排除するように作成されており、改めて不十分な変更に原産品としての資格を与えないとするような規定は必要ないとの考え方から設定されていないと考えられます。

日アセアン EPA 第 30 条（原産資格を与えることとならない作業）
　産品については、次の作業が行われることのみを理由として、CTC 又は特定の製造若しくは加工作業の要件を満たすものとしてはならない。
(a) 輸送又は保管の間に産品を良好な状態に保管することを確保する作業（乾燥、冷凍、塩水漬け等）その他これに類する作業
(b) 改装及び仕分
(c) 組み立てられたものを分解する作業
(d) 瓶、ケース及び箱に詰めることその他の単純な包装作業
(e) 統一システムの解釈に関する通則2 (a) の規定に従って一の産品として分類される部品及び構成品の収集
(f) 物品を単にセットにする作業
(g) (a) から (f) までの作業の組合せ

日 EU・EPA 第 3.4 条（十分な変更とはみなされない作業又は加工）
1　第 3.2 条 1 (c) の規定にかかわらず、締約国における産品の生産において、非原産材料に対して次に掲げる一又は二以上の工程のみが行われる場合には、当該産品は、当該締約国の原産品としてはならない。
　(a) 輸送又は保管の間に当該産品を良好な状態に保つことを確保することのみを目的とする保存のための工程（乾燥、冷凍、塩水漬け等）その他これに類する工程
　(b) 改装
　(c) 仕分
　(d) 洗浄、浄化又は粉じん、酸化物、油、塗料その他の被覆の除去
　(e) 紡織用繊維及びその製品のアイロンがけ又はプレス
　(f) 塗装又は研磨の単純な工程
　(g) 穀物及び米について、殻を除き、一部若しくは全部を漂白し、研磨し、又は艶出しする工程
　(h) 砂糖を着色し、これに香味を付け、若しくはこれを角砂糖とするための工程又は固

体の砂糖の一部若しくは全部を粉砕する工程
(i) 果実、ナット又は野菜の皮、核又は殻を除く工程
(j) 研ぐこと、単純な破砕又は単純な切断
(k) ふるい分け、選別、分類、格付又は組み合わせる工程（物品をセットにする工程を含む。）
(l) 瓶、缶、フラスコ、袋、ケース又は箱に単純に詰めること、カード又は板への単純な固定その他の全ての単純な包装工程
(m) 産品又はその包装にマーク、ラベル、シンボルマークその他これらに類する識別表示を付し、又は印刷する工程
(n) 産品の単純な混合（注）（異なる種類の産品の混合であるかどうかを問わない。）
　注　この条の規定の適用上、産品の単純な混合には、砂糖の混合を含む。
(o) 単に水を加えること、希釈、脱水又は産品の変性（注）
　注　この条の規定の適用上、変性には、特に、毒性を有する物質又はひどい味の物質の添加による食用に適しない産品の製造を含む。
(p) 完成した物品若しくは統一システムの解釈に関する通則2 (a) の規定に従って完成したものとして分類される物品とするための部品の単純な収集若しくは組立て又は産品の部品への分解
(q) 動物のとさつ
2　1の規定の適用上、1に規定する工程を行うために専門的な技能又は特別に生産され、若しくは設置された機械、器具若しくは設備を必要としない場合には、当該工程は、単純な工程とする。

RCEP 第3.6条（軽微な工程及び加工）
　この章の規定にかかわらず、産品を生産するために非原産材料に対して行われる次の工程については、当該産品に原産品としての資格を与えるための十分な作業又は加工とはみなさない。
(a) 輸送又は保管のために産品を良好な状態に保つことを確保する保存のための工程
(b) 輸送又は販売のために産品を包装し、又は提示する工程
(c) ふるい分け、選別、分類、研ぐこと、切断、切開、破砕、曲げること、巻くこと又はほどくことから成る単純な（注）処理
　注　この条の規定の適用上、「単純な」として規定される活動とは、専門的な技能又は特別に生産され、若しくは設置された機械、器具若しくは設備を必要としない活動をいう。
(d) 産品又はその包装にマーク、ラベル、シンボルマークその他これらに類する識別表示を付し、又は印刷する工程
(e) 産品の特性を実質的に変更しない水又は他の物質による単なる希釈
(f) 生産品の部品への分解
(g) 動物をとさつする工程（注）
　注　この条の規定の適用上、「とさつ」とは、動物を単に殺すことをいう。
(h) 塗装及び研磨の単純な工程
(i) 皮、核又は殻を除く単純な工程
(j) 産品の単純な混合（異なる種類の産品の混合であるかどうかを問わない。）
(k) (a) から (j) までに規定する二以上の工程の組合せ

111

第9節　技術的規定

　原産品か否かの判断は、「3つの原産性判断基準」、「その例外である救済規定（デミニミスや累積）」、「十分な変更とはみなされない作業又は加工」によって行われますが、それ以外にも多くの技術的規定が必要となります。この節では、それら規定について説明します。

1. ロールアップ

（1）ロールアップとは

　「ロールアップ」とは、生産工程の最終段階に至る途中の過程において、「中間材料」の存在を認め、当該中間材料が該当する原産性判断基準を満たして一旦原産品となった場合には、当該中間材料をその後の産品の生産に使用する場合に、原産材料として取り扱うことをいいます。例えば、図5-9-1において、非原産材料R5及び原産材料R4から中間材料R6への生産が、R6に適用される品目別規則を満たし、R6が一旦原産品となった場合には、その後の産品Cの生産に使用する際には、R6は、非原産材料であるR5を含め、100%原産材料として扱うことになります。

　日本の従来のEPAの多くで、原産材料は、「締約国において他の産品の生産に使用される当該締約国の原産品」と定義されており、当該締約国で原産地規則を満たした産品は、その後、同締約国で他の産品の生産に用いられる場合は、その産品全体を原産材料として扱うことが通常認められていると考えられます。また、付加価値基準の場合に限りますが、一旦原産材料となった材料に含まれる非原産

図5-9-1　ロールアップ

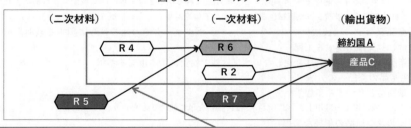

R5からR6への変更がR6の品目別規則を満たし、R6が原産品となった場合には、産品Cが原産品か否かの判断においてR6は、非原産材料であるR5を含め、100%原産材料として扱う。

材料の価額は非原産材料としないことを明確にした規定が、日アセアン EPA や
アセアン加盟国との二国間の EPA を中心に多くみられます。その例として、日
タイ EPA の規定を以下に示します。

　そして、近年のメガ EPA である TPP11、日 EU・EPA、さらには RCEP にお
いては、ロールアップが認められることを明確化した規定が導入されています
（それぞれの規定を以下に示します）。

日タイ EPA 第 27 条（定義）（抄）
(k)「締約国の原産材料」とは、締約国において他の産品の生産に使用される当該締約国の
　原産品をいう（第 29 条の規定に従って当該締約国の原産材料とみなすものを含む。）。

日タイ EPA 第 28 条（原産品）（抄）
7　産品が締約国の原産品であるか否かを決定するため 4（b）の規定に従って原産資格割
　合を算定するに当たり、当該産品の VNM には、当該産品の生産に当たって使用される当
　該締約国の原産材料の生産において使用される非原産材料の価額を含めない。

TPP11 第 3.6 条（生産に使用される材料）（抄）
1　各締約国は、非原産材料について、この章に規定する要件を満たすような更なる生産が
行われる場合において、その後に生産された産品が原産品であると決定するときは、当該非
原産材料は、当該産品の生産者によって生産されたかどうかにかかわらず、原産材料として
取り扱われることを定める。

日 EU・EPA 第 3.2 条（原産品の要件）（抄）
3　産品の生産において使用される非原産材料は、当該産品が原産品としての資格を取得し
た場合において、当該産品が他の産品に材料として組み込まれるときは、非原産材料とはし
ない。

日 EU・EPA 附属書三-A　注釈 3（附属書三-B の規定の適用）（抄）
1　原産品としての資格を取得した産品であって、他の産品の生産において使用されるもの
に関する第 3.2 条 3 の規定については、当該資格を取得した産品が使用される締約国に
おける同一の工場内で当該資格を取得したかどうかを問わず適用する。

RCEP 第 3.12 条（生産において使用される材料）
　非原産材料についてこの章に定める要件を満たすような更なる生産が行われる場合には、
当該非原産材料は、その後に生産される産品の原産品としての資格を決定するに当たり、当
該産品の生産者が当該非原産材料を生産したかどうかにかかわらず、原産材料として取り扱う。

（2）内製品・自己生産品の取扱い

　近年のメガ EPA である、TPP11、日 EU・EPA、RCEP では、最終産品の生産

者が、自社生産する内製品・自己生産品についても、中間材料としてロールアップすることにより原産材料とみなすことができると明確に規定されています。

　その一方で、自社生産する内製品・自己生産品の中間材料への指定及びその価額の算出が恣意的なものとならないようにする必要があり、注意点について説明します。

① 　内製品・自己生産品を中間材料と指定する場合の注意点

　　恣意的な指定とみなされないよう、当該内製品・自己生産品と同じ材料・部品を外部から調達又は外部へ販売する等、当該内製品・自己生産品が独立した材料・部品として管理されている場合に限定することが望ましいと考えます。

　　特に、中間材料として指定した内製品・自己生産品が、産品を構成する材料・部品としての合理的な固まりではなく、付加価値基準の閾値を満たすための、恣意的な組合せであるとの疑義をもたれることのないようにする必要があります。

　　例えば、部品 A と部品 B を各々単体として原産資格割合を計算すると、A は原産品となるが、B は基準値を満たさない時に、客観的に不合理であるにもかかわらず、A と B を"固まりとしての部分品"としてくくり、原産資格割合を計算すると基準値を満たすような場合等、恣意的な指定と判断されることとならないよう注意する必要があります [29]。

② 　内製品・自己生産品の価額を算出する場合の注意点

　　自社製造している産品の価額の算出方法について、TPP11 には第 3.7 条（c）に、当該材料の生産に要するすべての費用（一般経費も含む）に通常の利得額又は同一産品の通常の利得額を加算したものと規定されています。

　　日 EU・EPA や RCEP には個別の規定はなく、この場合は、「産品の価額」の算出方法に従って算出されることとなります。日 EU・EPA では、「支払われた若しくは支払われるべき価額がない場合又は実際に支払われた価額が産品の生産に関連する全ての費用であって、当該産品の生産において実際に要したものを反映していない場合」として、TPP11 と同様に、すべての生産費用プラス通常の利益が内製品・自己生産品の価額となる一方、RCEP では、「産品

29 「内製品・自己生産品」の扱いについては、「原産性を判断するための基本的考え方と整えるべき保存書類の例示」（経済産業省ホームページ）（https://www.meti.go.jp/policy/external_economy/trade_control/boekikanri/download/gensanchi_roo_guideline_preservation.pdf）を参照してください。

の価額」の算出は関税評価協定に必要な変更を加えたものにより算定する[30]ことになります。

TPP11 第 3.7 条（生産に使用される材料の価額）（抄）
　各締約国は、この章の規定の適用上、材料の価額を次のいずれかとすることを定める。
(c) 産品の生産者が自ら生産する材料については、次の (i) 及び (ii) に規定する価額の合算額とする。
　(i) 当該材料の生産に要する全ての費用（一般経費を含む。）
　(ii) 通常の取引において付加される利得に相当する額又は価額を決定しようとしている当該材料と同一の区分若しくは種類の産品の販売において通常反映される利得と等しい額

日 EU・EPA 第 3.1 条（定義）（抄）
　この章の規定の適用上、
　(h)「産品」とは、生産によって生ずる物又は物質（他の産品を生産するための材料としての使用を目的とするものを含む。）をいい、前章に規定する産品をいうものと了解する。

日 EU・EPA 附属書三-A　注釈 4（非原産材料の最大限の割合（価額に基づくもの）及び最小限の域内原産割合（価額に基づくもの）の算定）（抄）
定義
1　品目別原産地規則の適用上、
(b)「EXW」とは、次のいずれかのものをいう。
　(ii) 支払われた若しくは支払われるべき価額がない場合又は実際に支払われた価額が産品の生産に関連する全ての費用であって、当該産品の生産において実際に要したものを反映していない場合には、輸出締約国における当該産品の生産において使用された全ての材料の価額及び要した他の全ての費用。当該費用は、次のとおりとする。
　　(A) 販売費、一般管理費及び当該産品に合理的に割り当てることができる利益を含む。
　　(B) 当該産品を輸送するために要した運賃、保険料及び他の全ての費用並びに当該産品が輸出される際に払い戻され、又は払い戻され得る輸出締約国の内国税を除く。

RCEP 第 3.1 条（定義）（抄）
　この章の規定の適用上、
(h)「産品」とは、商品、生産品、製品又は材料をいう。
(j)「材料」とは、他の産品の生産において使用される産品をいう。

RCEP 第 3.5 条（域内原産割合の算定）（抄）
2　この章の規定に基づく産品の価額については、1994 年のガット第 7 条の規定及び関税

30　第 5 章第 6 節（付加価値基準）で述べたように、関税評価協定において、支払価額等がない場合、①同種又は類似の貨物の取引価額、②国内販売価額から逆算した価額、③製造原価に基づく価額の順（②と③の順は入れ替え可能）で、産品の価額を決定することになりますが、例えば、①同種又は類似の貨物の取引価額として、内製品単体で第三者向けに販売する場合の価格や代替可能な同様の材料・部品を購入した場合の価格といったものが候補として考えられます。

　評価協定の規定に必要な変更を加えたものにより算定する。

2. 一貫性の原則

　「一貫性の原則」とは、原産品としての資格を得る要件を満たすための一連の生産工程が当該締約国で中断なく（途中の工程が非締約国で実施されることなく）行われることを求めるものです。

　TPP11を含む多くの日本のEPAで、「品目別規則を満たす産品」の基準において、「・・・・完全に生産される産品・・・・・」と規定されていますが、この「完全に」とは、非原産材料（原産材料も含む）を使用した生産がすべて当該締約国で実施されることを明確化したものと考えられ、また、日EU・EPAでは第3.2条第4項で別途「原産品としての資格の取得に関するこの章に定める要件は、締約国において中断することなく満たされなければならない。」と規定し、一貫性の原則をより明確にしています。

　例として、ボールベアリングを日本において生産する場合を考えると、当初は、輸入した鉄鉱石から一貫して日本で製造していたものを、一部、ボールベアリングの鉄球への加工を中国の子会社で行うこととなった場合に、再輸入された鉄球

図5-9-2　一貫性の原則

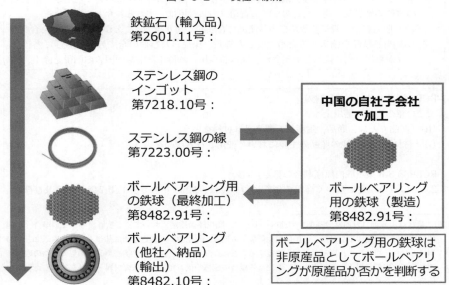

は非原産材料として取り扱って、最終製品のボールベアリングが原産品か否かの判定を行うこととなります（図 5-9-2）。

TPP11 第 3.2 条（原産品）（抄）
(c)　一又は二以上の締約国の領域において非原産材料を使用して完全に生産される産品であって、附属書三–D（品目別原産地規則）に定める全ての関連する要件を満たすもの

日 EU・EPA 第 3.2 条（原産品の要件）（抄）
4　原産品としての資格の取得に関するこの章に定める要件は、締約国において中断することなく満たされなければならない。

日タイ EPA 第 28 条（原産品）（抄）
1　(c)　非原産材料をその全部又は一部につき使用して当該締約国において完全に生産される産品であって、附属書二に定める品目別規則及びこの章の他のすべての関連する要件を満たすもの

3. 代替性のある産品又は材料

「代替性のある産品又は材料」とは、商取引において相互に交換可能な産品又は材料であって、それらの特性が本質的に同一であり、産品に組み込まれた後は、いかなる表示に基づいても、原産品か否かを決定する上でそれぞれを区別できないものについて、会計処理によって原産品としての資格を割り振る制度をいいます。日 EU・EPA では、「会計の分離」と呼ばれます。

産品の生産に使用する材料は、物理的に原産材料と非原産材料とを分離して保管することが原則として求められます。しかしながら、継続的に使用する部品・材料（例えば、ボルト、ナット、ネジ）で、そのサプライヤーが一定でなく（例えば、入札価格によって月毎、四半期毎にサプライヤーが入れ替わり）、原産材料と非原産材料とが物理的な保管スペースの関係で混在して保管され、また、当該部品・材料に原産国、品番等の刻印がなく、物理的に区別することができないようなものについては、生産が行われる締約国において一般的に認められている会計原則に基づく在庫管理方式により、これら産品の原産品としての資格を割り振ることを認めています。

この規定により、産品の原産品としての資格を割り振るためには、一般的に認められた会計原則に基づく在庫管理により、原産材料又は非原産材料とへ割り振るとともに、それを記録した在庫管理簿を作成、保存する必要があります。その

例として、図5-9-3に在庫管理の事例及び図5-9-4に在庫管理簿の一例として、先入先出法による商品有高帳の例を示します。

図5-9-3 代替性のある産品又は材料／会計の分離‐例①

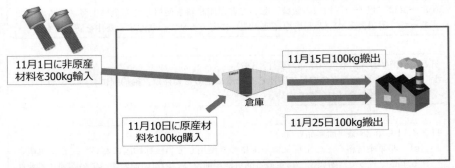

在庫管理方法	FIFO（先入先出法）	LIFO（後入先出法）	平均法
11月15日100kg搬出	非原産材料	原産材料	原産材料25kg、非原産材料75kg
11月25日100kg搬出	非原産材料	非原産材料	原産材料25kg、非原産材料75kg

表5-9-1 代替性のある産品又は材料／会計の分離‐例②

商品有高帳（例：ボルト 先入先出法による場合）

日付	摘要	受入高				払出高				残高			
		数量	単価	金額	備考	数量	単価	金額	備考	数量	単価	金額	備考
11月1日	海外生産者A	300	10	3,000	非原産					300	10	3,000	非原産
11月10日	国内生産者B	100	12	1,200	原産					100	12	1,200	原産
11月15日						100	10	1,000	非原産	200	10	2,000	非原産
										100	12	1,200	原産
11月25日						100	10	1,000	非原産	100	10	1,000	非原産
										100	12	1,200	原産
12月1日						100	10	1,000	非原産				
										100	12	1,000	原産
12月15日						100	12	1,200	原産				

TPP11 第3.1条（定義）（抄）
　この章の規定の適用上、
　「代替性のある産品又は材料」とは、商取引において相互に交換することが可能な産品又は材料であって、それらの特性が本質的に同一のものをいう。

TPP11 第3.12条（代替性のある産品又は材料）
　各締約国は、代替性のある産品又は材料について、次のいずれかに基づく場合には原産品又は原産材料として取り扱うことを定める。

(a) 各々の代替性のある産品又は材料が物理的に分離していること。
(b) 代替性のある産品又は材料が混在している場合には、一般的に認められている会計原則に基づく在庫管理方式が使用されていること。ただし、選択された在庫管理方式が当該在庫管理方式を選択した者の会計年度を通じて使用される場合に限る。

日EU・EPA 第3.8条（会計の分離）
1　原産材料である代替性のある材料及び非原産材料である代替性のある材料については、その原産品としての資格を維持するため、保管の期間において、物理的に分離する。
2　この条の規定の適用上、「代替性のある材料」とは、種類及び商業上の品質が同一である材料（同一の技術的及び物理的特性を有するもの）であって、完成品に組み込まれた後はそれぞれを区別することができないものをいう。
3　1の規定にかかわらず、原産材料である代替性のある材料及び非原産材料である代替性のある材料については、会計の分離の方法を用いることを条件として、保管の期間において物理的に分離することなく産品を生産するために使用することができる。
4　3に規定する会計の分離の方法については、締約国において一般的に認められている会計原則に基づく在庫管理方式に従って適用する。
5　締約国は、自国の法令に定める条件の下で、会計の分離の方法の使用を当該締約国の税関当局による事前の許可の対象とすることを要求することができる。当該締約国の税関当局は、当該許可の運用を監視するものとし、当該許可を取得した者が会計の分離の方法を不適正に使用する場合又はこの章に定める他のいずれかの条件を満たさない場合には、当該許可を取り消すことができる。
6　会計の分離の方法は、いかなる場合にも、代替性のある材料を物理的に分離していたならば原産品としての資格を有したであろう数量を超えて、当該代替性のある材料が原産品としての資格を有しないことを確保する方法とする。

RCEP 第3.1条（定義）（抄）
　この章の規定の適用上、
(f) 「代替性のある産品又は材料」とは、商取引において相互に交換することが可能な産品又は材料であって、それらの特性が本質的に同一のものをいう。

RCEP 第3.11条（代替性のある産品又は材料）
　代替性のある産品又は材料が原産品又は原産材料であるかどうかについての決定は、それぞれの代替性のある産品又は材料が物理的に分離していること又は代替性のある産品又は材料が混在している場合には、輸出締約国において会計年度を通じて使用される一般的に認められている会計原則に基づく在庫管理方法が使用されていることのいずれかに基づいて行う。

4. 間接材料／中立的な要素

「間接材料／中立的な要素」とは、産品の生産、試験若しくは検査に使用される材料（当該産品に物理的に組み込まれないものに限る。）又は産品の生産に関連する建物の維持若しくは設備の稼働のために使用される材料をいい、具体的には、①燃料、触媒、溶剤、②試験又は検査用設備、装置や備品、③手袋、眼鏡、

履物、衣類並びに安全のための設備や備品、④機械、工具、ダイス、鋳型、⑤設備や建物の維持のために使用される予備部品や材料、⑥生産において使用され、又は設備や建物の稼働のために使用される潤滑油、グリース、コンパウンド材その他の材料、⑦産品に組み込まれない他の材料（日EU・EPAの例であり、他のEPAも同様です）と規定されています。

「間接材料／中立的な要素」は、ほとんどの日本のEPA[31]において、産品が原産品であるかどうかの判断の際に考慮しないと規定されています。

具体的には、日EU・EPA、日英EPA、日スイスEPA以外のEPAでは、「間接材料」は原産材料とみなすと規定され[32]、日EU・EPA、日英EPA、日スイスEPAでは、「中立的な要素」は、産品が原産品であるかどうかを判断するに当たって、材料の原産品としての資格を決定する必要はないと規定されています。

TPP11 第3.1条（定義）（抄）

　この章の規定の適用上、

　「間接材料」とは、産品の生産、試験若しくは検査に使用される材料（当該産品に物理的に組み込まれないものに限る。）又は産品の生産に関連する建物の維持若しくは設備の稼働のために使用される材料をいい、次のものを含む。

(a) 燃料、エネルギー、触媒及び溶剤

(b) 当該産品の試験又は検査に使用される設備、装置及び備品

(c) 手袋、眼鏡、履物、衣類並びに安全のための設備及び備品

(d) 工具、ダイス及び鋳型

(e) 設備及び建物の維持のために使用される予備部品及び材料

(f) 生産の過程で使用され、又は設備及び建物の稼働のために使用される潤滑剤、グリース、コンパウンド材その他の材料

(g) 産品に組み込まれない他の材料であって、当該産品の生産における使用が当該生産の一部であると合理的に示すことができるもの

TPP11 第3.16条（間接材料）

　各締約国は、間接材料については、生産される場所のいかんを問わず、原産材料とみなすことを定める。

日EU・EPA 第3.13条（中立的な要素）

　産品が締約国の原産品であるかどうかを決定するに当たり、次に掲げる要素の原産品としての資格については、決定する必要はないものとする。

(a) 燃料、エネルギー、触媒及び溶剤

31　日シンガポールEPAには明示的な規定は設けられていません。

32　日米貿易協定では日本への輸入に適用される日本側の規則と米国への輸入に適用される米国側の規則が別々に規定されており、日本側の規定ではそのように規定されていますが、米国側の規定は、完全生産品又は品目別規則の適用において考慮しないと規定されています。

(b) 当該産品の試験又は検査に使用される設備、装置及び備品

(c) 手袋、眼鏡、履物、衣類並びに安全のための設備及び備品

(d) 機械、工具、ダイス及び鋳型

(e) 設備及び建物の維持のために使用される予備部品及び材料

(f) 生産において使用され、又は設備及び建物の稼働のために使用される潤滑油、グリース、コンパウンド材その他の材料

(g) 産品に組み込まれない他の材料であって、当該産品の生産における使用が当該生産の一部であると合理的に証明することができるもの

RCEP 第 3.10 条（間接材料）

1　間接材料は、生産される場所のいかんを問わず原産材料として取り扱う。間接材料の価額は、一般的に認められている会計原則に従って産品の生産者の記録に記載される費用とする。

2　この条の規定の適用上、「間接材料」とは、他の産品の生産、試験若しくは検査において使用される産品（当該他の産品に物理的に組み込まれないものに限る。）又は産品の生産に関連する建物の維持若しくは設備の稼働において使用される産品をいい、次のものを含む。

(a) 燃料及びエネルギー

(b) 工具、ダイス及び鋳型

(c) 設備又は建物の維持において使用される予備部品及び産品

(d) 生産において使用され、又は設備若しくは建物の稼働のために使用される潤滑剤、グリース、コンパウンド材その他の材料

(e) 手袋、眼鏡、履物、衣類並びに安全のための設備及び備品

(f) 産品の試験又は検査に使用される設備、装置及び備品

(g) 触媒及び溶剤

(h) 産品に組み込まれないその他の産品であって、当該産品の生産における使用が当該生産の一部であると合理的に示すことができるもの

---

5. 附属品、予備部品、工具及び解説資料その他の資料

「附属品、予備部品、工具及び解説資料その他の資料」とは、産品に通常附属されるスペアパーツやマニュアルといったものですが、これらが「附属品、予備部品、工具及び解説資料その他の資料」として取り扱われるためには、①産品と同一分類され、産品と同一のインボイスで、産品と共に納入される場合で、かつ、②種類、数量、価額が慣習的なものである場合であることが必要とされます。

これらが、「附属品、予備部品、工具及び解説資料その他の資料」として取り扱われる場合には、日本のほとんどの EPA[33] において、関税分類変更基準、加

33　日メキシコ EPA では、加工工程基準について規定はなく、日シンガポール EPA では、「附属品、予備部品、工具及び解説資料その他の資料」についての明示的な規定は設けられていません。日チリ EPA では、

工工程基準を満たすか否かを決定する際にこれらを考慮しないとする一方で、付加価値基準の適用に当たっては、場合に応じて、原産材料又は非原産材料として考慮すると規定されています。

　なお、TPP11、日 EU・EPA、日英 EPA では、「完全生産品」の基準の適用においても考慮しないと規定されています。

TPP11 第 3.13 条（附属品、予備部品、工具及び解説資料その他の資料）

1　各締約国は、次のことを定める。

(a) 産品が、完全に得られるかどうか又は附属書三–D（品目別原産地規則）に定める加工の要件若しくは関税分類の変更の要件を満たすかどうかを決定する場合には、3 に規定する附属品、予備部品、工具又は解説資料その他の資料については、考慮しないこと。

(b) 産品が域内原産割合の要件を満たすかどうかを決定する場合には、当該産品の域内原産割合を算定するに当たり、3 に規定する附属品、予備部品、工具又は解説資料その他の資料の価額を場合に応じて原産材料又は非原産材料として考慮すること。

2　各締約国は、産品の 3 に規定する附属品、予備部品、工具又は解説資料その他の資料が当該産品と共に納入される場合には、原産品としての資格を有することを定める。

3　附属品、予備部品、工具及び解説資料その他の資料は、次の場合には、この条の規定の適用の対象となる。

(a) 附属品、予備部品、工具及び解説資料その他の資料が、産品に含まれるものとして分類され、及び当該産品と共に納入され、並びにその仕入書が当該産品の仕入書と別立てにされない場合

(b) 附属品、予備部品、工具及び解説資料その他の資料の種類、数量及び価額が（a）に規定する産品について慣習的なものである場合

日 EU・EPA 第 3.12 条（附属品、予備部品、工具及び解説資料その他の資料）

1　附属品、予備部品、工具及び解説資料その他の資料は、次の場合には、この条の規定の適用の対象となる。

　(a) 附属品、予備部品、工具及び解説資料その他の資料が、産品に含まれるものとして分類され、及び当該産品と共に納入されており、並びにその仕入書が当該産品の仕入書と別立てにされていない場合

　(b) 附属品、予備部品、工具及び解説資料その他の資料の種類、数量及び価額が産品について慣習的なものである場合

2　産品が完全に得られたものであるかどうか又は産品が附属書三–B に定める生産工程の要件若しくは関税分類の変更の要件を満たすかどうかを決定するに当たり、附属品、予備部品、工具及び解説資料その他の資料については、考慮しない。

3　産品が附属書三–B に定める価額の要件を満たすかどうかを決定するに当たり、当該産品に価額の要件を適用するための算定において、附属品、予備部品、工具及び解説資料その他の資料の価額を場合に応じて原産材料又は非原産材料として考慮する。

4　産品の附属品、予備部品、工具及び解説資料その他の資料は、これらと共に納入される

　付加価値基準を含め、3 つすべての原産性判断基準の適用において考慮しないと規定されています。

当該産品の原産品としての資格と同一の資格を有する。

RCEP 第 3.9 条（附属品、予備部品及び工具）

1　産品の原産品としての資格を決定するに当たり、当該産品と共に提示される附属品、予備部品、工具及び解説資料その他の資料については、次の（a）及び（b）の要件を満たすことを条件として、当該産品の一部とみなすものとし、また、当該産品の生産において使用された全ての非原産材料について附属書三 A（品目別規則）に定める該当する関税分類の変更又は特定の製造若しくは加工の作業が行われているかどうかを決定するに当たり、考慮しない。
　(a)　当該産品と共に提示される附属品、予備部品、工具及び解説資料その他の資料の仕入書が当該産品の仕入書と別立てにされないこと。
　(b)　当該産品と共に提示される附属品、予備部品、工具及び解説資料その他の資料の数量及び価額が当該産品について慣習的なものであること。
2　1 の規定にかかわらず、産品が域内原産割合の要件の対象である場合には、当該産品と共に提示される附属品、予備部品、工具及び解説資料その他の資料の価額については、次の（a）及び（b）の要件を満たすことを条件として、当該産品の域内原産割合を算定するに当たり、原産材料又は非原産材料として考慮する。
　(a)　当該産品と共に提示される附属品、予備部品、工具及び解説資料その他の資料の仕入書が当該産品の仕入書と別立てにされないこと。
　(b)　当該産品と共に提示される附属品、予備部品、工具及び解説資料その他の資料の数量及び価額が当該産品について慣習的なものであること。

6.　小売用の包装材料及び包装容器

　産品と同一分類される「小売用の包装材料及び包装容器」については、日本のほとんどの EPA[34] において、関税分類変更基準、加工工程基準を満たすか否かを決定する際にこれらを考慮しないとする一方で、付加価値基準の適用に当たっては、原産材料又は非原産材料として考慮すると規定されています。

　なお、TPP11、日 EU・EPA、日英 EPA では、「完全生産品」の基準の適用においても考慮しないと規定されています。さらに、RCEP では「完全生産品」、「原産材料のみから生産される産品」を含め、付加価値基準以外の 3 つの原産性判断基準すべてにおいても考慮しないと規定されています[35]。

34　日メキシコ EPA、日アセアン EPA、日ベトナム EPA、日豪 EPA は、加工工程基準について規定はありません。日チリ EPA では、産品が締約国の原産品であるか否かを決定するに当たり考慮しないと規定され、付加価値基準の適用においても考慮しないことになります。日シンガポール EPA では、「小売用の包装材料及び包装容器」についての明示的な規定は設けられていません。

35　日ペルー EPA、日モンゴル EPA についても、同様の規定があります。

TPP11 第 3.14 条（小売用の包装材料及び包装容器）
1　各締約国は、産品を小売用に包装するための包装材料及び包装容器については、当該産品に含まれるものとして分類される場合には、当該産品の生産に使用された全ての非原産材料が附属書三–D（品目別原産地規則）に定める適用可能な加工の要件若しくは関税分類の変更の要件を満たしているかどうか又は当該産品が完全に得られ、若しくは生産されるかどうかを決定するに当たって考慮しないことを定める。
2　各締約国は、産品が域内原産割合の要件の対象となる場合において、当該産品を小売用に包装する包装材料及び包装容器については、当該産品に含まれるものとして分類されるときは、当該産品の域内原産割合を算定するに当たり、その価額を場合に応じて原産材料又は非原産材料として考慮することを定める。

日 EU・EPA 第 3.15 条（小売用の包装材料及び包装容器）
1　産品を小売用に包装するための包装材料及び包装容器については、当該産品に含まれるものとして分類される場合には、当該産品の生産において使用された全ての非原産材料が附属書三–B に定める該当する関税分類の変更若しくは生産工程を行ったかどうか又は当該産品が完全に得られたものであるかどうかを決定するに当たって考慮しない。
2　産品が附属書三–B に定める価額の要件の対象となる場合において、当該産品を小売用に包装するための包装材料及び包装容器が当該産品に含まれるものとして分類されるときは、当該産品に価額の要件を適用するための算定に当たり、当該包装材料及び包装容器の価額を場合に応じて原産材料又は非原産材料として考慮する。

RCEP 第 3.8 条（こん包材料及び包装材料並びにこん包容器及び包装容器の取扱い）（抄）
2　産品を小売用に包装する包装材料及び包装容器であって、当該産品に含まれるものとして分類されるものについては、当該産品の原産品としての資格を決定するに当たり、考慮しない。ただし、当該産品が次のいずれかに該当することを条件とする。
　(a) 第 3.2 条（原産品）(a) の規定に従って、一の締約国において完全に得られ、又は生産される産品であること。
　(b) 第 3.2 条（原産品）(b) の規定に従って、一の締約国において一又は二以上の締約国の原産材料のみから生産される産品であること。
　(c) 当該産品について附属書三 A（品目別規則）に定める関税分類の変更の要件又は特定の製造若しくは加工の作業の要件の対象であること。
3　産品が域内原産割合の要件の対象である場合には、当該産品を小売用に包装する包装材料及び包装容器の価額については、当該産品の域内原産割合を算定するに当たり、当該産品の原産材料又は非原産材料として考慮する。

7.　輸送用及び船積み用のこん包材料及びこん包容器

　「輸送用及び船積み用のこん包材料及びこん包容器」とは、他の産品を輸送中に保護するために使用される産品であって、小売用の包装材料及び包装容器以外のものをいい、日本の多くの EPA[36] において、原産品か否かを決定するに当た

りこれらを考慮しないと規定されています。

　なお、マレーシア、インドネシア、フィリピンとの EPA では、付加価値基準の適用に当たっては、それらを原産材料とみなすと規定されています。これは、それらを原産材料と扱うため、計算式の分母の「産品の価額」からわざわざ控除する必要はなく、また、分子の「非原産材料の価額」に算入する必要がないことを意味します。

TPP11 第 3.1 条（定義）（抄）
　この章の規定の適用上、
　「輸送用のこん包材料及びこん包容器」とは、他の産品を輸送中に保護するために使用される産品（小売用に包装された産品の包装材料及び包装容器を含まない。）をいう。
TPP11 第 3.15 条（輸送用のこん包材料及びこん包容器）
　各締約国は、輸送用のこん包材料及びこん包容器については、産品が原産品であるかどうかを決定するに当たって考慮しないことを定める。

日 EU・EPA 第 3.14 条（輸送用のこん包材料及びこん包容器）
　輸送中の産品を保護するために使用される輸送用のこん包材料及びこん包容器については、当該産品の原産品としての資格を決定するに当たって考慮しない。

RCEP 第 3.8 条（こん包材料及び包装材料並びにこん包容器及び包装容器の取扱い）（抄）
1　産品の輸送用及び船積み用のこん包材料及びこん包容器については、当該産品の原産品としての資格を決定するに当たり、考慮しない。

8.　セット

　産品がセットである場合、HS の①通則 1 によってセットとして規定されるもの、②通則 3 の「小売用のセット」、③その他のセットとされるもの、に分けて、次のように原産品か否かの判断を行います。

（1）通則 1 のセット

　例として、第 63.08 項に規定される「織物と糸から成るセット」があり、このようなセットについては、当該セットが分類される項・号に適用される品目別規則で原産品か否かの判断を行います。

（2）通則 3 の「小売用のセット」

　通則 3 の「小売用のセット」とは、個別に販売できる製品を寄せ集め、小売

36　日シンガポール EPA では、「輸送用及び船積み用のこん包材料及びこん包容器」についての明示的な規定は設けられていません。

用のセットにした物品で、次の要件を満たすものをいいます。

- 異なる項に属する二以上の異なった物品から成るものであること
- ある特定の必要性を満たすため又はある特定の活動を行うために、共に包装されたものであること
- 再包装しないで、使用者に直接販売するのに適した状態に包装されている物品であること

　具体例として、パスタ、トマトソース、粉チーズを詰め合わせた小売用パスタセットがあります。

　通則3の「小売用のセット」については、セット規定が設けられているEPAでは当該規定を適用することにより、セット規定が設けられていないEPAでは当該セットが分類される項・号の品目別規則を適用します。

　セット規定は、通常2段階で規定されており、第1段階は、セットを構成する要素がすべて原産品である場合に当該セットを原産品とするものですが、第2段階として、構成要素に非原産品がある場合には、非原産品がセットの価額のX%を超えないときに、セットを原産品とすると規定されています。

(3) その他のセット

　その他のセットとは、例えば、お歳暮用の清酒とビールのセットといった商業上セットにしたもので、これらのセットは前述の通則3の規定を満たさず、セットを構成する産品（例のケースでは、清酒とビール）に分割し、各産品が分類

図5-9-5　セットの扱い

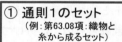

① 通則1のセット （例：第63.08項：織物と糸から成るセット）	①当該項・号の品目別規則を適用	一般的なセット規定
② 通則3の「小売用のセット」 - 3(a): 最も特殊な限定をした記載がある項 - 3(b): 重要な特性を与えている構成要素の項 - 3(c): 数字上の配列において最後となる項	② 1. セット規定があればそれを適用 2. セット規定が置かれていない場合、当該項・号の品目別規則を適用	第1段階：セットを構成する要素がすべて原産品であること（要件の充足は困難）。 第2段階：セットを構成する要素のうち、「非原産品がセットの価額のX%を超えない」場合、セットを原産品とする。
③ 商業上のセット	③構成する各産品の項・号の品目別規則を適用	

される項・号の品目別規則を適用して、それぞれの産品が原産品か否かの判断を
行うことになります。

　これら（1）〜（3）のセットの原産品か否かを判断する方法について整理した
ものを図 5-9-5 に示します。また、日本の各 EPA のセット規定の有無及びセット規定がある場合の内容を一覧にしたものを表 5-9-2 に示します。

表 5-9-2　セットの扱い

EPA 相手国等	セット規定	内容
シンガポール、マレーシア、フィリピン、タイ、ブルネイ、インドネシア、アセアン、ベトナム、スイス、インド、豪州、モンゴル、RCEP	無	
メキシコ	第 29 条	第 2 段階：非原産品の価額の総額が 10% 以下
チリ	第 35 条	第 1 段階のみ
ペルー	第 47 条	第 2 段階：非原産品の価額の総額が 10% 以下
TPP11	第 4.2 条 5（注）	第 2 段階：非原産品の価額の総額が 10% 以下
EU	第 3.9 条	第 2 段階：非原産品の価額の総額が 15% 以下
英国	第 3.9 条	第 2 段階：非原産品の価額の総額が 15% 以下

(注) TPP11 において、第 4 章が適用される繊維・繊維製品については上記のとおり。他の品目は、第 3.17 条により、通則 3 (a) 及び (b) のセットについては、セットが分類される HS の項・号の品目別規則が適用され、通則 3 (c) のセットについては、第 1 段階（セットを構成する要素がすべて原産品）、第 2 段階（セットを構成する要素中の非原産品がセットの価額の 10% 以下の場合にセットを原産品とする）が適用される。

TPP11 第 3.17 条（産品のセット）
1　各締約国は、統一システムの解釈に関する通則 3 (a) 又は (b) の規定の適用の結果として関税分類が決定されるセットについて、当該セットの原産品としての資格は、当該セットに適用される品目別原産地規則に従って決定されることを定める。
2　各締約国は、統一システムの解釈に関する通則 3 (c) の規定の適用の結果として関税分類が決定されるセットについて、当該セットを構成する各産品が原産品であり、かつ、当該セット及び当該各産品がこの章に規定する他の関連する要件を満たすときに限り、当該セットを原産品とすることを定める。
3　2 の規定にかかわらず、統一システムの解釈に関する通則 3 (c) の規定の適用の結果として関税分類が決定されるセットについて、当該セットに含まれる全ての非原産品の価額が当該セットの価額の 10% を超えない場合には、当該セットを原産品とする。
4　3 の規定の適用上、セットに含まれる非原産品の価額及び当該セットの価額は、非原産

材料の価額及び産品の価額と同じ方法で算定する。

日 EU・EPA 第 3.9 条（セット）
　統一システムの解釈に関する通則 3 (b) 及び (c) の規定に従って関税分類が決定される
セットは、その全ての構成要素がこの章の規定に基づく原産品である場合には、締約国の原
産品とする。セットは、原産品である構成要素及び非原産品である構成要素から成る場合に
は、非原産品である構成要素の価額が当該セットの工場渡しの価額又は本船渡しの価額の
15% を超えないことを条件として、当該セット全体として締約国の原産品とする。

RCEP
セット規定は設けられていません。

第 10 節　主要品目の品目別規則

　この節では、主要品目である繊維・繊維製品及び機械類について、TPP11、
日 EU・EPA、RCEP を中心に、品目別規則の概要を説明します。

1. 繊維・繊維製品の品目別規則の概要

(1) 繊維・繊維製品の生産工程と HS 品目表

　繊維・繊維製品は、HS 品目表の第 50 類から第 63 類までに分類されるものを
いい、その構成は図 5-10-1 のとおりです。

　繊維・繊維製品の生産工程について、衣類を例にみると、大きく分けて、繊維
から糸をつくる工程である「製糸・紡績」、糸から織物・編物をつくる工程であ
る「織布・編立」、織物・編物から衣類をつくる工程である「縫製・組立」から
なります。これと HS 品目表の関係を示したものが図 5-10-2 であり、これら生
産工程は、項の変更と類の変更の組み合わせで表すことができます。例えば、絹
の場合、撚っていない生糸は第 50.02 項に、生糸を撚って絹糸にしたものは第
50.04 項〜第 50.06 項に、絹糸を織って絹織物にしたものは第 50.07 項と、生
産段階が進むにつれて項が変更します。さらに、織物から衣類への生産では、第
62 類へと類が変更します。また、衣類以外の繊維製品についても、糸、織物か
らの生産によって、同様に類が変更する構成となっています。

　このような HS 品目表の構成を活用し、多くの EPA では、繊維・繊維製品の
品目別規則を関税分類変更基準により規定しています。

図 5-10-1　繊維・繊維製品の生産工程と HS 品目表①

繊維・繊維製品のHS品目表の構成

❑ **第11部　紡織用繊維及びその製品**

> 第50類　絹及び絹織物
> 第51類　羊毛、繊獣毛、粗獣毛及び馬毛の糸並びにこれらの織物
> 第52類　綿及び綿織物
> 第53類　その他の植物性紡織用繊維及びその織物並びに紙糸及びその織物
> 第54類　人造繊維の長繊維並びに人造繊維の織物及びストリップその他これに類する人造繊維製品
> 第55類　人造繊維の短繊維及びその織物
> 第56類　ウォッディング、フェルト、不織布及び特殊糸並びにひも、綱及びケーブル並びにこれらの製品
> 第57類　じゅうたんその他の紡織用繊維の床用敷物
> 第58類　特殊織物、タフテッド織物類、レース、つづれ織物、トリミング及びししゅう布
> 第59類　染み込ませ、塗布し、被覆し又は積層した紡織用繊維の織物類及び工業用の紡織用繊維製品
> 第60類　メリヤス編物及びクロセ編物
> 第61類　衣類及び衣類附属品（メリヤス編み又はクロセ編みのものに限る。）
> 第62類　衣類及び衣類附属品（メリヤス編み又はクロセ編みのものを除く。）
> 第63類　紡織用繊維のその他の製品、セット、中古の衣類、紡織用繊維の中古の物品及びぼろ

図 5-10-2　繊維・繊維製品の生産工程と HS 品目表②

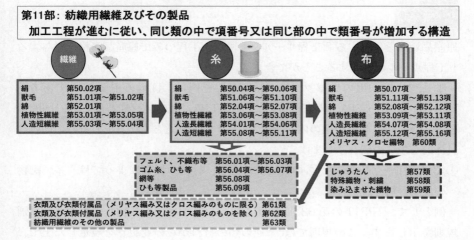

(2) 繊維・繊維製品の品目別規則の内容

　繊維・繊維製品の品目別規則の内容は、どのような生産が行われた場合に原産品としての資格を付与するのかによって異なります。（1）で繊維・繊維製品の生産工程として、「製糸・紡績」、「織布・編立」、「縫製・組立」の３段階の工程からなると述べましたが、品目別規則の内容として、３段階の工程すべてが行われた場合に原産品資格を付与する３工程ルール、２段階の工程が行われた場合に

表 5-10-1　日本の EPA の品目別規則との比較（繊維・繊維製品）

EPA 相手国等	品目例（男子用のシャツ（第 62.05 項））の規則の内容
TPP11	3 工程（繊維からの製造。ただし、材料の種類によっては、糸、織物の使用も可能）
日アセアン及びアセアン加盟国（ブルネイ以外）との二国間の EPA	2 工程、又は 1 工程＋アセアン累積ルール（締約国、アセアン加盟国において製織）
日 EU・EPA	2 工程、又は 1 工程＋なせん等
RCEP	1 工程

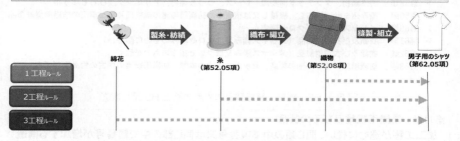

原産品資格を付与する 2 工程ルール、1 段階の工程のみで原産品資格を付与する 1 工程ルールに整理することができます。

　ここで、男子用のシャツ（第 62.05 項）を例に、日本の主要 EPA である、TPP11、日 EU・EPA、RCEP、日アセアン EPA、アセアン加盟国との二国間の EPA の多くの品目別規則の内容を表 5-10-1 に示すとともに、それぞれの内容の具体的な規則の例を示します。

① 3 工程ルール（繊維からの製造。ただし、材料の種類によっては、糸、織物の使用が可能。）の例

　例として、TPP11 の第 62.01 項から第 62.08 項までの織物製の衣類の品目別規則を示します。この規則では、「他の類の材料からの変更」を規定した上で、当該類変更から除外される項を指定し、当該項からの変更は除かれます。例えば、第 52.04 項から第 52.12 項の綿製の糸及び織物からの変更は除外されます。その結果、当該規則を満たすためには、非原産の綿製の糸及び織物を使用することはできず、非原産の繊維から「製糸・紡績」、「織布・編立」、「縫製・組立」の 3 工程を経て生産することが必要となり、非常に厳しいルールとなっています。

　一方で、第 50 類（絹）及び第 53 類（植物性繊維）の糸、織物、また、第 54 類（人造長繊維）の一部の糸（第 5403.10 号、第 5403.31 号〜第 5403.32 号、

第 5403.41 号のビスコースレーヨンのもの）からの変更は除外されていないの
で、非原産のそれらの材料の使用は可能です。

TPP11 附属書四-A（第 62.01 項〜第 62.08 項）から間接引用
　　第 62.01 項から第 62.08 項までの各項の産品への他の類の材料からの変更（「糸、織物・
編物の項・号」[注] の材料からの変更を除く。）。ただし、当該産品が、一又は二以上の締約
国の領域において、裁断され若しくは特定の形状に編まれ又はその両方が行われ、かつ、縫
い合わされ又は組み立てられることを条件とする。
[注]「糸、織物・編物の項・号」として、次の項・号からの変更が除外されています。
　　　第 51.06 項から第 51.13 項までの各項、第 52.04 項から第 52.12 項までの各項、第 54.01 項か
　　ら第 54.02 項までの各項、第 5403.33 号から第 5403.39 号までの各号、第 5403.42 号から第
　　5403.49 号までの各号、第 54.04 項から第 54.08 項までの各項、第 55.08 項から第 55.16 項まで
　　の各項、第 58.01 項から第 58.02 項までの各項又は第 60.01 項から第 60.06 項までの各項

---

② 2 工程ルール（糸からの製造）、又は、1 工程（織物・編物からの製造）＋ア
　　セアン累積ルール（締約国又はアセアン加盟国において製織）の例

　　例として、日アセアン EPA 及び日ベトナム EPA の第 62.01 項（織物製の男子
用のオーバーコート等）の品目別規則を示します。この規則では、「CC」（類変
更）と規定した上で、織物・編物（第 50.07 項、第 51.11 項から第 51.13 項ま
での各項、第 52.08 項から第 52.12 項までの各項、第 53.09 項から第 53.11 項
までの各項、第 54.07 項、第 54.08 項、第 55.12 項から第 55.16 項までの各項
又は第 60 類）からの変更を除外し、これにより、非原産の織物・編物を使用す
ることができず、非原産の糸からの「織布・編立」及び「縫製・組立」の 2 工
程を経ることが必要となります。

　　ただし、非原産の織物・編物を使用する場合であっても、それらが一又は二以
上の締約国（日アセアン EPA の場合）又はいずれかの締約国又はアセアン加盟
国である第三国（日ベトナム EPA の場合）において完全に製織されたものであ
る場合には、それらを使用することが認められます。これにより、日アセアン
EPA であれば、他の締約国（アセアン加盟国又は日本）、日ベトナム EPA であ
れば、第三国であるアセアン加盟国又は日本において行われた「織布・編立」の
工程を含めることにより [37]、2 工程ルールを満たすことができることとなります。

37　アセアン加盟国での生産行為を累積する規定であるため、このような規定を便宜上「アセアン累積ルー
　　ル」と呼んでいます。なお、第 5 章第 8 節 2. の累積で説明したように、日アセアン EPA では、モノの累積
　　のみで生産行為の累積は認められていません。仮に、日アセアン EPA において生産行為の累積は認められ
　　ていれば、アセアン加盟国又は日本で行われた「織布・編立」を累積できるため、品目別規則にこのような
　　規定は必要ないことになります。

日アセアンEPA附属書二、日ベトナムEPA附属書二（第62.01項）から間接引用
　CC（「織物・編物の類・項」(注)の非原産材料を使用する場合には、当該非原産材料のそれぞれが［日アセアンEPA］一又は二以上の締約国［日ベトナムEPA］いずれかの締約国又は東南アジア諸国連合の構成国である第三国において完全に製織される場合に限る。）
（注）「織物・編物の類・項」として、次の類・項からの変更が除外されています。
　　第50.07項、第51.11項から第51.13項までの各項、第52.08項から第52.12項までの各項、第53.09項から第53.11項までの各項、第54.07項、第54.08項、第55.12項から第55.16項までの各項又は第60類

③　1工程ルール（織物・編物からの製造）の例

　例として、RCEPの第62類の品目別規則を示します。この規則では「CC」（類変更）と規定され、織物・編物が分類される他の類からの変更は除外されておらず、織物・編物から衣類への「縫製・組立」の1工程を経ることにより、原産品としての資格が付与されるという緩やかなルールが採用されています。

RCEP附属書三A（第62類）
　CC（他の類からの変更）（説明：1工程）

④　加工工程基準による規則の例

　例として、日EU・EPAの第62.01項（織物製の男子用のオーバーコート等）の品目別規則を示します。この規則では「製織と製品にすること（布の裁断を含む。）との組合せ」と「なせん（独立の作業）を経て製品にすること（布の裁断を含む。）」の2つのオプションからなる加工工程基準を採用しています。1つ目のオプションは、非原産の糸からの「織布・編立」及び「縫製・組立」の2工程を求める2工程ルールです。2つ目のオプションは、非原産の織物から、なせん等の必要とされる工程と「縫製・組立」が行われた場合に原産品としての資格を付与するという「1工程＋なせん等」ルールが採用されています。

日EU・EPA附属書三-B（第62.01項）
　製織と製品にすること（布の裁断を含む。）との組合せ（説明：2工程）
　　又は
　なせん（独立の作業）(注)を経て製品にすること（布の裁断を含む。）。（説明：1工程＋なせん等）
（注）「なせん（独立の作業）」：
　スクリーン、ローラー、デジタル又は転写の技術と二以上の準備又は仕上げの工程との組合せ（非原産材料の価額が産品のEXWの50％又はFOBの45％以下に限る）（詳細は、第5章第7節加工工程基準を参照してください。）

(3) 第 61 類～第 63 類の産品の品目別規則の適用方法

　第 61 類～第 63 類の産品（衣類等繊維製品）の品目別規則を適用するに当たり、産品の生産に使用される材料をどこまで考慮するかについては、EPA によって違いがあり、次の 3 つの方法に整理されます。

① 方法 1：「関税分類を決定する構成部分」[注] のみが必要な関税分類変更基準を満たすことを規定している EPA

　　TPP11、日英 EPA、日シンガポール EPA、日メキシコ EPA、日マレーシア EPA、日チリ EPA、日タイ EPA、日インドネシア EPA、日ブルネイ EPA、日アセアン EPA、日フィリピン EPA、日ベトナム EPA、日ペルー EPA

（注）「関税分類を決定する構成部分」については、原産地規則解釈例規第 2 章（第 11 部関連）1.[38] に以下のとおり規定されています。

　　「第 61 類から 63 類　衣類における「関税分類を決定する構成部分」の解釈について

　　　衣類における「関税分類を決定する構成部分」は、原則として、産品の表側の生地（袖裏、襟の折り返し部分等着用した際外部から見えない部分を除くものとし、衣類の身頃等に装飾的効果をもたせるための加工（例えば、ひだ付け）を施したため外部から見えにくくなった部分は含める。）に占める面積が最も大きい構成材料から成る部分とする。この場合において、産品が属する号（HS6 桁）に規定する材料から成る部分の面積の合計を、一の構成部分の面積として考慮する。」

② 方法 2：第 50 類～第 63 類までに分類されない非原産材料（紡織用繊維を含むかどうか問わない）を制限なく使用できると規定している EPA

　　日 EU・EPA、日スイス EPA、日モンゴル EPA、日豪 EPA

③ 方法 3：限定のない（特段の規定のない）EPA

　　RCEP、日インド EPA

　これら 3 つの方法について、図 5-10-3 を例として、男子用のシャツ（第 6205.20 号）に適用すると、方法 1 の場合は、「関税分類を決定する構成部分」である材料①のみが、方法 2 の場合は、第 50 類～第 63 類までに分類されない材料④以外の①～③までが、方法 3 の場合は、①～④までのすべての材料が、品目別規則を満たすべき非原産材料となります。

　RCEP の第 61 類～第 63 類の品目別規則は、基本的に CC（類変更）と 1 工程

38　税関ホームページ「原産地規則解釈例規」（https://www.customs.go.jp/roo/text/reiki/index.htm）

図 5-10-3　「関税分類を決定する構成部分」の適用例

第6205.20号（男子用のシャツ‐綿製のもの）に属する男子用のシャツ
原材料：① **身頃部分** − 綿織物（第52.10項）
　　　　② **袖部分** 　 − 合成繊維製のメリヤス編物（第60類）
　　　　③ **縫糸**
　　　　④ **ボタン、紙製タグ、その他**（第50類〜第63類以外）

製 品 図：①綿織物（表側の生地に占める面積割合：70%）
　　　　　②合成繊維製のメリヤス編物（表側の生地に占める面積割合：30%）

(出典：税関ホームページ「原産地規則解釈例規」)

品目別規則を満たすべき非原産材料の範囲

方法1	方法2	方法3
①	①・②・③	①・②・③・④
（表面の最大面積）	（第50類〜第63類）	（すべての非原産材料）

ルールとなっていますが、品目別規則の適用方法としては方法3を採用しています。よって、RCEP は、方法1を採用する従来の多くの日本の EPA と異なり、すべての非原産材料について、産品と HS2桁レベルの変更があることを確認しなければならない[39] ことに注意が必要です。

2. 機械類の品目別規則の概要

（1）機械類の生産工程と HS 品目表

機械類は、HS 品目表の第84類から第91類までに分類されるものをいい、その構成は図 5-10-4 のとおりです。

HS 品目表において、機械類はその種類に応じ、「完成品」及び当該完成品に「専ら又は主として使用する部分品」（以下「専用の部分品」といいます。）が対応する HS 番号が存在しますが、「専用の部分品」が「完成品」と同じ項に分類される場合と、「完成品」と異なる項に分類される場合の2つのケースがありま

39　産品の生産に使用された非原産材料が生地であったとしても、生地が特定の形状に裁断されていた場合等「製品にしたもの」に該当する場合、産品と同じ第61類〜第63類に分類され、当該材料については類変更が生じないことになります。
「製品にしたもの」（HS 第11部注7）の例
　−長方形（正方形を含む。）以外の形状に裁断したもの
　−特定の大きさに裁断してドロンワークしたもの
　−メリヤス編み又はクロセ編みにより特定の形状に編み上げたもの

図 5-10-4　機械類の生産工程と HS 品目表

機械類のHS品目表の構成

☐ **第16部　機械類及び電気機器並びにこれらの部分品並びに録音機、音声再生機並びにテレビジョンの映像及び音声の記録用又は再生用の機器並びにこれらの部分品及び附属品**
  ➤ 第84類：原子炉、ボイラー及び機械類並びにこれらの部分品
  ➤ 第85類：電気機器及びその部分品並びに録音機、音声再生機並びにテレビジョンの映像及び音声の記録用又は再生用の機器並びにこれらの部分品及び附属品

☐ **第17部　車両、航空機、船舶及び輸送機器関連品**
  ➤ 第86類：鉄道用又は軌道用の機関車及び車両並びにこれらの部分品、鉄道又は軌道の線路用装備品及びその部分品並びに機械式交通信号用機器（電気機械式のものを含む。）
  ➤ 第87類：鉄道用及び軌道用以外の車両並びにその部分品及び附属品
  ➤ 第88類：航空機及び宇宙飛行体並びにこれらの部分品
  ➤ 第89類：船舶及び浮き構造物

☐ **第18部　光学機器、写真用機器、映画用機器、測定機器、検査機器、精密機器、医療用機器、時計及び楽器並びにこれらの部分品及び附属品**
  ➤ 第90類：光学機器、写真用機器、映画用機器、測定機器、検査機器、精密機器及び医療用機器並びにこれらの部分品及び附属品
  ➤ 第91類：時計及びその部分品

す。「専用の部分品」が「完成品」と同じ項に分類される場合の例として、冷凍・冷蔵用の機器（第8418.10～69号）とその専用の部分品（第8418.91～99号）が、「専用の部分品」が「完成品」と異なる項に分類される場合の例として、エンジン（第84.07項）とその専用の部分品（第84.09項）があります。

また、「完成品」には、未完成の物品であっても「完成品としての重要な特性を有するもの」及びノックダウンなどの「未組立の物品」[40] が分類されます。

機械類の生産工程をみると、大きく分けて、「専用の部分品」を、第84類、第85類等に分類される他の機械類、材質別に分類される部分品・材料（例えば、第70類のガラス製品、第72類及び第73類の鉄鋼・鉄鋼製品、第39類のプラスチック製品、第40類のゴム製品、第50類～第63類の繊維・繊維製品等）（以下「汎用の部分品・材料」といいます。）から生産する工程、また、「専用の部分品」から「完成品」を組立・加工する工程からなります。さらに、「完成品」内での未完成の物品から完成品への組立・加工工程、「専用の部分品」内での組立・加工工程に細分されます。表5-10-2 に、自動車関連品目として、エンジンや自動車、その他の品目として、電動機及び冷凍冷蔵庫を例に、これら生産工程と HS 番号の関係を示します。

40　統一システムの解釈に関する通則 2 (a) により、完成した物品の項には、「未完成の物品で、完成した物品としての重要な特性を提示の際に有するものを含むものとし、また、完成した物品で、提示の際に組み立ててないもの及び分解してあるものを含む。」とされている。

表 5-10-2　機械類の生産工程と HS 品目表

産品		生産工程	自動車関連品目		その他品目	
完成品	完成品		エンジン 第 84.07 項	自動車 第 87.03 項	電動機 第 85.01 項	冷凍冷蔵庫 第 8418.10 号
	↑	組立・加工				
	未完成の 物品		第 84.07 項	第 87.03 項	第 85.01 項	第 8418.10 号
⇑		組立・加工				
専用の 部分品	専用の部 分品		第 84.09 項	第 87.06 項（原動機 付シャシ） 第 87.07 項（車体） 第 87.08 項（部分品 及び附属品）	第 85.03 項	第 8418.91～99 号
	↑	組立・加工				
	専用の部 分品					
⇑		製造				
汎用の部分品			第 84 類、第 85 類等の他の機械類、材質別に分類される部分品・材料（例えば、第 70 類のガラス製品、第 72 類及び第 73 類の鉄鋼・鉄鋼製品、第 39 類のプラスチック製品、第 40 類のゴム製品、第 50 類～第 63 類の繊維・繊維製品等）			

（2）機械類の品目別規則の内容

　機械類の品目別規則の内容は、「専用の部分品」から「完成品」へ組立・加工が行われた場合に、それだけで原産品としての資格を付与するのか、それとも一定の条件を満たした場合にのみ与えるのかによって異なります。「専用の部分品」から「完成品」への組立・加工に原産品としての資格を付与する場合、それらが違う項に分類される際には CTH（他の項からの変更）、同じ項に分類される際には CTSH（他の号からの変更）が採用される必要があります。

　ここで、日本の主要な EPA である RCEP、TPP11、日 EU・EPA の表 5-10-2 の品目の品目別規則の内容を比較したものを表 5-10-3 及び表 5-10-4 に示します。

　これによれば、自動車関連品目のうち、自動車本体（第 87.03 項）では、RCEP、TPP11、日 EU・EPA とも付加価値基準のみが採用されていますが、これは、定められた付加価値基準を満たした場合にのみ、自動車の「専用の部分品」から「完成品」である自動車への組立・加工に原産品としての資格が付与されることになります。一方、自動車の部分品であるエンジン（第 84.07 項）をみると、TPP11 及び日 EU・EPA では自動車本体と同様、付加価値基準のみが採用され、定められた付加価値基準を満たした場合にのみ、エンジンの「専用の部分品」から「完成品」であるエンジンへの組立・加工に原産品としての資格が

表 5-10-3　日本の EPA の品目別規則との比較（自動車関連品目）

エンジン	HS 番号	RCEP	TPP11	日 EU・EPA
完成品	第 8407.34 号	CTH、又は RVC40%	RVC45%（積上げ方式）RVC45%（純費用方式）又は RVC55%（控除方式）	MaxNOM50% 又は RVC55%
⇧				
専用の部分品	第 8409.91 号	CTH、又は RVC40%	CTH、又は RVC35%（積上げ方式）RVC35%（純費用方式）RVC45%（控除方式）	CTH、又は MaxNOM50% 又は RVC55%

自動車	HS 番号	RCEP	TPP11	日 EU・EPA
完成品	第 8703.23 号	RVC40%	RVC45%（純費用方式）RVC55%（控除方式）	MaxNOM45% 又は RVC60%
⇧				
専用の部分品	第 8708.99 号	CTH、又は RVC40%	CTSH、又は RVC40%（積上げ方式）RVC40%（純費用方式）RVC50%（控除方式）	CTH、又は MaxNOM50% 又は RVC55%

表 5-10-4　日本の EPA の品目別規則との比較（その他の品目）

発電機	HS 番号	RCEP	TPP11	日 EU・EPA
完成品	第 85.01 項	CTH、又は RVC40%	CTH（注）	CTH（85.03 項を除く）、又は MaxNOM50% 又は RVC55%
⇧				
専用の部分品	第 85.03 項	CTH、又は RVC40%	CTH	CTH、又は MaxNOM50% 又は RVC55%

（注）第 8501.10 号のみ：CTH（第 85.03 項の固定子又は回転子からの変更を除く）又は RVC30%（積上げ方式）、RVC40%（控除方式）又は RVC50%（重点価額方式。第 85.01 項の非原産材料及び非原産材料である第 85.03 項の固定子及び回転子のみを考慮）

冷凍冷蔵庫	HS 番号	RCEP	TPP11	日 EU・EPA
完成品	第 8418.10 号	CTSH、又は RVC40%	CTH、CTSH（一部産品からの変更を除く）、又は RVC35%（積上げ方式）RVC45%（控除方式）	CTH、又は MaxNOM50% 又は RVC55%
⇧				
専用の部分品	第 8418.91～99 号	CTH、又は RVC40%	CTH、RVC30%（積上げ方式）RVC40%（控除方式）RVC50%（重点価額方式。第 84.18 項の非原産材料のみを考慮）	CTH、又は MaxNOM50% 又は RVC55%

付与されることとなりますが、RCEP では関税分類変更基準が選択可能となっていることから、エンジンの「専用の部分品」から「完成品」であるエンジンへの組立・加工に原産品としての資格が付与されるといった違いがあります。

　自動車関連以外の品目（その他の品目）として、発電機（第 85.01 項）及び冷凍冷蔵庫（第 8418.10 号）の品目別規則をみると、RCEP 及び TPP11 は、関税分類変更基準と付加価値基準の選択制であり、TPP11 について一部例外がありますが、基本的に専用の部分品から完成品への変更に原産品としての資格が与えられる内容になっています。特に、RCEP については、これら例示の品目に限らずほぼすべての品目において、「専用の部分品」から「完成品」への変更を認める関税分類変更基準も選択可能となっている一方、日 EU・EPA は付加価値基準を満たすことを求める内容となっています。

　RCEP の機械類の品目別規則を下記にてより詳しくみていきます。

① 第 87 類（自動車等）以外の品目

　第 87 類（自動車等）以外の品目では、「完成品」については、「専用の部分品」からの組立にほぼ一律に [41] 原産品としての資格を与える関税分類変更基準（品目によって適宜 CTH/CTSH を設定）と付加価値基準（RVC40）との選択性となっており、「専用の部分品」については、CTH と付加価値基準（RVC40）との選択性となっています。

② 第 87 類（自動車等）の品目

　第 87 類（自動車等）の品目では、「完成品」[42] については、付加価値基準（RVC40）のみが採用され、「専用の部分品」[43] については、CTH と付加価値基準（RVC40）の選択制となっています。

第 11 節　関税率の差異と RCEP 原産国（税率差ルール）

　RCEP の原産地規則の特徴の一つとして、関税率の差異（相手国によって異なる特恵税率の適用）に伴って、迂回防止を目的とした「税率差ルール」が採用さ

41　例外として、一部の自動車用のもの（ディーゼルエンジン（第 8415.20 号）、エアコン（第 8408.20 号）、鉛蓄電池（第 8507.10 号））があります。

42　第 87.01 項（トラクター）、第 87.02 項〜第 87.05 項（自動車）、第 87.06 項（原動機付きシャシ）、第 87.07 項（車体）を指します。なお、一部の特殊自動車（クレーン車、せん孔デリック車）については CTH と RVC40 の選択制となっています。自動車以外に、第 87.10 項（戦車）、第 87.11 項（モーターサイクル）も RVC40 のみを採用しています。

43　モーターサイクル及び自転車の部分品は、CC と RVC40 の選択制となっています。

れていることがあります。

　税率差ルールでは、輸出締約国の原産品とされた産品について、さらにその産品の「RCEP 原産国」がどこかを追加で確認や証明することを求められるため、十分に注意して対応する必要があり、以下に詳しく説明します。

1.　関税率の差異

　関税率の差異とは、RCEP では、7 か国（日本、中国、韓国、タイ、フィリピン、インドネシア、ベトナム）が、相手国によって異なる特恵税率の適用が可能な国別譲許を採用し、相手国によって異なる扱い（関税撤廃・引下げ率や撤廃・引下げ期間）を実施していることをいいます。なお、残りの 8 か国（豪州、ニュージーランド、ブルネイ、カンボジア、ラオス、マレーシア、ミャンマー、シンガポール）は、すべての RCEP 締約相手国に共通の特恵税率の適用を行う共通譲許を採用しています。

　例えば、日本は、対中国、対韓国、対その他に分け 3 つの異なる譲許を実施しており [44]、この結果、日本において適用される関税率が締約国によって異なる（税率差が発生する）品目は 2,722 品目と、その対象品目は全体の約 3 割となっています。例えば、品目として衣類を例にとると、表 5-11 に示すような異なる

表 5-11　締約国間の税率差（例）

（例）日本の異なる譲許（衣類）　　　　　　　　　（注）最終税率（％）［関税引下げ期間（年）］

	対中国	対韓国	対その他
衣類	ほとんどは 16 年目、一部は 11 年目撤廃	ほとんどは 16 年目撤廃	ほとんどは即時、一部は 16 年目撤廃等
（例）HS 第 6206.10 号	0 ［11］（6206.10-100） 0 ［16］（6206.10-210, 6206.10-220）	0 ［16］	0 ［0］

（注）女子用のブラウス、シャツ、シャツブラウス（絹製のもの）（6206.10-100：毛皮付きのもの、6206.10-210 及び 6206.10-220：その他）

HS6206.10-100	発効前	2022/1/1	2023/4/1		2032/4/1		2037/4/1
アセアン、オーストラリア、ニュージーランドに対する待遇	10.0%	無税	無税	〜	無税	〜	無税
中国に対する待遇		9.1%	8.2%		無税		無税
韓国に対する待遇		9.4%	8.8%		3.1%		無税

44　中国は、対日本、対韓国、対アセアン、対豪州、対ニュージーランドの 5 つの異なる譲許を、韓国は対日本、対中国、対アセアン、対豪州、対ニュージーランドの 5 つの異なる譲許を実施しています。

扱いを行っています。

　なお、RCEP 以外に TPP11 においても、少数の品目（木材、合板、合金等）ですが、関税率の差異の対象となる品目が存在します[45]。

2. 税率差ルール

　RCEP では、その原産性判断基準を満たし、輸出締約国の原産品とされた産品が、関税率の差異の対象となる品目である場合、輸入締約国は、自国の譲許表の中の「RCEP 原産国」に対する税率を適用すると規定されています（第2.6条（関税率の差異））。

　次に、どのように「RCEP 原産国」を決定するかを説明します。

（1）第1段階

　輸出締約国において、以下の要件が満たされる場合、輸出締約国が RCEP 原産国となります。

①　譲許表の付録で特定された産品[(注1)]に対して、特別ルール[(注2)]を満たした場合

（注1）輸入締約国が日本の場合には、農産品 56 品目、皮革・靴 44 品目が特定されています[46]。

（注2）輸出締約国で産品の価額の 20% 以上の付加価値を提供すること。

②　当該産品が、輸出締約国において原産性判断基準を満たした原産品（ただし、原産性判断基準の第二基準（原産材料のみから生産される産品）を適用する場合、輸出締約国での加工が「軽微な工程」（第2.6条第5項参照）でないこと）である場合

　ポイントとして、産品が特別ルールの対象（日本の場合：100 品目）となっているかどうかを確認し、該当する場合には、輸出締約国において 20% 付加価値基準を満たしていれば、輸出締約国が RCEP 原産国となります。特別ルールの対象品目に該当しない場合には、輸出締約国で満たした原産性判断基準が第二基準でないかを確認します。第一基準及び第三基準であれば、輸出締約国が RCEP 原産国となります[47]が、第二基準を満たして原産品となった場合には、

45　詳細は、「TPP11 協定（CPTPP）（説明会資料）（最終更新：2018 年 12 月 30 日）」及び「税率差が生じる品目の一覧表」（税関ホームページ）（https://www.customs.go.jp/kyotsu/kokusai/gaiyou/tpp/tpp.htm）を参照してください。

46　中国は、繊維、機械類などの 82 品目、韓国は、農産品、機械類などの 99 品目が特定されています。

47　第一基準（完全生産品）を満たした産品は、第 3.3 条を満たす輸出締約国で完全に生産されたものであ

輸出締約国で「軽微な工程」を超える加工又は作業が行われているかの確認が必要となります。これは、輸出締約国において、輸入された他の締約国の原産材料のみを使用し、当該「軽微な工程」のみを行うことによって原産品としての資格を得られた産品についても、第二基準を満たして原産品となることが可能であることから、本来の税率を迂回する目的で、低い税率が適用される締約国で軽微な工程のみを実施する行為を防止するために設けられています。

　例えば、中国で生産された絹製のブラウス（HS6206.10-210 のもの）を日本に直接輸入すると 8.8%（2023 年 2 月 1 日時点）の RCEP 特恵税率が適用されますが、ベトナムにおいて小売包装のみといった「軽微な工程」のみを実施してから日本へ輸入する場合であっても、ベトナムに対する RCEP 特恵税率（無税）は適用されず、「RCEP 原産国」である中国への税率が適用されることとなります。

　なお、特別ルールの対象品目（100 品目）に該当する品目は限られており、また、原産性判断基準の中で、第一基準又は第三基準を満たすことにより原産品となるケースが多いと考えられることから、多くの場合、輸出締約国が RCEP 原産国となると考えられます。

(2) 第 2 段階

　輸出締約国が上記要件を満たさない場合には、輸出締約国で当該産品の生産に使用された原産材料のうち、合計して最高価額のものを提供した締約国が RCEP 原産国となります。しかしながら、生産に使用された原産材料の価額の情報がサプライヤーから得られず、分からない場合、または、それらの証明の負担を軽減したい場合には、産品の生産に使用された原産材料の供給国に適用される税率のうち最も高い税率又は輸入締約国の当該産品の各関税率で最も高い税率を選択することもできます。

　これら「RCEP 原産国」の決定のフローをまとめたものを、図 5-11 に示します。

り、また、第三基準（品目別規則を満たす産品）を満たし原産品としての資格を得るためには、第 3.6 条により、輸出締約国において当該「軽微な工程」を超える工程を実施することが要件とされます。

図 5-11　税率差ルール（RCEP）

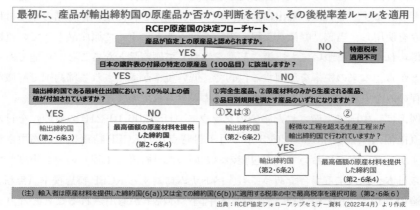

出典：RCEP協定フォローアップセミナー資料（2022年4月）より作成

第 12 節　積送基準

　EPA 原産地規則は、①原産性判断基準、②積送基準、③手続的規定の 3 つから構成されますが、この節では、②積送基準について説明します。

1.　積送基準

　原産品となった産品は、輸出締約国から輸入締約国へ直接輸送されることが原則ですが、積送基準は、産品が輸出締約国から第三国を経由して輸入締約国に輸送される場合であっても、当該産品が原産品としての資格が維持される条件を規定しています。

　例えば、RCEP ではその条件として、産品が輸出締約国から第三国 [48] を経由して輸入締約国に輸送される場合には、①物流に係る活動（例えば、積卸し、蔵置、当該原産品を良好な状態に保存するため又は輸入締約国へ当該原産品を輸送するために必要な他の作業）以外の加工が行われていないこと、及び②税関当局の監督の下に置かれていることの両方が規定されています。

　第三国を経由して輸入され、EPA 特恵税率の適用を受けようとする場合には、輸入申告に際して、原産品であることを証明する原産地証明に加えて、積送基準を満たすことを示す書類の提出が必要となります。これらについては、第 7 章のステップ 7（日本又は相手国での輸入手続（EPA 特恵税率の適用の要求））に

48　締約国以外の国（非締約国）のみならず、輸出締約国及び輸入締約国以外の締約国（中間締約国）を含む場合があります。詳細は以下 2.（3）で説明します。

おいて、詳細に説明します。

2. 日本の EPA における積送基準

(1) TPP11 より前の日本の EPA

　TPP11 より前のこれまでの日本の EPA の積送基準では、第三国で認められる作業として、「積替え又は一時蔵置のために一又は二以上の第三国を経由して輸送される場合にあっては、当該第三国において積卸し及び産品を良好な状態に保存するために必要なその他の作業」とされ、第三国での「一時蔵置」が認められるとされていました。

日タイ EPA 第 32 条（積送基準）
1　他方の締約国の原産品であって、次のいずれかの条件を満たしたものは、積送基準を満たした原産品とする。
　(a) 当該他方の締約国から直接輸送されること。
　(b) 積替え又は一時蔵置のために一又は二以上の第三国を経由して輸送される場合にあっては、当該第三国において積卸し及び産品を良好な状態に保存するために必要なその他の作業以外の作業が行われていないこと。
2　他方の締約国の原産品が 1 に定める積送基準を満たさない場合には、当該原産品は、当該他方の締約国の原産品とはみなさない。

---

(2) 近年のメガ EPA

　これに対して近年のメガ EPA である、TPP11、日 EU・EPA、RCEP においては「一時」という限定はなく、蔵置の期間にかかわらず、税関当局の監督下に置かれる場合には認められることから、EPA 締約国間の産品の輸送について、第三国に倉庫等の拠点を設けて物流の最適化を図るといったビジネスモデルの構築が可能となりました。

　また、第三国の税関当局の監督の下、認められる作業として、TPP11、日 EU・EPA では、ばら積み貨物からの分離、輸入締約国の要求に基づいて行われるラベル又は証票による表示についても明示的に規定しています[49]。

(3) 日本税関における積送基準の具体的な取り扱い[50]

　第三国を経由する場合に積送基準を満たすためには、当該第三国において税関

49　RCEP では「物流に係る活動」は認められると規定されていますが、その例として、これらは挙げられていないので、これらが物流にかかる活動として認められるのかどうかは明確ではありません。
50　税関ホームページ「特恵税率の適用における「積送基準」について」（https://www.customs.go.jp/

の監督下に置かれ、かつ、積替え、一時蔵置等の許容された作業のみ行われることが条件となります。これは、EPA 上の特恵の適用を受ける場合のみならず、一般特恵関税制度（GSP）上の特恵の適用を受ける場合にも、同様に積送基準の条件を満たすことが必要ですが、GSP では、原則として「運送上の理由」が必要とされています[51]。「運送上の理由」とは、輸出国が内陸国である場合や日本への直接の輸送方法がない場合等、第三国を経由して日本へ運送せざるを得ない場合のことをいいます。一方、EPA では「運送上の理由」がない場合（例えば、運送の理由ではなく、商機や管理コスト等を踏まえ第三国に一時的にストックしている場合）であっても積送基準を満たすことになります。

(4)「中間締約国」を経由する場合の取り扱い

　積送基準において、二国間の EPA の場合、第三国は非締約国となりますが、3 か国以上の締約国が参加する EPA の場合には、輸出入締約国以外の締約国（以下「中間締約国」といいます。）を経由することがあります。「中間締約国」を経由する場合を積送基準の対象とするかどうかは、EPA によって異なります。

　3 か国以上の締約国が参加する日本の EPA には、日アセアン EPA、TPP11、日 EU・EPA、RCEP があります。TPP11 では、積送基準は非締約国である第三国を経由する場合のみが対象であり、日 EU・EPA は EU 加盟国全体を一つの締約国としているため、積送基準の対象である第三国は非締約国のみとなります。

---

roo/2_leaflet_tokukei_sekisou.pdf)

51　一般特恵関税制度（GSP）の積送基準の規定
　関税暫定措置法施行令
　（特恵対象物品の本邦への運送）
　第 31 条　特恵受益国原産品のうち次に掲げる物品以外の物品については、法第 8 条の 2 第 1 項又は第 3 項の規定は、適用しない。
　　一　その原産地である特恵受益国等から当該特恵受益国等以外の地域（以下この条において「非原産国」という。）を経由しないで本邦へ向けて直接に運送される物品
　　二　その原産地である特恵受益国等から非原産国を経由して本邦へ向けて運送される物品で、当該非原産国において運送上の理由による積替え及び一時蔵置以外の取扱いがされなかつたもの
　　三　その原産地である特恵受益国等から非原産国における一時蔵置又は博覧会、展示会その他これらに類するもの（以下この条において「博覧会等」という。）への出品のため輸出された物品で、その輸出をした者により当該非原産国から本邦に輸出されるもの（当該物品の当該非原産国から本邦までの運送が前二号の運送に準ずるものである場合に限る。）
　2　前項第二号又は第三号に規定する積替え、一時蔵置又は博覧会等への出品は、これらが行なわれる非原産国の保税地域その他これに準ずる場所において当該非原産国の税関の監督の下に行なわれなければならない。

一方、日アセアン EPA や RCEP では、それぞれの協定において中間締約国も第三国として積送基準の対象となる旨規定されています。

　なお、RCEP では中間締約国を経由する場合に、「連続する原産地証明」を用いることにより、積送基準が要件とする、税関当局の監督の下に置かれていることは要件とされず、また、積送基準で認められている物流に係る活動以外に再こん包が認められるとともに、物流に係る活動の例示として、積送基準にある例示に加えて、貨物の分割、輸入締約国の法令、手続、行政上の決定又は政策が要求する単なるラベル等による表示が明確に認められるとされています。「連続する原産地証明」については、本節 3. で説明します。

TPP11 第 3.18 条（通過及び積替え）

1　各締約国は、原産品が非締約国の領域を通過することなく輸入締約国へ輸送される場合には、当該原産品が原産品としての資格を維持することを定める。

2　各締約国は、原産品が、一又は二以上の非締約国の領域を経由して輸送される場合であっても、次の要件を満たすときは、当該原産品が原産品としての資格を維持することを定める。

　(a) 締約国の領域外において当該原産品についていかなる作業も行われていないこと。ただし、積卸し、ばら積み貨物からの分離、蔵置、輸入締約国の要求に基づいて行われるラベル又は証票による表示及び当該原産品を良好な状態に保存するため又は輸入締約国の領域へ当該原産品を輸送するために必要な他の作業を除く。

　(b) 当該原産品が非締約国の領域にある間、当該非締約国の税関当局の監督の下に置かれていること。

日 EU・EPA 第 3.10 条（変更の禁止）

1　輸入締約国において国内使用のために申告される原産品については、輸出の後、かつ、国内使用のために申告される前に、変更してはならず、何らかの改変を行ってはならず、並びに当該原産品を良好な状態に保存するために必要な工程及びマーク、ラベル、封印その他書類を付し、又は施す工程（輸入締約国の特定の国内的な要件の遵守を確保するためのもの）以外の工程を行ってはならない。

2　産品の蔵置又は展示は、当該産品が第三国において税関の監視の下に置かれていることを条件として、当該第三国において行うことができる。

3　貨物の分割は、当該分割が輸出者によって又は輸出者の責任の下で行われる場合には、当該貨物が第三国の税関の監視の下に置かれていることを条件として、当該第三国において行うことができる。ただし、この 3 の規定は、次節の規定の適用を妨げるものではない。

4　輸入締約国の税関当局は、1 から 3 までの規定が遵守されているかどうかについて疑義がある場合には、輸入者に対し、遵守の証拠であって何らかの方法によるもの（船荷証券等の契約上の運送書類、事実関係の又は具体的な証拠（包装の表示又は包装に付された番号に基づくもの）、産品自体に関連する証拠等）を提供するよう要求することができる。

RCEP 第 3.15 条（直接積送）
1　原産品が次のいずれかの条件を満たす場合には、当該原産品は、第 3.2 条（原産品）の規定に基づく原産品としての資格を維持する。
　(a) 当該原産品が輸出締約国から輸入締約国へ直接輸送されること。
　(b) 当該原産品が一又は二以上の締約国（輸出締約国及び輸入締約国を除く。以下この条において「中間締約国」という。）又は非締約国を経由して輸送される場合にあっては、次の (i) 及び (ii) の要件を満たすこと。
　　(i) 中間締約国又は当該非締約国において当該原産品について更なる加工が行われていないこと。ただし、物流に係る活動（例えば、積卸し、蔵置、当該原産品を良好な状態に保存するため又は輸入締約国へ当該原産品を輸送するために必要な他の作業）を除く。
　　(ii) 当該原産品が中間締約国又は当該非締約国にある間、中間締約国又は当該非締約国の税関当局の監督の下に置かれていること。
2　1 (b) に規定する要件を満たすことについては、中間締約国若しくは非締約国の税関の書類又は輸入締約国の税関当局が要求するその他の適当な書類のいずれかを当該輸入締約国の税関当局へ提出することにより証明するものとする。
3　2 に規定する適当な書類には、商業船積書類又は運送貨物に関する書類（例えば、航空貨物運送状、船荷証券、複合運送に関する書類、産品に関する商業送状の原本の写し、財務記録、非加工証明書）その他輸入締約国の税関当局が要求する関連する補助的な文書を含むことができる。

日アセアン EPA 第 31 条（直接積送）
1　関税上の特恵待遇は、この章に規定する要件を満たし、かつ、輸出締約国から輸入締約国へ直接積送される原産品に対して与える。
2　次のいずれかの産品は、輸出締約国から輸入締約国へ直接積送されるものとみなす。
　(a) 輸出締約国から輸入締約国へ直接輸送される産品
　(b) 一若しくは二以上の締約国（輸出締約国及び輸入締約国を除く。）又は第三国を経由して輸送される産品。ただし、当該産品について、積替え又は一時蔵置、積卸し及び当該産品を良好な状態に保存するために必要なその他の作業以外の作業が行われていない場合に限る。

3. 連続する原産地証明

　RCEP において採用された「連続する原産地証明」とは、RCEP の輸出締約国で発給された有効な原産地証明をもとに、中間締約国において発給される原産地証明をいい、協定上、中間締約国の発給機関、認定輸出者又は輸出者（締約国が輸出者による自己申告制度を採用している場合に限る [52]。）が、必要な要件を満

52　2023 年 2 月 1 日現在、日本、オーストラリア、ニュージーランドの 3 か国が採用しています。自己申告制度については、第 6 章（原産地証明の作成）で詳しく説明します。

表 5-12　連続する原産地証明と直接積送との違い（RCEP）

連続する原産地証明と直接積送との比較

要件	連続する原産地証明	直接積送
輸送途中の第三国	他の締約国（中間締約国）	他の締約国（中間締約国）又は非締約国
認められる作業	再こん包又は物流に係る活動（例えば、積卸し、蔵置、貨物の分割、輸入締約国の法令、手続、行政上の決定又は政策が要求する単なるラベル等による表示、産品を良好な状態に保存するため又は輸入締約国へ産品を輸送するために必要な他の作業）を除く。	物流に係る活動（例えば、積卸し、蔵置、当該原産品を良好な状態に保存するため又は輸入締約国へ当該原産品を輸送するために必要な他の作業）を除く。
税関の監督下	×（要件とされない）	○（要件とされる）

　たす場合に発給できると規定されています。なお、連続する原産地証明の発給を行うかどうかは、協定上、義務ではなく任意であり、各締約国の運用を確認する必要があります。

　必要な要件は、RCEP 第 3.19 条第 1 項 (a)〜(f) に、①有効な（最初の）原産地証明に基づくこと、②最初の原産地証明に関連する情報を含む附属書三 B の必要的記載事項を記載すること、③中間締約国において、再こん包又は物流に係る活動（例えば、積卸し、蔵置、貨物の分割、輸入締約国の法令、手続、行政上の決定又は政策が要求する単なるラベル等による表示、産品を良好な状態に保存するため又は輸入締約国へ産品を輸送するために必要な他の作業）以外の加工が行われないこと、などが規定されています。連続する原産地証明と積送基準（直接積送）との比較を表 5-12 に示します。

　連続する原産地証明を利用することにより、例えば、締約国 A で製造したものを締約国 B の倉庫に保管し、需要がある RCEP 締約国に分割して輸出することも可能となります。

　ただし、連続する原産地証明を発給するかどうかは各国の裁量であり、また、発給される場合であっても、その条件・手続き等具体的運用について、各国への確認[53] が必要です。

RCEP 第 3.19 条（連続する原産地証明）
1　第 3.16 条（原産地証明）の規定に従うことを条件として、中間締約国の発給機関、認定された輸出者又は輸出者は、次の全ての要件を満たす場合には、連続する原産地証明を発給することができるものとする。

[53]　日本の場合は、日本商工会議所が発給することとなっています。

　(a) 有効な原産地証明の原本又はその認証された真正な写しが提示されること。
　(b) 連続する原産地証明の有効期間が最初の原産地証明の有効期間を超えないこと。
　(c) 附属書三 B（必要的記載事項）の規定に従い、連続する原産地証明に最初の原産地証明から関連する情報が記載されていること。
　(d) 中間締約国において、連続する原産地証明を使用して再輸出される貨物について更なる加工が行われないこと。ただし、再こん包又は物流に係る活動（例えば、積卸し、蔵置、貨物の分割、輸入締約国の法令、手続、行政上の決定又は政策が要求する単なるラベル等による表示、産品を良好な状態に保存するため又は輸入締約国へ産品を輸送するために必要な他の作業）を除く。
　(e) 分割して輸出される貨物については、最初の原産地証明の総数量の代わりにその分割された輸出に係る数量が表示され、かつ、その分割された貨物の下で再輸出される総数量が最初の原産地証明の総数量を超えないこと。
　(f) 連続する原産地証明に記載された情報に最初の原産地証明の発給の日付及びその番号が含まれていること。
　2　第 3.24 条（原産品であるかどうかについての確認）に規定する確認手続は、連続する原産地証明についても適用する。

第 13 節　証明資料の作成

　本節では、輸出入しようとする産品が、第 12 節までで説明した EPA 原産地規則の原産性判断基準を満たすことを具体的に確認する方法として、証明資料の作成について説明します。この証明資料は、ステップ 6（原産地証明の作成）で作成される原産地証明の基となる資料であり、ステップ 8（証明書類の保存）において適切に保存され、ステップ 9（輸入国税関の事後の確認（輸入事後調査、輸入国税関からの検証）への対応）に必須となるものであり、確実に作成しておくことが必要となります。

1. 証明資料の具体的作成方法

　輸出入しようとする産品が、特恵税率適用の対象である EPA の原産地規則を満たしているかどうかの確認は、次に述べる証明資料を作成することによって行います。

　証明資料は、この次のステップ 6 で作成する「原産地証明」の基となる根拠資料とその根拠資料に記載された内容の裏付けとなる資料[54]（以下「裏付資料」

54　下記にて、根拠資料について具体例を示しますが、原産地証明書発給申請に当たって作成すべき証明資料の詳細については、経済産業省ホームページ「原産性を判断するための基本的考え方と整えるべき保存書類の例示」

といいます。）からなり、それらは、前節までで説明した原産性判断基準に応じて作成することとなります。なお、産品に適用される品目別規則が複数の基準を満たすことを求める場合（例えば、関税分類変更基準と付加価値基準の両方）には、それぞれの基準について証明資料を作成することが必要となります。

　証明資料の作成について、まず、原産性判断基準のうち、多く用いられる関税分類変更基準及び付加価値基準の場合について詳細に説明した後、その他の基準や証明資料作成時の留意事項についても説明を行います。

（1）関税分類変更基準の場合

　満たすべき原産性判断基準が関税分類変更基準である場合、根拠資料として、産品の生産に使用されたすべての非原産材料の HS 番号と産品の HS 番号との間に特定の HS 番号の変更があることを示す資料が必要ですが、そのための資料として「対比表」を作成します。「対比表」に記載された内容は、その裏付資料に基づいて作成することが必要です。

　裏付資料として、以下のものが必要となります。

① 産品が対比表に示された材料から生産されたことを裏付けるもの
　　総部品表、製造工程フロー図、生産指図書（委託生産の場合）、使用した各材料の投入記録（在庫蔵入蔵出記録等）等が挙げられます。対比表には、これら裏付資料に基づき、使用された材料がすべて網羅されていることが必須となります。

② 産品に使用した材料を原産材料として扱った場合に、当該材料が原産材料であることを裏付けるもの
　　国内のサプライヤーから調達した場合には、サプライヤーからの情報、また、他の締約国のサプライヤーから調達した場合には、輸入時の原産地証明の写し、サプライヤーからの情報等が必要となります。
　　サプライヤーからの情報として、具体的には、供給を受けた材料が原産品であることを示す宣誓書（サプライヤー証明）等 [55] が必要です。ステップ 9 の

(https://www.meti.go.jp/policy/external_economy/trade_control/boekikanri/download/gensanchi/roo_guideline_preservation.pdf) を、また、日本への輸入の場合、原産地証明（原産地申告書）の提出に加えて、その証明資料として、原則、「原産品であることを明らかにする書類」（「原産地申告明細書」及び「関係書類」）の提出が求められますが、税関ホームページ「原産地証明手続」(https://www.customs.go.jp/roo/procedure/index.htm) に、「原産地申告明細書」や「関係書類」の事例が多く説明されていますので、これらをご参照ください。

輸入国税関からの事後の確認の際には、サプライヤー証明以外にその裏付資料の提出を求められる可能性があることから、サプライヤー自身が原産品であることを確認した上でサプライヤー証明を出していることは当然のことながら、その裏付資料の提供等について速やかな協力が得られるよう確保しておく必要があります。そのため、原産材料として扱う材料は、サプライヤーからそれら協力が得られる必要最小限のものに限定することが望ましいといえます。

③　デミニミスの規定を適用した場合に、当該デミニミスの規定を満たしていることを裏付けるもの

　産品の価額及び投入された非原産材料の価額の裏付資料として、買手との取引契約書等産品の価額を明らかにする資料、当該材料の輸入時のインボイス（仕入書）等当該材料の調達価額を明らかにする資料、産品一単位の当該材料の投入量を明らかにする資料等が必要となります。

　ここで、具体例を 2 つ示し、対比表とその裏付資料がどのようなものかについて説明します。

　一つ目は、産品の例として T シャツ[56] を選び、RCEP 上の原産品であるかど

表 5-13-1　事例 1　対比表（作成例）

利用協定	RCEP協定				
生産国	日本				
実際の生産場所	○○県（○○工場）				
適用原産地規則	関税分類変更基準（CC）				

HSコード	産品名	HSコード	部品（材料）名	価額	原産情報等
6109.10	Tシャツ	60.06	表地（綿製）		非原産材料とした材料については、原産情報にかかる裏付資料は必要なし。
		56.03	芯地（不織布）		
		58.07	ラベル（紡織用繊維製）		
		54.01	縫い糸		
産品と全ての材料の間で類の変更あり。					
	FOB価額		－	－	

55　サプライヤー証明には、材料が原産品であることを示す宣誓文、供給した部品、材料の名称、型番等を記載します。その例については、前脚注の経済産業省ホームページ資料を参照してください。

56　この事例は、税関ホームページ「「自己申告制度」利用の手引き～RCEP 協定～（2021 年 12 月）」（https://www.customs.go.jp/roo/procedure/riyou_rcep.pdf）の事例を参考としています。

うかを判断するために作成した対比表の例（表 5-13-1）を示したものです。RCEP で適用される当該産品の原産性判断基準は関税分類変更基準（CC（類の変更））ですが、この事例の場合、産品と材料との間に類の変更があることがこの対比表により確認できます。

　この対比表の裏付資料として、T シャツが対比表に示された材料から製造されたことを示す、総部品表及び製造工程フロー図等が必要となります。なお、使用した材料が非原産材料の場合には、その材料の原産情報は必要とされませんが、この事例では、産品に使用した材料をすべて非原産材料と扱っても関税分類変更基準（CC（類の変更））を満たすことから、使用した材料の原産情報にかかる裏付資料は必要とされません。

　二つ目は、産品の例としてサーモスタット[57] を選び、日 EU・EPA 上の原産品であるかどうかを判断するために作成した対比表の例（表 5-13-2）を示したものです。日 EU・EPA で適用される当該産品の原産性判断基準は関税分類変更基準（CTH（第 96.20 項の材料からの変更を除く））であり、この事例の場合、産品との間に必要な関税分類変更が生じていない材料があり、当該材料にデミニミスの規定を適用することにより、原産品とされたものです。

表 5-13-2　事例 2　デミニミス適用の対比表（作成例）

利用協定	EU協定				
生産国	日本				
実際の生産場所	○○県（○○工場）				
適用原産地規則	関税分類変更基準(CTH(96.20項を除く))				

価額（産品の生産に投入された材料の単価）を裏付ける資料が必要。この場合、国内サプライヤーからの請求書、（産品の生産に投入された単価を示すものとして）製造原価計算書を資料として記載。

HSコード	産品名	HSコード	部品（材料）名	価額	原産情報等
9032.10	サーモスタット	9032.90	本体カバー：サーモスタットの部分品	40	非原産　請求書、製造原価計算書
		72.26	バイメタル：その他の合金鋼のフラットロール製品		
		74.19	バネ：ベリリウム銅		
		71.06	接点：銀		
		74.15	リベット：銅		
		74.19	端子：黄銅		
		39.26	ケース：フェノール樹脂		
		76.16	キャップ：アルミニウム		
		39.09	充填剤：ポリウレタン樹脂		
		85.44	リード：電気絶縁をした線、ケーブル		
FOB価額			－	500	－　取引契約書

デミニミスの規定を適用した材料については、価額情報を記載。
その他の材料は、関税分類変更基準（CTH）を満たすため、価額情報の記載は不要。

産品のFOB価額を裏付ける資料が必要。この場合は、買手との取引契約書を資料として記載。

　この対比表の裏付資料として、T シャツの事例と同様に、サーモスタットが対

57　この事例は、日本関税協会ホームページ（賛助会員専用ページ動画アーカイブ：原産地規則説明会）「日 EU・EPA 自己申告制度利用方法の紹介」（2020 年／輸出編）を参考としています。

比表に示された材料から製造されたことを示す、総部品表及び製造工程フロー図
等が必要となります。さらに、産品の価額及びデミニミスの規定を適用した非原
産材料の価額の裏付資料として、買手との取引契約書、当該材料の輸入時の仕入
書、産品一単位の当該材料の投入量を明らかにする資料（この例では、製造原価
計算書としています。）が必要となります。

(2) 付加価値基準の場合

　満たすべき原産性判断基準が付加価値基準である場合、根拠資料として、各
EPA に定める計算式によって、一定の価値が付加されていることを示す資料が
必要ですが、そのための資料として「計算ワークシート」を作成します。「計算
ワークシート」に記載された内容は、その裏付資料に基づいて作成することが必
要です。

　裏付資料として、以下のものが必要となります。

① 　産品が計算ワークシートに示された材料から生産されたことを裏付けるもの
　　　関税分類変更基準の場合と同様、総部品表、製造工程フロー図、生産指図書
（委託生産の場合）、使用した各材料の投入記録（例えば、在庫蔵入蔵出記録）
等が挙げられます。計算ワークシートには、これら裏付資料に基づき、使用さ
れた材料がすべて網羅されていることが必須となります。

② 　計算ワークシート上の数字の妥当性を示す資料
　　　産品の価額及び使用した各材料の単価を証明する資料として、製造原価計算
書、帳簿、伝票、輸入時のインボイス、取引契約書やサプライヤーからの請求
書等が挙げられます。

③ 　産品に使用した材料を原産材料として扱った場合に、当該材料が原産材料で
あることを裏付けるもの
　　　関税分類変更基準の場合と同様、国内のサプライヤーから調達した場合には、
サプライヤーからの情報、また、他の締約国のサプライヤーから調達した場合
には、輸入時の原産地証明の写し、サプライヤーからの情報等が必要となりま
す。サプライヤーからの情報を用いる際の注意点は、関税分類変更基準の場合
に述べたものと同様です。

　ここで、具体例を示して、計算ワークシートとその裏付資料がどのようなもの
かについて説明します。

表5-13-3　（事例）計算ワークシート（作成例）

利用協定	RCEP協定
生産国	日本
実際の生産場所	○○県（○○工場）
適用原産地規則	付加価値基準（RVC40）

> 原産材料であることを裏付ける資料が必要。この場合、国内のサプライヤーからの当該材料が日本の原産品であることを示す資料を記載。

HSコード	産品名	FOB価額（出荷額）	FOB価額（円換算）	非原産材料価額	域内原産割合	基準値
3204.17	有機顔料	US$833.33	¥100,000	45,000	65%	40%

> 産品の生産に使用された各材料の単価を裏付ける資料が必要。この場合は、輸入時のインボイス（仕入書）又は国内のサプライヤーからの購入時の請求書、及び（産品の1単位の生産に投入された材料の単価を示すものとして）製造原価計算書を資料として記載。

HSコード	部品（材料）名	原産/非原産	単価	原産情報	価額情報
28.07	硫酸	原産（日本）	¥10,000	サプライヤーからの資料（○○株式会社○○工場）	請求書、製造原価計算書
		原産材料価額合計	¥10,000		
3204.17	顔料	非原産	¥25,000		請求書、製造原価計算書
3204.17	色素誘導体	非原産	¥20,000		仕入書、製造原価計算書
		非原産材料価額合計	¥45,000		
製造コスト・経費		—	¥35,000		
利益		—	¥5,000		
輸送コスト		—	¥5,000		
		非材料費合計	¥45,000		

> 産品のFOB価額を裏付ける資料が必要。この場合は、買手との取引契約書を記載。

FOB価額	—		¥100,000 取引契約書
外国為替レート	US1$ =	¥120	US$833.33

　表5-13-3は、産品の例として有機顔料[58]を選び、RCEP上の原産品であるかどうかを判断するために作成した計算ワークシートの例を示したものです。RCEPで適用される当該産品の原産性判断基準はRVC40（「産品の価額」から産品の生産に使用された「非原産材料の価額」を引いて算出した付加価値が「産品の価額」の40%以上）ですが、この事例は、この基準を満たすことが計算ワークシートにより確認できます。また、計算ワークシートの裏付資料として、産品が計算ワークシートに示された材料から製造されたことを裏付けるもの（関税分類変更基準の場合と同様、総部品表及び製造工程フロー図等）に加え、材料の一部を原産材料として扱うためのサプライヤーからの情報であるサプライヤー証明があります。そのほか計算ワークシート上の数字（産品の価額及び各材料の投入単価）の妥当性を示す資料として、この例では、買手との取引契約書、輸入時のインボイス（仕入書）又は国内のサプライヤーからの購入時の請求書があり、さらに産品の1単位の生産に投入された材料の単価を示す資料として、製造原価計算書を挙げています。

58　この事例は、税関による「事前教示回答（原産地）」（2022年4月時点で公開中のもの）を参考としています。事前教示の公開事例は税関ホームページ（https://www.customs.go.jp/zeikan/seido/origin/kaitou jirei.htm）を参照してください。

(3) その他の原産性判断基準の場合

① 完全生産品の場合

　　満たすべき原産性判断基準が完全生産品である場合、根拠資料として、当該産品が各協定に基づいて完全に得られた、又は生産された産品である事実を記載した資料を、その裏付資料に基づいて作成します。裏付資料として、契約書、生産証明書、製造証明書、漁獲証明書等があります。

② 原産材料のみから生産される産品の場合

　　満たすべき原産性判断基準が原産材料のみから生産される産品である場合、根拠資料として、当該産品が締約国において一又は二以上の締約国からの原産材料のみから生産された産品である事実を記載した資料を、その裏付資料に基づいて作成します。裏付資料として、契約書、総部品表、製造工程フロー図、生産指図書、各材料・部品の投入記録、製造原価計算書、仕入書、価格表等契約書、生産証明書、製造証明書、漁獲証明書等があります。

③ 加工工程基準の場合

　　満たすべき原産性判断基準が加工工程基準である場合、根拠資料として、当該産品の生産において、特定の製造又は加工の作業が行われていることが確認できる事実を記載した資料を、その裏付資料に基づいて作成します。裏付資料として、契約書、製造工程フロー図、生産指図書、生産内容証明書等があります。

2. 証明資料作成において特に留意すべき事項

　　これまで、それぞれの原産性判断基準毎に、証明資料の作成方法について説明しましたが、これら証明資料作成に当たって、特に、重要なものとして、４つの点を述べさせていただきます。

　　１点目は、対比表、計算ワークシート等根拠資料の作成に当たって、生産に使用したすべての材料を必ず記載することが重要です。材料の数が多くすべての記載が大変だとしても、一部の材料のみ記載していることが事後の確認で判明した場合、原産品であるとした判断そのものに多大な疑念を持たれることとなります。

　　２点目は、産品に適用される原産地規則を知るためには、産品のHS番号を適切に把握することが前提となります。また、関税分類変更基準が適用される際には、産品の生産に使用される材料のHS番号についても適切に把握することが大変重要となります。

　3点目は、第7章のステップ8（証明書類の保存）でさらに詳細に説明しますが、証明資料の作成に必要な情報の入手・保有・管理には、社内の多くの部署が関係しており、適切な証明資料の作成には、原産地証明を一元的に管理する部署（とりまとめ部門）が中心となって、関係部署が協力して作成する体制を整備することが必要です。

　その場合、証明資料の作成をとりまとめ部門にすべて丸投げするといった状態にならないことが大変重要です。その理由として、対比表や計算ワークシートといった根拠資料の作成に必要な情報は、各社によって担当部門は異なるでしょうが、産品の生産に使用した材料及び産品の製造工程の情報は、産品の開発・技術・生産管理等を担当する部門が、産品の生産にかかる材料の単価、製造コスト・経費、利益等の製造原価情報は、財務・経理等を担当する部門が、原産材料として扱った材料の情報は、当該材料を調達した購買部等の部門が管理・保有されていることと思います。したがって、それら情報は、それら担当部門の方で記載するといった体制をとっていただく必要があります。

　4点目は、根拠資料作成の基となった情報の変更（例えば、産品の生産に使用した材料の調達先変更に伴う原産情報の変更、調達価額の変更、為替の影響等による原価情報の変更）に対応するため、根拠資料の定期的な見直し・確認が行われることが重要となります。第7章で述べるように、税関の輸入事後調査における非違の多くが、関係部署の連絡体制の不備によって引き起こされており、原価情報、材料の調達先の変更といった事項が、担当部門から他の関係部署に確実に共有され、定期的な見直し・確認に反映されることが必要です。このためにも、3点目に説明した、情報を有する担当部門が根拠資料の作成に関与するといった体制が重要となります。

第6章　原産地証明の作成（ステップ6）

　輸入国においてEPA特恵税率の適用を受けるためには、輸入者が、原産地証明を輸入国税関に提出して特恵待遇要求を行うことが必要となります。

　ステップ6（原産地証明の作成）では、ステップ5で、輸出入しようとする産品が、特恵税率の適用を受けようとするEPAの原産品であることが確認できた産品について、その証明資料に基づき、どのように原産地証明を作成するかについて説明します。

　原産地証明を作成する方法として、「第三者証明制度」、「認定輸出者制度」、輸出者（生産者）、輸入者が自ら原産品であることを証明する「自己申告制度」の3種類があります。

1.　原産地証明の作成

（1）第三者証明制度

　輸出者の申請により、輸出国の税関、商工会議所等の公的機関が、原産品であることの証明（原産地証明書）を発行するもので、TPP11、日EU・EPA、日英EPA、日米貿易協定を除く、日本の締結済のすべてのEPAで採用されています。日本における「第三者証明制度」の詳細は日本商工会議所ホームページ[1]を参照してください。

（2）認定輸出者制度

　輸出国の政府により認定された輸出者に限って、原産品であることを証明する書類（以下「原産地申告」といいます。）を自ら作成するもので、日メキシコEPA、日スイスEPA、日ペルーEPA、RCEPで採用されています。日本における「認定輸出者制度」の詳細は経済産業省ホームページ[2]を参照してください。

（3）自己申告制度

　輸出者（生産者）、輸入者が、原産地申告[3]を自ら作成するもので、日豪EPA、

1　https://www.jcci.or.jp/international/certificates-of-origin/

2　https://www.meti.go.jp/policy/external_economy/trade_control/boekikanri/gensanchi/approved.html

3　TPP11では「原産地証明書」、日EU・EPAでは輸出者・生産者が作成する場合「原産地に関する申告」、

TPP11、日EU・EPA、日英EPAで採用され、日米貿易協定では輸入者による自己申告のみが採用されています。RCEPでは、輸出者（生産者）による自己申告が規定[4]されていますが、現時点（2023年2月1日）では、日本、豪州、ニュージーランドの間のみで導入されています。また、輸入者による自己申告は日本への輸入に対してのみ導入[5]されています。

　原産地申告の様式・記載事項については、次のとおり、EPA毎に必要的記載事項や記載すべき申告文が指定されています。

> ・TPP11、RCEP、日豪EPA：様式の指定はなく任意（必要的記載事項の記載が必要）。
> ・日EU・EPA：商業上の書類に指定された申告文を記載。
> ・日米貿易協定：様式・記載事項について協定上の規定はなし。

　日本に輸入される場合の原産地申告は「原産品申告書」と呼ばれますが、次に日本へ輸入される場合の「原産品申告書」の作成について説明します。

（4）日本への輸入の場合

　日本への輸入時に特恵待遇を要求するためには、通常の輸入申告書類に加え、原則として、以下の書類の提出が必要になります（図6-1-1〜6-1-3参照）。

> ・第三者証明制度：輸出国の発給機関により発給された「原産地証明書」（図6-1-1）
> ・認定輸出者制度：認定された輸出者が作成した「原産地申告」（図6-1-2）
> ・自己申告制度：輸出者・生産者又は輸入者が作成した「原産品申告書」に加え、原則として、「原産品申告明細書」及び「関係書類」（原産品であることを明らかにする書類）（図6-1-3）

　「原産品申告明細書」と「関係書類」は、「原産品申告書」の証明する産品が原産品であることを明らかにする書類として、第5章第13節に述べた証明資料（根拠資料とその裏付資料）と同じ位置づけのものになります。具体的には、「原

輸入者が作成する場合「輸入者の知識」、RCEPでは「原産地申告」、日豪EPAでは「原産地証明文書」と呼ばれます。

4　協定上は、後発開発途上国も含め、各締約国について協定が発効した日から一定期間内に輸出者（生産者）自己申告を導入する義務（カンボジア、ラオス、ミャンマーは、この協定の当該締約国では発効の日の後20年以内に、その他の締約国は10年以内に実施（それぞれ、10年を限度に延長可能））が規定されています。

5　協定上、日本以外については、将来的に輸入者自己申告の導入を検討（締約国はすべての署名国で発効する日に見直しを開始し、導入することを検討し、別段の合意がある場合を除いて、5年以内に見直しを終了）することが規定されています。

図 6-1-1　日本への輸入時の提出書類（第三者証明制度）

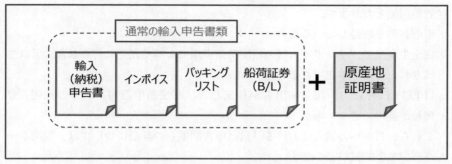

出典：税関ホームページ（RCEP 協定業務説明会（2021 年 12 月開催））から作成

図 6-1-2　日本への輸入時の提出書類（認定輸出者制度）

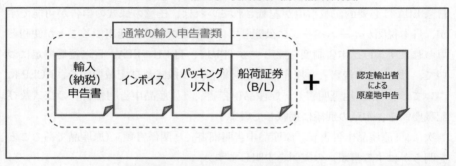

出典：税関ホームページ（RCEP 協定業務説明会（2021 年 12 月開催））から作成

図 6-1-3　日本への輸入時の提出書類（自己申告制度）

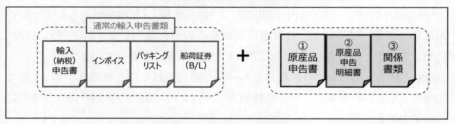

出典：税関ホームページ（RCEP 協定業務説明会（2021 年 12 月開催））から作成

産品申告明細書」は、産品が原産性判断基準を満たして原産品となったことの事実を記載し、「関係書類」は「原産品申告明細書」に記載された事実を裏付ける資料となります。

　なお、以下に該当する場合は、「原産品申告明細書」及び「関係書類」の提出は省略可能となります。

・事前教示を取得している場合
・完全生産品で、インボイス等の通関関係書類によって完全に得られた、又は生産されたことが確認できる場合
・日 EU・EPA において、輸出者が作成した「原産品申告書」以外の説明（資料）が提供できない場合

　これら、日本への輸入における「自己申告制度」の詳細については、税関ホームページ [6] を参照してください。

　日本への輸入時に用いる原産品申告書については、前述のとおり、TPP11、日豪 EPA は必要的記載事項が記載されていれば、任意の様式の申告が可能ですが、日本税関がホームページに公開している所定の様式を活用することが便利と思われます。自己申告制度を採用する TPP11、日 EU・EPA、日米貿易協定について、「原産品申告書」、「原産品申告明細書」の様式及び記載要領を、RCEP については、「原産地証明書」、「原産品申告書」、「原産品申告明細書」の様式及び記載要領を、本章の別添に掲載しています。

　次に、「原産品申告書」、「原産品申告明細書」、「関係書類」（原産品であることを明らかにする書類）の実例を説明します。

2. 原産品申告書、原産品申告明細書等の実例

　「原産品申告書」、「原産品申告明細書」、「関係書類」（原産品であることを明らかにする書類）について、各原産性判断基準の例を説明します。下記の（1）～（5）は RCEP、（6）及び（7）は TPP11 にかかる例 [7] となっています。

　なお、RCEP については、税率差ルールが適用されることを第 5 章第 11 節で説明しましたが、税率差ルールの特別ルールにおける該当の有無の両方の事例について説明します。

6　https://www.customs.go.jp/roo/procedure/index.htm
7　これらの事例は、各 EPA の税関ホームページ「「自己申告制度」利用の手引き」等を基に作成しています。

（1）RCEP–木材（完全生産品）（税率差有・特別ルール非該当）

　完全生産品の基準を満たした産品の例として、ニュージーランドから輸入する木材を取り上げます。当該産品は、以下のとおり税率差が存在する品目に該当しますが、日本の譲許表の付録に掲げる特定の品目（税率差ルールの特別ルールが適用）に該当しない品目です。

	発効前	2022/1/1	2022/4/1		2036/4/1
アセアン、オーストラリア及びニュージーランドに対する待遇	4.8%	4.5%	4.2%	～	無税
中国及び韓国に対する待遇		非譲許	非譲許		非譲許

出典：税関ホームページ（「自己申告制度」利用の手引き～RCEP協定～）

　当該産品について作成した「原産品申告書」を図6-1-4に示します。当該産品のように締約国で完全に得られる産品の場合であって、原産品申告書及び通常の輸入申告の際に提出される仕入書等の通関関係書類によって完全生産品であることが確認できるときには、原産品であることを明らかにする書類の提出を省略できることになっています（その場合は、輸入（納税）申告書の添付書類欄又は記事欄に「EPA WO」と記載することになります。）。なお、完全生産品の基準を満たす場合には、原産品申告明細書及び関係書類の提出を必ずしも省略できるというわけではないことに留意する必要があります。

　この事例では、原産品申告明細書及び関係書類の提出が省略されていますが、事後確認等の際には、必要に応じてより詳細な情報を求められる場合があります。

図 6-1-4　RCEP-木材（原産品申告書）

\<原産品申告書の記載例\>

Declaration of Origin 原 産 品 申 告 書
(Regional Comprehensive Economic Partnership Agreement 地域的な包括的な経済連携協定)

1. Unique reference number　固有の参照番号 59CUS0058792	2 Authorization code (in the case of approved exporter) 認定番号（認定された輸出者の場合）

3. Exporter's name, address (including country) and contact (phone or email address)
輸出者の氏名又は名称、住所（国名を含む）、連絡先（電話番号又は電子メールアドレス）
New Zealand co., ltd. Level XX, XXX Building, XX Shortland Street, Auckland CBD, New Zealand
(64-4) XXX-XXXX　XXXXXXX@newzealand-timber.co.nz

4. Producer's name, address (including country) and contact (phone or email address), if known
生産者の氏名又は名称、住所（国名を含む）、連絡先（電話番号又は電子メールアドレス）（判明している場合）
Same as above

5. Importer's or consignee's name, address (including country) and contact (phone or email address)
輸入者又は荷受人の氏名又は名称、住所（国名を含む）、連絡先（電話番号又は電子メールアドレス）
Customs Corporation　2-7-68, Kaigan, Minato-ku, Tokyo, JAPAN　03-3456-XXXX　XXXXX@customs.co.jp

No.	6. Description of the goods, Invoice numbers and date of invoice 産品の品名、仕入書番号・日付	7. HS Code (6-digit level, HS2022) 関税分類番号 (6桁、HS2022)	8. Origin Conferring criterion 原産性の基準	9. RCEP country of origin RCEP 原産国	10. Quantity and value (FOB) where RVC is applied 数量及び FOB 価額
1	WOOD SAWN (NEW ZEALAND PINUS RADIATA) ABC01234　20 January 2023	4407.10	WO	New Zealand	18,000 kgs

11. Remarks その他の特記事項

12. Information on original Proof of Origin (in the case of a back to back Declaration of Origin)　最初の原産地証明に関する情報（連続する原産地申告の場合）

13. The undersigned hereby certifies that the above details and statements are correct and that the goods specified in this Declaration of Origin meet all the relevant requirements of Chapter 3 (Rules of Origin) in the Regional Comprehensive Economic Partnership Agreement. These goods are exported from _ New Zealand (exporting country) to _____ (importing country).
私は、上記の情報が正確であること及びこの申告に記載された産品が地域的な包括的な経済連携協定第 3 章（原産地規則）に定める全ての関連する要件を満たしていることを証明します。これらの産品は（輸出締約国）から（輸入締約国）に向けて輸出されます。

Date of Declaration 作成年月日：　　　　　1 February 2023
Name of the certifying person 作成者の氏名又は名称：Customs Corporation

Name of the agent of the certifying person 代理人の氏名又は名称：

Address of the agent of the certifying person 代理人の住所：

Signature 作成者の署名（日本への輸入の場合には不要）：

The certifying person　　（□Approved exporter、□Exporter、□Producer、☑Importer)
本原産品申告書の作成者　　　認定された輸出者　　輸出者　　生産者　　　輸入者

税関ホームページ（「自己申告制度」利用の手引き～RCEP 協定～）から作成

（2）RCEP-二酸化チタン（原産材料のみから生産される産品）（税率差有・特別
　　ルール非該当）

　原産材料のみから生産される産品の基準を満たした産品の例として、シンガポールから輸入する二酸化チタンを取り上げます。当該産品は、以下のとおり税率差が存在する品目に該当しますが、税率差ルールの特別ルールに該当しない品目です。

	発効前	2022/1/1	2022/4/1		2031/4/1
アセアン、オーストラリア及びニュージーランドに対する待遇	4.0%	無税	無税	～	無税
中国及び韓国に対する待遇		3.6%	3.3%		無税

出典：税関ホームページ（「自己申告制度」利用の手引き～RCEP協定～）

　当該産品について作成した「原産品申告書」を図6-1-5に「原産品申告明細書」を図6-1-6に示します。

　「原産品申告明細書」の第6欄（「上記4.で適用した原産性の基準を満たすこと及び上記5.のRCEP原産国の決定に関する説明」）には、まず、産品が第4欄にチェックした「適用する原産性の基準」を満たし、輸出締約国の原産品と認められる事実を記載し、次に、RCEP原産国をどのように決定（輸出締約国又はそれ以外の締約国）したかについて記載します。

　この事例の場合、原産地規則を満たすことを確認するために作成した証明資料に基づいて、第4欄のPE（原産材料のみから生産される産品）の基準を満たすこと、すなわち、当該産品が締約国において一又は二以上の締約国からの原産材料のみから生産された産品である事実として、

　「シンガポールのNEW CHEMICAL CO., LTD.が同国で製造した二酸化チタン（第2823.00号）を輸入します。同社は、シンガポール、オーストラリア、中国、ベトナムから材料を調達し、二酸化チタンを製造しています。

　本品に使用する材料の一覧は別添のとおりです。このうち、②塩素（第28.01項）については、非原産の塩化ナトリウム水溶液（第25.01項）からイオン交換膜法により製造しており、品目別規則（CTH）を満たしていることからベトナムの原産品です。③酸素は、シンガポールにおいて空気を圧縮冷却し製造していることから、シンガポールの原産品です。

　シンガポール、オーストラリア、中国、ベトナムからの材料は、一又は二以上の締約国からの原産材料であることから、本品は原産材料のみからなる産品とし

図 6-1-5　RCEP-二酸化チタン（原産品申告書）

<原産品申告書の記載例>

Declaration of Origin 原 産 品 申 告 書
(Regional Comprehensive Economic Partnership Agreement 地域的な包括的な経済連携協定)

1. Unique reference number　固有の参照番号 59CUS0058792	2.Authorization code (in the case of approved exporter) 認定番号（認定された輸出者の場合）

3. Exporter's name, address (including country) and contact (phone or email address)
輸出者の氏名又は名称、住所（国名を含む）、連絡先（電話番号又は電子メールアドレス）
NEW CHEMICAL CO.,LTD.　XXX ABC Road, XXX, Singapore

(XXXX) XXX-XXXX　XXXXXXX@newchemical.co.sg

4. Producer's name, address (including country) and contact (phone or email address), if known
生産者の氏名又は名称、住所（国名を含む）、連絡先（電話番号又は電子メールアドレス）（判明している場合）
Same as above

5. Importer's or consignee's name, address (including country) and contact (phone or email address)
輸入者又は荷受人の氏名又は名称、住所（国名を含む）、連絡先（電話番号又は電子メールアドレス）
Customs Corporation　2-7-68, Kaigan, Minato-ku, Tokyo, JAPAN　03-3456-XXXX　XXXXXX@customs.co.jp

No.	6. Description of the goods, Invoice numbers and date of invoice 産品の品名、仕入書番号・日付	7. HS Code (6-digit level, HS2022) 関税分類番号（6桁、HS2022）	8. Origin Conferring criterion 原産性の基準	9. RCEP country of origin RCEP 原産国	10. Quantity and value (FOB) where RVC is applied 数量及び FOB 価額
1	Titanium dioxide ABC01234 20 January 2023	2823.00	PE	SINGAPORE	1000 PCS

11. Remarks その他の特記事項

12. Information on original Proof of Origin (in the case of a back to back Declaration of Origin)　最初の原産地証明に関する情報（連続する原産地申告の場合）

13. The undersigned hereby certifies that the above details and statements are correct and that the goods specified in this Declaration of Origin meet all the relevant requirements of Chapter 3 (Rules of Origin) in the Regional Comprehensive Economic Partnership Agreement. These goods are exported from　SINGAPORE(exporting country) to ＿＿＿＿＿＿＿＿＿ (importing country).
私は、上記の情報が正確であること及びこの申告に記載された産品が地域的な包括的な経済連携協定第 3 章（原産地規則）に定める全ての関連する要件を満たしていることを証明します。これらの産品は(輸出締約国)から（輸入締約国）に向けて輸出されます。

Date of Declaration 作成年月日：　　　　1 February 2023
Name of the certifying person 作成者の氏名又は名称：Customs Corporation

Name of the agent of the certifying person 代理人の氏名又は名称：

Address of the agent of the certifying person 代理人の住所：

Signature 作成者の署名（日本への輸入の場合には不要）：

The certifying person　　（□Approved exporter、□Exporter、□Producer、☑Importer）
本原産品申告書の作成者　　　認定された輸出者　　輸出者　　生産者　　輸入者

税関ホームページ（「自己申告制度」利用の手引き～RCEP 協定～）から作成

図6-1-6 RCEP-二酸化チタン（原産品申告明細書）

<原産品申告明細書の記載例>

原 産 品 申 告 明 細 書

（RCEP協定）

1. 仕入書の番号及び日付 ABC01234 2023年1月20日	
2. 原産品申告書における産品の番号 1	3. 産品の関税分類番号 2823.00
4. 適用する原産性の基準 □WO ☑PE □CTC・□RVC・□CR □ACU □DMI	
5. RCEP原産国 シンガポール	

6. 上記4.で適用した原産性の基準を満たすこと及び上記5.のRCEP原産国の決定に関する説明

　シンガポールのNEW CHEMICAL CO.,LTD.が同国で製造した二酸化チタン（第2823.00号）を輸入します。同社は、シンガポール、オーストラリア、中国、ベトナムから材料を調達し、二酸化チタンを製造しています。

　本品に使用する材料の一覧は別添のとおりです。このうち、②塩素（第28.01項）については、非原産の塩化ナトリウム水溶液（第25.01項）からイオン交換膜法により製造しており、品目別規則（CTH）を満たしていることからベトナムの原産品です。③酸素は、シンガポールにおいて空気を圧縮冷却し製造していることから、シンガポールの原産品です。

　シンガポール、オーストラリア、中国、ベトナムからの材料は、一又は二以上の締約国からの原産材料であることから、本品は原産材料のみからなる産品としてシンガポールの原産品と認められます。また、シンガポールにおいてRCEP協定第2・6条5に規定する軽微な工程以外の生産工程が行われていることから、「RCEP原産国」はシンガポールです。

　上記事実は別添の総部品表（材料一覧表）によって確認することができます。

最初に、産品がRCEP上、輸出締約国の原産品と認められるかを確認する。その次のステップとして、輸出締約国が「RCEP原産国」かどうか決定するために「税率差ルール」を適用する。

7. 上記6.の説明に係る証拠書類の保有者
　　□生産者、□輸出者、☑輸入者

8. その他の特記事項

9. 作成者　氏名又は名称及び住所又は居所
　　税関商事株式会社　東京都港区海岸 2-7-68

　　　　（代理人の氏名又は名称及び住所又は居所）

　　作成日2023年2月1日

※ WO：完全生産品、PE：原産材料のみから生産される産品、CTC：関税分類変更基準、RVC：付加価値基準（域内原産割合）、CR：加工工程基準（化学反応）、ACU：累積、DMI：僅少の非原産材料

　　　　税関ホームページ（「自己申告制度」利用の手引き〜RCEP協定〜）から作成

てシンガポールの原産品と認められます。」
を記載します。

　さらに、RCEP原産国の決定に関する説明として、

「また、シンガポールにおいてRCEP協定第2.6条5に規定する軽微な工程以外の生産工程が行われていることから、「RCEP原産国」はシンガポールです。」
を記載します。

　この事例では、原産品申告明細書に記載された事実を裏付ける関係書類として、総部品表（材料一覧表）及び製造工程表を添付します（図6-1-7）。

　総部品表には「原産品申告明細書」第6欄で記載されている産品の製造に使用されたすべての材料の生産者と生産国を記載し、製造工程表でその製造プロセスを明らかにします。図6-1-7では総部品表と製造工程表が同一の書類に記載されていますが、通常はそれぞれ別々のものとして担当する部署で作成されます。

図 6-1-7 RCEP-二酸化チタン（関係書類）

<関係書類の例>

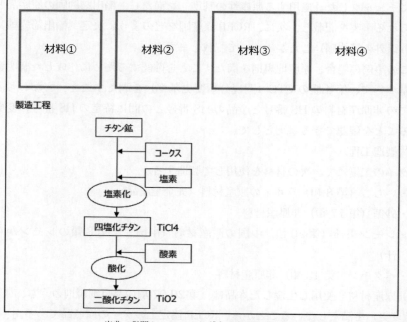

総部品表（材料一覧表）

品　名：二酸化チタン（税番：2823.00）
品　番：ＣＴ２０１２－１
製造者：材料① XXX Australia CO.,LTD.　　XXX ABC Road, XXX, Australia
　　　　材料② XXX Vietnam XXX CO.,LTD.　　XXX ABC Road, XXX, Vietnam
　　　　材料③ NEW CHEMICAL CO.,LTD.　　XXX ABC Road, XXX, Singapore
　　　　材料④ CHINA XXX CO.,LTD.　　XXX ABC Road, XXX, China

	材料名	HS	製造（調達）国	備考
①	チタン鉱	26.14	オーストラリア	オーストラリアで採掘
②	塩素	28.01	ベトナム	ベトナムで製造
③	酸素	28.04	シンガポール	シンガポールで製造
④	コークス	27.04	中国	中国で採掘

写真

| 材料① | 材料② | 材料③ | 材料④ |

製造工程

```
        チタン鉱
           ↑←── コークス
           ↑←── 塩素
         塩素化
           ↓
     四塩化チタン  TiCl4
           ↑←── 酸素
          酸化
           ↓
     二酸化チタン  TiO2
```

出典：税関ホームページ（「自己申告制度」利用の手引き～RCEP 協定～）

(3) RCEP-イチゴジャム（関税分類変更基準）（税率差有・特別ルール該当）

　関税分類変更基準を満たした産品の例として、タイから輸入するイチゴジャムを取り上げます。当該産品は、以下のとおり税率差が存在する品目に該当するとともに、税率差ルールの特別ルールにも該当する品目です。

	発効前	2022/1/1	2022/4/1		2036/4/1
アセアン、オーストラリア、中国及びニュージーランドに対する待遇	16.8%	15.8%	14.7%	〜	無税
韓国に対する待遇		非譲許	非譲許		非譲許

出典：税関ホームページ（「自己申告制度」利用の手引き〜RCEP協定〜）

　当該産品について作成した「原産品申告書」を図6-1-8に、「原産品申告明細書」を図6-1-9に示します。

　「原産品申告明細書」の第6欄（「上記4.で適用した原産性の基準を満たすこと及び上記5.のRCEP原産国の決定に関する説明」）には、まず、産品が第4欄にチェックした「適用する原産性の基準」を満たし、輸出締約国の原産品と認められる事実を記載し、次に、RCEP原産国をどのように決定（輸出締約国又はそれ以外の締約国）したかについて記載します。

　この事例の場合、原産地規則を満たすことを確認するために作成した証明資料に基づいて、第4欄のCTC（関税分類変更基準）を満たすこと、すなわち、すべての非原産材料のHS番号と産品のHS番号との間に特定のHS番号の変更があることを確認できる事実として、

　「〈製造工程〉

タイの工場にて、次の材料を使用して製造する。

・いちご（第8類）ラオスの原産材料（完全生産品）

・砂糖（第17類）非原産材料

・レモン果汁（第20類）中国の原産材料（中国にて第8類のレモンから搾汁）

・ペクチン（第13類）非原産材料

　非原産材料を使用し生産した本品は、第20.07項の品目別規則のうち、「CC」（類変更）を満たしていることから、RCEP協定上のタイの原産品である。」
を記載します。

　さらに、RCEP原産国の決定に関する説明として、

「本品の原材料であるいちごはラオスで栽培されたものであることからラオスの

図6-1-8　RCEP-イチゴジャム（原産品申告書）

<原産品申告書の記載例>

Declaration of Origin 原産品申告書
(Regional Comprehensive Economic Partnership Agreement 地域的な包括的経済連携協定)

1. Unique reference number　固有の参照番号 59CUS0058792	2.Authorization code (in the case of approved exporter) 認定番号（認定された輸出者の場合）

3. Exporter's name, address (including country) and contact (phone or email address)
輸出者の氏名又は名称、住所（国名を含む）、連絡先（電話番号又は電子メールアドレス）
Thai Fruits co., ltd. XXXX XXXX XXXX Bangkok Thailand
(XXX) XXX-XXX　XXXXXXX@thai.co.th

4. Producer's name, address (including country) and contact (phone or email address), if known
生産者の氏名又は名称、住所（国名を含む）、連絡先（電話番号又は電子メールアドレス）（判明している場合）
Same as above.

5. Importer's or consignee's name, address (including country) and contact (phone or email address)
輸入者又は荷受人の氏名又は名称、住所（国名を含む）、連絡先（電話番号又は電子メールアドレス）
Customs Corporation　2-7-68, Kaigan, Minato-ku, Tokyo, JAPAN　03-3456-XXXX　XXXXX@customs.co.jp

No.	6. Description of the goods, Invoice numbers and date of invoice 産品の品名、仕入書番号・日付	7. HS Code (6-digit level, HS2022) 関税分類番号 （6桁、HS2022）	8. Origin Conferring criterion 原産性の基準	9. RCEP country of origin RCEP 原産国	10. Quantity and value (FOB) where RVC is applied 数量及びFOB価額
1	Strawberry jam ABC01234 20 January 2023	2007.99	CTC	Lao PDR*	1,500kg

11. Remarks その他の特記事項

12. Information on original Proof of Origin (in the case of a back to back Declaration of Origin)　最初の原産地証明に関する情報（連続する原産地申告の場合）

13. The undersigned hereby certifies that the above details and statements are correct and that the goods specified in this Declaration of Origin meet all the relevant requirements of Chapter 3 (Rules of Origin) in the Regional Comprehensive Economic Partnership Agreement. These goods are exported from Thailand(exporting country) to ＿＿＿＿＿＿＿ (importing country).
私は、上記の情報が正確であること及びこの申告に記載された産品が地域的な包括的経済連携協定第3章（原産地規則）に定める全ての関連する要件を満たしていることを証明します。これらの産品は(輸出締約国)から（輸入締約国）に向けて輸出されます。

Date of Declaration 作成年月日：　　　　　1 February 2023
Name of the certifying person 作成者の氏名又は名称：Customs Corporation

Name of the agent of the certifying person 代理人の氏名又は名称：

Address of the agent of the certifying person 代理人の住所：

Signature 作成者の署名（日本への輸入の場合には不要）：

The certifying person　（□Approved exporter、□Exporter、□Producer、☑Importer）
本原産品申告書の作成者　認定された輸出者　輸出者　生産者　輸入者

税関ホームページ（「自己申告制度」利用の手引き～RCEP協定～）から作成

図6-1-9　RCEP-イチゴジャム（原産品申告明細書）

<原産品申告明細書の記載例>

原 産 品 申 告 明 細 書

(RCEP 協定)

1. 仕入書の番号及び日付	
ABC01234　2023年1月20日	
2. 原産品申告書における産品の番号	3. 産品の関税分類番号
1	2007.99-111
4. 適用する原産性の基準	
□WO　□PE　☑CTC・□RVC・□CR　□DMI　□ACU	
5. RCEP 原産国	
ラオス（RCEP協定第2・6条6　6(a)に基づく最高税率適用国）	
6. 上記4. で適用した原産性の基準を満たすこと及び上記5. の RCEP 原産国の決定に関する説明	

<製造工程>

タイの工場にて、次の材料を使用して製造する。

・いちご　　（第8類）ラオスの原産材料（完全生産品）

・砂糖　　　（第17類）非原産材料

・レモン果汁（第20類）中国の原産材料（中国にて第8類のレモンから搾汁）

・ペクチン　（第13類）非原産材料

非原産材料を使用し生産した本品は、第20.07項の品目別規則のうち、「CC」（類変更）を満たしていることから、RCEP 協定上のタイの原産品である。

本品の原材料であるいちごはラオスで栽培されたものであることからラオスの原産材料（完全生産品）である。また、レモン汁は中国において品目別規則（第2009.89 号）に定める「CC」（類変更）を満たしていることから中国の原産材料である。産品の生産にラオス及び中国の原産材料が使用されていることから、協定第2・6条6(a)に該当する締約国はラオス又は中国である。

上記事実は別添の材料一覧表によって確認することができる。

最初に、産品が RCEP 上、輸出締約国の原産品と認められるかを確認する。その次のステップとして、輸出締約国が「RCEP 原産国」かどうか決定するために「税率差ルール」を適用する。

7. 上記6. の説明に係る証拠書類の保有者
□生産者、□輸出者、☑輸入者
8. その他の特記事項
9. 作成者　氏名又は名称及び住所又は居所
税関商事株式会社 東京都港区海岸 2-7-68
（代理人の氏名又は名称及び住所又は居所）
作成日2023年2月1日

※ WO：完全生産品、PE：原産材料のみから生産される産品、CTC：関税分類変更基準、RVC：付加価値基準（域内原産割合）、CR：加工工程基準（化学反応）、ACU：累積、DMI：僅少の非原産材料

税関ホームページ（「自己申告制度」利用の手引き～RCEP 協定～）から作成

原産材料（完全生産品）である。また、レモン汁は中国において品目別規則（第2009.89号）に定める「CC」（類変更）を満たしていることから中国の原産材料である。産品の生産にラオス及び中国の原産材料が使用されていることから、協定第2.6条6（a）に該当する締約国はラオス又は中国である。」
を記載します。

　この事例のイチゴジャムは、特別ルールの該当品目であり、輸出締約国であるタイにおける付加価値が産品の価額の総額の20%以上であれば「RCEP原産国」はタイとなり、20%未満の場合には、「RCEP原産国」は最高価額の原産材料提供国となります。

　この事例の場合、原産品申告書の作成者が「RCEP原産国」の決定に必要な情報（すなわち、タイにおける付加価値の情報）を有していないため、「RCEP原産国」に代わってRCEP第2.6条6に基づく最高税率の適用国を記載することができます。その際、第2.6条6（a）に規定される、生産に関与した締約国に適用する税率のうち最高税率を記載する場合には、国名に「＊」を、（b）に規定される、すべての締約国に適用する税率のうち最高税率を記載する場合には、国名に「＊＊」を付けます。この事例の場合、ラオスと中国が生産に関与していますが、適用される税率はどちらも同じであることから、原産品申告書には、「RCEP原産国」としてラオスを記載し、「＊」が付けられています。

　この事例では、原産品申告明細書に記載された事実を裏付ける関係書類として、材料一覧表及び製造工程表を添付します（図6-1-10）。

　なお、材料一覧表の「HSコード」欄には、品目別規則で「CC」と規定されていることから2桁の類番号を記載していますが、「CTH」と規定されていれば4桁の項番号を、「CTSH」と規定されていれば6桁の号番号を記載することが必要です。

図 6-1-10　RCEP-イチゴジャム（関係書類）

<関係書類の例>

材料一覧表

	材料名	HSコード	備考
①	いちご	08	ラオス産
②	砂糖	17	
③	レモン果汁	20	中国産
④	ペクチン	13	

製造工程表

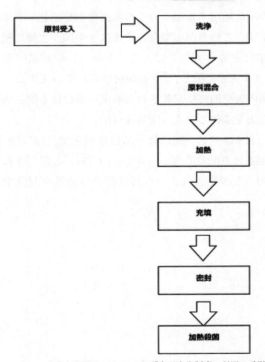

出典：税関ホームページ（「自己申告制度」利用の手引き〜RCEP協定〜）

(4) RCEP-T シャツ（関税分類変更基準）（税率差有・特別ルール非該当）

　関税分類変更基準を満たした産品の例として、カンボジアから輸入する T シャツを取り上げます。当該産品は、以下のとおり税率差が存在する品目に該当しますが、税率差ルールの特別ルールに該当しない品目です。

	発効前	2022/1/1	2022/4/1	〜	2036/4/1
ASEAN、オーストラリア及びニュージーランドに対する待遇	10.9%	無税	無税		無税
中国及び韓国に対する待遇		10.2%	9.5%		無税

出典：税関ホームページ（「自己申告制度」利用の手引き〜RCEP 協定〜）

　当該産品について作成した「原産品申告書」を図 6-1-11 に、「原産品申告明細書」を図 6-1-12 に示します。

　「原産品申告明細書」の第 6 欄（「上記 4. で適用した原産性の基準を満たすこと及び上記 5. の RCEP 原産国の決定に関する説明」）には、まず、産品が第 4 欄にチェックした「適用する原産性の基準」を満たし、輸出締約国の原産品と認められる事実を記載し、次に、RCEP 原産国をどのように決定（輸出締約国又はそれ以外の締約国）したかについて記載します。

　この事例の場合、原産地規則を満たすことを確認するために作成した証明資料に基づいて、第 4 欄の CTC（関税分類変更基準）を満たすこと、すなわち、すべての非原産材料の HS 番号と産品の HS 番号との間に特定の HS 番号の変更があることを確認できる事実として、

「〈製造工程〉

カンボジアの工場にて、次の材料（非原産材料）を使用して製造する。

・表地（綿製のもの、中国で編み立てたもの）（第 60.06 項）

・芯地（不織布）（第 56.03 項）

・紡織用繊維から成るラベル（第 58.07 項）

・縫い糸（第 54.01 項）

非原産材料を使用し生産した本品は、第 61.09 項の品目別規則である「CC」（類変更）を満たしていることから、RCEP 協定上のカンボジアの原産品である。」

を記載します。

　さらに、RCEP 原産国の決定に関する説明として、

「また、本品は日本の譲許表の付録に掲げる品目に該当しないことから、「RCEP

図6-1-11　RCEP-Tシャツ（原産品申告書）

<原産品申告書の記載例>

Declaration of Origin 原 産 品 申 告 書
(Regional Comprehensive Economic Partnership Agreement 地域的な包括的経済連携協定)

1. Unique reference number　固有の参照番号 59CUS0058792	2 Authorization code (in the case of approved exporter) 認定番号（認定された輸出者の場合）

3. Exporter's name, address (including country) and contact (phone or email address)
輸出者の氏名又は名称、住所（国名を含む）、連絡先（電話番号又は電子メールアドレス）
KHFACTORY CO,.LTD. ××, PHENOM PENH, CAMBODIA
(XXXX) XXXXXXXX　XXXXX@Khfactory.co.kh

4. Producer's name, address (including country) and contact (phone or email address), if known
生産者の氏名又は名称、住所（国名を含む）、連絡先（電話番号又は電子メールアドレス）（判明している場合）
Same as above

5. Importer's or consignee's name, address (including country) and contact (phone or email address)
輸入者又は荷受人の氏名又は名称、住所（国名を含む）、連絡先（電話番号又は電子メールアドレス）
Customs Corporation　2-7-68, Kaigan, Minato-ku, Tokyo, JAPAN　03-3456-XXXX　XXXXX@customs.co.jp

No.	6. Description of the goods , Invoice numbers and date of invoice 産品の品名、仕入書番号・日付	7. HS Code (6-digit level, HS2022) 関税分類番号（6桁、HS2022）	8. Origin Conferring criterion 原産性の基準	9. RCEP country of origin RCEP 原産国	10. Quantity and value (FOB) where RVC is applied 数量及び FOB 価額
1	T shirts ABC01234 20 January 2023	6109.10	CTC	Cambodia	1,000 PCS

11. Remarks その他の特記事項

12. Information on original Proof of Origin (in the case of a back to back Declaration of Origin)　最初の原産地証明に関する情報（連続する原産地申告の場合）

13. The undersigned hereby certifies that the above details and statements are correct and that the goods specified in this Declaration of Origin meet all the relevant requirements of Chapter 3 (Rules of Origin) in the Regional Comprehensive Economic Partnership Agreement. These goods are exported from Cambodia(exporting country) to _____ (importing country).
私は、上記の情報が正確であること及びこの申告に記載された産品が地域的な包括的経済連携協定第3章（原産地規則）に定める全ての関連する要件を満たしていることを証明します。これらの産品は(輸出締約国)から（輸入締約国）に向けて輸出されます。

Date of Declaration 作成年月日：　　　　　　　　1 February 2023
Name of the certifying person 作成者の氏名又は名称：Customs Corporation

Name of the agent of the certifying person　代理人の氏名又は名称：

Address of the agent of the certifying person　代理人の住所：

Signature 作成者の署名（日本への輸入の場合には不要）：

The certifying person　　　（□Approved exporter、□Exporter、□Producer、☑Importer）
本原産品申告書の作成者　　　認定された輸出者　　　輸出者　　生産者　　輸入者

税関ホームページ（「自己申告制度」利用の手引き～RCEP協定～）から作成

図 6-1-12　RCEP–T シャツ（原産品申告明細書）

<原産品申告明細書の記載例>

原 産 品 申 告 明 細 書

（RCEP 協定）

1. 仕入書の番号及び日付 　ABC01234　2023年1月20日	
2. 原産品申告書における産品の番号 　1	3. 産品の関税分類番号 　6109.10-011
4. 適用する原産性の基準 　□WO　□PE　☑CTC・□RVC・□CR　□DMI　□ACU	
5. RCEP 原産国 　カンボジア	
6. 上記 4. で適用した原産性の基準を満たすこと及び上記 5. の RCEP 原産国の決定に関する説明 <製造工程> カンボジアの工場にて、次の材料(非原産材料)を使用して製造する。 ・表地(綿製のもの、中国で編み立てたもの)　　(第 60.06 項) ・芯地(不織布)　　　　　　　　　　　　　　(第 56.03 項) ・紡織用繊維から成るラベル　　　　　　　　　(第 58.07 項) ・縫い糸　　　　　　　　　　　　　　　　　(第 54.01 項) 　　非原産材料を使用し生産した本品は、第 61.09 項の品目別規則である「CC」(類変更)を満た していることから、RCEP 協定上のカンボジアの原産品である。 　　また、本品は日本の譲許表の付録に掲げる品目に該当しないことから、「RCEP 原産国」はカン ボジアとなる。 　　上記事実は別添の総部品表によって確認することができる。 最初に、産品が RCEP 上、輸出締約国の原産品と認められるかを確認する。その次のステップと して、輸出締約国が「RCEP 原産国」かどうか決定するために「税率差ルール」を適用する。	
7. 上記 6. の説明に係る証拠書類の保有者 　　□生産者、□輸出者、☑輸入者	
8. その他の特記事項	
9. 作成者　氏名又は名称及び住所又は居所 　　税関商事株式会社 東京都港区海岸 2-7-68 　　　　(代理人の氏名又は名称及び住所又は居所) 　作成日2023年2月1日	

※ WO：完全生産品、PE：原産材料のみから生産される産品、CTC：関税分類変更基準、RVC：
　付加価値基準（域内原産割合）、CR：加工工程基準（化学反応）、ACU：累積、DMI：僅少の非
　原産材料

　　　　　税関ホームページ（「自己申告制度」利用の手引き～RCEP 協定～）から作成

原産国」はカンボジアとなる。」
を記載します。

　この事例では、原産品申告明細書に記載された事実を裏付ける関係書類として、総部品表（材料一覧表）及び製造工程フロー図を添付します（図6-1-13）。

図6-1-13　RCEP-T シャツ（関係書類）

<関係書類の例>

総部品表

産　　品：Tシャツ
スタイルNO.：01234　（税番：6109.10-011）

	材料名	HSコード	備考
①	表地（綿製のもの、中国で編み立てたもの）	60.06	
②	芯地（不織布）	56.03	
③	紡織用繊維から成るラベル	58.07	
④	縫い糸	54.01	

<製造工程>

出典：税関ホームページ（「自己申告制度」利用の手引き～RCEP協定～）

(5) RCEP-革靴（関税分類変更基準）（税率差有・特別ルール該当）

　関税分類変更基準を満たした産品の例として、カンボジアから輸入する革靴を取り上げます。当該産品は、以下のとおり税率差が存在する品目に該当するとともに、税率差ルールの特別ルールにも該当する品目です。

	発効前	2022/1/1	2022/4/1		2036/4/1		2041/4/1
ASEAN、オーストラリア及びニュージーランドに対する待遇	30.0%（その率が 1 足につき 4,300 円の従量税率より低いときは、当該従量税率）	20.3%	18.9%	～	無税	～	無税
中国に対する待遇		20.6%	19.5%		5.1%		無税
韓国に対する待遇		非譲許	非譲許		非譲許		非譲許

出典：税関ホームページ（「自己申告制度」利用の手引き～RCEP 協定～）

　当該産品について作成した「原産品申告書」を図 6-1-14 に、「原産品申告明細書」を図 6-1-15 に示します。

　「原産品申告明細書」の第 6 欄（「上記 4. で適用した原産性の基準を満たすこと及び上記 5. の RCEP 原産国の決定に関する説明」）には、まず、産品が第 4 欄にチェックした「適用する原産性の基準」を満たし、輸出締約国の原産品と認められる事実を記載し、次に、RCEP 原産国をどのように決定（輸出締約国又はそれ以外の締約国）したかについて記載します。

　この事例の場合、原産地規則を満たすことを確認するために作成した証明資料に基づいて、第 4 欄の CTC（関税分類変更基準）を満たすこと、すなわち、すべての非原産材料の HS 番号と産品の HS 番号との間に特定の HS 番号の変更があることを確認できる事実として、

「〈製造工程〉

カンボジアの工場にて、次の材料（非原産材料）を使用して製造する。

　牛革（第 41.07 項）、ラバーシート（第 40.08 項）、縫製糸（第 54.01 項）、靴紐（第 58.08 項）、接着剤（第 35.06 項）、シャンク（第 64.06 項）

　非原産材料を使用し生産した本品は、第 6403.99 号の品目別規則のうち、「CTH」（項変更）を満たしていることから、RCEP 協定上のカンボジアの原産品である。」

を記載します。

　さらに、RCEP 原産国の決定に関する説明として、

「〈輸出締約国での付加価値〉

　産品の価額：別添製造原価計算書の記載のとおり、JPY3,000 である。

図 6-1-14　RCEP-革靴（原産品申告書）

<原産品申告書の記載例>

Declaration of Origin 原産品申告書
(Regional Comprehensive Economic Partnership Agreement 地域的な包括的経済連携協定)

1. Unique reference number　固有の参照番号 59CUS0058792	2 Authorization code (in the case of approved exporter) 認定番号（認定された輸出者の場合）
3. Exporter's name, address (including country) and contact (phone or email address) 輸出者の氏名又は名称、住所（国名を含む）、連絡先（電話番号又は電子メールアドレス） KH FACTORY CO.,LTD. ××, PHENOM PENH, CAMBODIA (XXXX) XXXXXXXX　XXXXX@ Khfactory.co.kh	
4. Producer's name, address (including country) and contact (phone or email address), if known 生産者の氏名又は名称、住所（国名を含む）、連絡先（電話番号又は電子メールアドレス）（判明している場合） KH SHOES FACTORY CO., LTD. ××, PHENOM PENH, CAMBODIA (XXXX) XXXXXXXX　XXXXX@ Khfactory.co.kh	
5. Importer's or consignee's name, address (including country) and contact (phone or email address) 輸入者又は荷受人の氏名又は名称、住所（国名を含む）、連絡先（電話番号又は電子メールアドレス） Customs Corporation　2-7-68, Kaigan, Minato-ku, Tokyo, JAPAN　03-3456-XXXX　XXXXX@customs.co.jp	

No.	6. Description of the goods , Invoice numbers and date of invoice 産品の品名、仕入書番号・日付	7. HS Code (6-digit level, HS2022) 関税分類番号（6桁、HS2022）	8. Origin Conferring criterion 原産性の基準	9. RCEP country of origin RCEP 原産国	10. Quantity and value (FOB) where RVC is applied 数量及び FOB 価額
1	Leather Shoes ABC01234 20 January 2023	6403.99	CTC	Cambodia	3,000 PRS

11. Remarks　その他の特記事項

12. Information on original Proof of Origin (in the case of a back to back Declaration of Origin)　最初の原産地証明に関する情報（連続する原産地申告の場合）

13. The undersigned hereby certifies that the above details and statements are correct and that the goods specified in this Declaration of Origin meet all the relevant requirements of Chapter 3 (Rules of Origin) in the Regional Comprehensive Economic Partnership Agreement. These goods are exported from Cambodia(exporting country) to ＿＿＿＿＿＿＿＿＿ (importing country).

私は、上記の情報が正確であること及びこの申告に記載された産品が地域的な包括的経済連携協定第３章（原産地規則）に定める全ての関連する要件を満たしていることを証明します。これらの産品は(輸出締約国)から (輸入締約国) に向けて輸出されます。

Date of Declaration 作成年月日：　　　　　　　　1 February 2023
Name of the certifying person 作成者の氏名又は名称：Customs Corporation

Name of the agent of the certifying person 代理人の氏名又は名称：

Address of the agent of the certifying person 代理人の住所：

Signature 作成者の署名（日本への輸入の場合には不要）：

The certifying person　　　　　（□Approved exporter、□Exporter、□Producer、☑Importer)
本原産品申告書の作成者　　　認定された輸出者　　輸出者　　生産者　　輸入者

税関ホームページ（「自己申告制度」利用の手引き～RCEP 協定～）から作成

図6-1-15　RCEP-革靴（原産品申告明細書）

<原産品申告明細書の記載例>

原 産 品 申 告 明 細 書

(RCEP 協定)

1. 仕入書の番号及び日付	
ABC01234　2023年1月20日	
2. 原産品申告書における産品の番号	3. 産品の関税分類番号
1	6403.99-015
4. 適用する原産性の基準	
□WO　□PE　☑CTC・□RVC・□CR　□ACU　□DMI	
5. RCEP 原産国	
カンボジア	

6. 上記 4. で適用した原産性の基準を満たすこと及び上記 5. の RCEP 原産国の決定に関する説明

<製造工程>

カンボジアの工場にて、次の材料(非原産材料)を使用して製造する。

牛革(第 41.07 項)、ラバーシート(第 40.08 項)、縫製糸(第 54.01 項)、靴紐(第 58.08 項)、接着剤(第 35.06 項)、シャンク(第 64.06 項)

<輸出締約国での付加価値>

産品の価額:別添製造原価計算書の記載のとおり、JPY3,000 である。

非原産材料の総価額:別添製造原価計算書の記載のとおり、JPY1,040 である。

なお、本品の生産に使用された材料は全て非原産材料である。

本品のカンボジアでの付加価値を控除方式により計算すると、

$$\frac{3,000 - 1,040}{3,000} \times 100 = 65\%$$

となる。

　非原産材料を使用し生産した本品は、第 6403.99 号の品目別規則のうち、「CTH」(項変更)を満たしていることから、RCEP 協定上のカンボジアの原産品である。また、輸出締約国であるカンボジアでの付加価値は産品の価額の総額の 20%以上であることから、「RCEP 原産国」はカンボジアとなる。上記事実は別添の材料一覧表及び製造原価計算書によって確認することができる。

最初に、産品が RCEP 上、輸出締約国の原産品と認められるかを確認する。その次のステップとして、輸出締約国が「RCEP 原産国」かどうか決定するために「税率差ルール」を適用する。

7. 上記 6. の説明に係る証拠書類の保有者
□生産者、□輸出者、☑輸入者
8. その他の特記事項
9. 作成者　氏名又は名称及び住所又は居所
税関商事株式会社 東京都港区海岸 2-7-68
（代理人の氏名又は名称及び住所又は居所）
作成日2023年2月1日

※ WO:完全生産品、PE:原産材料のみから生産される産品、CTC:関税分類変更基準、RVC:付加価値基準（域内原産割合）、CR:加工工程基準（化学反応）、ACU:累積、DMI:僅少の非原産材料

税関ホームページ（「自己申告制度」利用の手引き～RCEP 協定～）から作成

非原産材料の総価額：別添製造原価計算書の記載のとおり、JPY1,040 である。

なお、本品の生産に使用された材料はすべて非原産材料である。

本品のカンボジアでの付加価値を控除方式により計算すると、

$$\frac{3,000-1,040}{3,000} \times 100 = 65\%$$

となる。

また、輸出締約国であるカンボジアでの付加価値は産品の価額の総額の 20% 以上であることから、「RCEP 原産国」はカンボジアとなる。」
を記載します。

　税率差ルールでの特別ルールが適用される場合には、関税分類変更基準を適用する場合に添付する関係書類に加え、「RCEP 原産国」であることを確認するための関係書類として、輸出締約国で付加価値が産品の価額の 20% 以上であることが確認できるものを添付する必要があります。

　この事例では、原産品申告明細書に記載された事実を裏付ける関係書類として、総部品表（材料一覧表）、製造工程フロー図、製造原価計算書を添付します（図 6-1-16）。

図 6-1-16　RCEP-革靴（関係書類）

<関係書類の例>

材料一覧表

革靴：デザインNO．1023R　（税番：6403.99-015）

	材料名	形状	成分・材質	HS コード	備考
①	牛革	全形（1枚）	牛、なめし	41.07	
②	ラバーシート	SHEET120*180cm)	合成ゴム	40.08	
③	縫製糸	ROLL	ポリエステル	54.01	
④	靴紐	束	綿	58.08	
⑤	接着剤	CAN	ポリウレタン	35.06	
⑥	シャンク	PIECE	鉄	64.06	

製造者：　KH SHOES FACTORY CO., LTD.
住　所：　xx , PHNOM PENH, CAMBODIA

製造原価計算書

革靴：デザインNO．1023R　（税番：6403.99-015）

項目		金額（JPY）	備考
材料費	牛革	700	
	ラバーシート	200	
	縫製糸	20	
	靴紐	50	
	接着剤	20	
	シャンク	50	
労務費		500	
経費	電力・燃料費	220	
	減価償却費	120	
	消耗品費	120	
製造費用		2,000	
産品の価額		3,000	

税関ホームページ（「自己申告制度」利用の手引き～RCEP 協定～）から作成

(6) TPP11−自動車用革製腰掛け部分品（付加価値基準）

　付加価値基準を満たした産品の例として、メキシコから輸入する自動車用革製腰掛け部分品を取り上げます。当該産品について作成した「原産品申告書」を図6-1-17に、「原産品申告明細書」を図6-1-18に示します。

　「原産品申告明細書」の第5欄（「上記4.で適用した原産性の基準を満たすことの説明」）には、まず、産品が第4欄にチェックした「適用する原産性の基準」を満たし、輸出締約国の原産品と認められる事実を記載します。

　この事例の場合、原産地規則を満たすことを確認するために作成した証明資料に基づいて、第4欄のPSR（VA）（付加価値基準）を満たすこと、すなわち、付加価値基準で設定されている一定の価値が付加されていることを確認できる事実として、

「〈原材料〉

①牛革：メキシコの牛の皮を鞣す等の工程を経てメキシコで生産されたもの
　（原産材料）

②紡織用繊維：XX国から輸入したもの（非原産材料）

③縫糸：XX国から輸入したもの（非原産材料）

〈原産資格割合〉

非原産材料の総価額：別添製造原価計算書の記載のとおり、USD1,000である。

　産品の価額：別添製造原価計算書記載のとおり、USD10,000である。

　メキシコにおいて非原産材料を使用し生産された本品が満たすべき品目別規則（第9401.90号）は、「項変更」、「域内原産割合が30%以上（積上げ方式の場合）」、「域内原産割合が40%以上（控除方式の場合）」、「域内原産割合が50%以上（重点価額方式の場合）」のいずれかである。なお、原材料、非原産材料の総価額及び産品の価額は上記のとおりである。

　よって、本品の域内原産割合を控除方式により計算すると、

$$\frac{10,000-1,000}{10,000} \times 100 = 90\%$$

となり、上記品目別規則に定める域内原産割合40%以上（控除方式）を満たすことからTPP11（CPTPP）上の原産品である。」
を記載します。

　この事例では、原産品申告明細書に記載された事実を裏付ける関係書類として、

図 6-1-17　TPP11-自動車用革製腰掛け部分品（付加価値基準）

<原産品申告書の記載例>

原産品申告書
（環太平洋パートナーシップに関する包括的及び先進的な協定）

1. 輸出者の氏名又は名称、住所（国名を含む）、電話番号及び電子メールアドレス メキシコ自動車部品株式会社 Paseo de la Reforma No.XXX Torre M piso XX Col.Cuanhtemoc, C.P. XXXXXX, Ciudad de Mexico, Mexico (52-55)XXXX-XXXX co.mx			
2. 生産者の氏名又は名称、住所（国名を含む）、電話番号及び電子メールアドレス 			
3. 輸入者の氏名又は名称、住所（日本国内に限る）、電話番号及び電子メールアドレス 税関商事株式会社 東京都港区海岸2-7-68 03-3456-XXXX XXXXXX@customs.co.jp			

No.	4. 産品の概要 品名、仕入書の番号（一回限りの輸入申告に使用する場合で、判明している場合）	5. 関税分類番号（6桁、HS 2012）	6. 適用する原産性の基準（WO、PE、PSR） 適用するその他の原産性の基準（DMI、ACU）
1	自動車用革製腰掛け部分品（Leather Seat Parts） 仕入書番号：ABC012345、2021.3.19	第9401.90号	PSR

7. 包括的な期間（同一の産品が2回以上輸送される場合の期間） 	
8. その他の特記事項 	

9.　私は、この文書に記載する産品が原産品であり、及びこの文書に含まれる情報が真正かつ正確であることを証明する。私は、そのような陳述を立証することに責任を負い、並びにこの証明書を裏付けるために必要な文書を保管し、及び要請に応じて提示し、又は確認のための訪問中に利用可能なものとすることに同意する。

作成年月日　2021.3.31
作成者の氏名又は名称　税関商事株式会社
代理人の氏名又は名称
代理人の住所又は居所

本原産品申告書の作成者（☑輸入者、□輸出者、□生産者）

※ WO：完全生産品、PE：原産材料のみから生産される産品、PSR：品目別原産地規則を満たす産品、DMI：僅少の非原産材料、ACU：累積

出典：税関ホームページ（「自己申告制度」利用の手引き）〜CPTPP〜

図 6-1-18　TPP11-自動車用革製腰掛け部分品（原産品申告明細書）

<原産品申告明細書の記載例>

原 産 品 申 告 明 細 書

（□オーストラリア協定、☑TPP11 協定）

1.　仕入書の番号及び日付 　　ABC012345、2021.3.19	「適用する原産性の基準」の欄の 「PSR」及び「VA」の2か所にチェック	
2.　原産品申告書における産品の番号 　　[1]	3.　産品の関税分類番号 　　第9401.90号	
4.　適用する原産性の基準 　　□WO　□PE　☑PSR（□CTC・☑VA・□SP）　□DMI　□ACU		
5.　上記 4. で適用した原産性の基準を満たすことの説明 <原材料> ①牛革：メキシコの牛の皮を鞣す等の工程を経てメキシコで生産されたもの(原産材料) ②紡織用繊維：XX 国から輸入したもの(非原産材料) ③縫糸：XX 国から輸入したもの(非原産材料) <原産資格割合> 非原産材料の総価額：別添製造原価計算書の記載のとおり、USD1,000 である。産品の価額：別添製造原価計算書記載のとおり、USD10,000 である。 メキシコにおいて非原産材料を使用し生産された本品が満たすべき品目別規則(第 9401.90号)は、「項変更」、「域内原産割合が 30%以上(積上げ方式の場合)」、「域内原産割合が 40%以上(控除方式の場合)」、「域内原産割合が 50%以上(重点価額方式の場合)」のいずれかである。 なお、原材料、非原産材料の総価額及び産品の価額は上記のとおりである。 よって、本品の域内原産割合を控除方式により計算すると、 $$\frac{10,000 - 1,000}{10,000} \times 100 = 90\%$$ となり、上記品目別規則に定める域内原産割合 40%以上(控除方式)を満たすことから CPTPP上の原産品である。 　上記事実は別添の製造原価計算書によって確認することができる。		
6.　上記 5. の説明に係る証拠書類の保有者 　　□生産者、□輸出者、☑輸入者		
7.　その他の特記事項		
8.　作成者　氏名又は名称及び住所又は居所 　　税関商事株式会社 東京都港区海岸 2-7-68 　　　（代理人の氏名又は名所及び住所又は居所） 　　作成 2021 年　3月 31 日		

※ WO：完全生産品、PE：原産材料のみから完全に生産される産品、
　PSR：品目別規則を満たす産品　（CTC：関税分類変更基準、VA：付加価値基準、SP：加工工程基準）
　DMI：僅少の非原産材料、ACU：累積
　　　　　　　　税関ホームページ（「自己申告制度」利用の手引き）～CPTPP～）から作成

製造原価計算書を添付します（図 6-1-19）。

図6-1-19　TPP11-自動車用革製腰掛け部分品（関係書類）

<関係書類の例>

製造原価計算書

品名：自動車用革製腰掛け部分品
品番：○○○

項目		金額（USD）	備考
原材料		3,000	
	牛革	2,000	※TPP11(CPTPP)原産品
	紡織用繊維	950	※左記価額はCIF価額
	糸	50	※左記価額はCIF価額
労務費		3,000	
経費		500	
	電力・燃料費	150	
	減価償却費	300	
	消耗品費	50	
製造費用（合計）		6,500	
産品の価額		10,000	

出典：税関ホームページ（〜TPP11〜「自己申告制度」利用の手引き）

(7) TPP11-ポリプロピレン（加工工程基準）

　加工工程基準を満たした産品の例として、シンガポールから輸入するポリプロピレンを取り上げます。当該産品について作成した「原産品申告書」を図 6-1-20 に、「原産品申告明細書」を図 6-1-21 に示します。

　「原産品申告明細書」の第 5 欄（「上記 4. で適用した原産性の基準を満たすことの説明」）には、まず、産品が第 4 欄にチェックした「適用する原産性の基準」を満たし、輸出締約国の原産品と認められる事実を記載します。

　この事例の場合、原産地規則を満たすことを確認するために作成した証明資料に基づいて、第 4 欄の PSR（SP）（加工工程基準）を満たすこと、すなわち、特定の製造又は加工の作業が行われていることを確認できる事実として、

　「〈製造工程〉

シンガポールの工場にて下記のとおり製造する。

①サウジアラビアから輸入した原油を蒸留・精製し、ナフサを製造

②当該ナフサを熱分解・精製し、プロピレンを製造

③プロピレンに触媒を入れ重合させ産品を製造

　非原産材料を使用し生産した本品が満たすべき品目別規則（第 3902.10 号）は、「化学反応」、「項変更（第 29.01 項の材料からの変更を除く）」、「項変更及び重合体の総含有量の 50% 以上が原産品であること」、「域内原産割合 35% 以上（積上げ方式）」又は「域内原産割合 45% 以上（控除方式）」のいずれかである。なお、本品の製造工程は上記のとおりである。

　よって、本品は、上記品目別規則に定める化学反応を上記製造工程において経ていることから TPP11（CPTPP）上の原産品である。」

を記載します。

　この事例では、原産品申告明細書に記載された事実を裏付ける関係書類として、製造工程表を添付します（図 6-1-22）。

図 6-1-20　TPP11-ポリプロピレン（原産品申告書）

<原産品申告書の記載例>

原 産 品 申 告 書

(環太平洋パートナーシップに関する包括的及び先進的な協定)

1. 輸出者の氏名又は名称、住所（国名を含む）、電話番号及び電子メールアドレス シンガポールケミカル株式会社 XXXX Nassim Road, Singapore, XXXXX, Republic of Singapore (65) XXXXXXXX　XXXXXX@singapore-chemical.co.sg			
2. 生産者の氏名又は名称、住所（国名を含む）、電話番号及び電子メールアドレス			
3. 輸入者の氏名又は名称、住所（日本国内に限る）、電話番号及び電子メールアドレス 税関商事株式会社 東京都港区海岸2-7-68　03-3456-XXXX　XXXXXX@customs.co.jp			
No.	4. 産品の概要 品名、仕入書の番号（一回限りの輸入申告に使用する場合で、判明している場合）	5. 関税分類番号（6桁、HS 2012）	6. 適用する原産性の基準 (WO、PE、PSR) 適用するその他の原産性の基準 (DMI、ACU)
1	ポリプロピレン 仕入書番号：ABC012345、2021.3.19	第3902.10号	PSR
7. 包括的な期間（同一の産品が2回以上輸送される場合の期間）			
8. その他の特記事項			

9.　私は、この文書に記載する産品が原産品であり、及びこの文書に含まれる情報が真正かつ正確であることを証明する。私は、そのような陳述を立証することに責任を負い、並びにこの証明書を裏付けるために必要な文書を保管し、及び要請に応じて提示し、又は確認のための訪問中に利用可能なものとすることに同意する。

作成年月日　2021.3.31
作成者の氏名又は名称　税関商事株式会社
代理人の氏名又は名称　財務ロジスティクス株式会社
代理人の住所又は居所　東京都千代田区霞が関3-1-1

本原産品申告書の作成者（☑輸入者、□輸出者、□生産者）

※ WO：完全生産品、PE：原産材料のみから生産される産品、PSR：品目別原産地規則を満たす産品、DMI：僅少の非原産材料、ACU：累積

出典：税関ホームページ（「自己申告制度」利用の手引き）～CPTPP～）

図6-1-21　TPP11-ポリプロピレン（原産品申告明細書）

<原産品申告明細書の記載例>

原 産 品 申 告 明 細 書

（□オーストラリア協定、☑TPP11 協定）

1. 仕入書の番号及び日付 　ABC012345、2021.3.19	「適用する原産性の基準」の欄の 「PSR」及び「SP」の2か所にチェック	
2. 原産品申告書における産品の番号 　[1]	3. 産品の関税分類番号 　第3902.10号	
4. 適用する原産性の基準 　□WO　□PE　☑PSR（□CTC・□VA・☑SP）　□DMI　□ACU		
5. 上記4.で適用した原産性の基準を満たすことの説明 <製造工程> シンガポールの工場にて下記のとおり製造する。 ①サウジアラビアから輸入した原油を蒸留・精製し、ナフサを製造 ②当該ナフサを熱分解・精製し、プロピレンを製造 ③プロピレンに触媒を入れ重合させ産品を製造 　非原産材料を使用し生産した本品が満たすべき品目別規則（第3902.10号）は、「化学反応」、「項変更（第29.01項の材料からの変更を除く）」、「項変更及び重合体の総含有量の50％以上が原産品であること」、「域内原産割合 35％以上（積上げ方式）」又は「域内原産割合 45％以上（控除方式）」のいずれかである。なお、本品の製造工程は上記のとおりである。 　よって、本品は、上記品目別規則に定める化学反応を上記製造工程において経ていることからCPTPP上の原産品である。 　上記事実は別添の製造工程表によって確認することができる。		
6. 上記5.の説明に係る証拠書類の保有者 　　□生産者、□輸出者、☑輸入者		
7. その他の特記事項		
8. 作成者　氏名又は名称及び住所又は居所 　税関商事株式会社 東京都港区海岸 2-7-68 　（代理人の氏名又は名称及び住所又は居所） 　　財務ロジスティクス株式会社　東京都千代田区霞が関 3-1-1 　作成 2021 年　3 月 31 日		

※ WO：完全生産品、PE：原産材料のみから完全に生産される産品、
　PSR：品目別規則を満たす産品　（CTC：関税分類変更基準、VA：付加価値基準、SP：加工工程基準）
　DMI：僅少の非原産材料、ACU：累積
　　　　　　税関ホームページ（「自己申告制度」利用の手引き）〜CPTPP〜）から作成

図 6-1-22　TPP11-ポリプロピレン（関係書類）

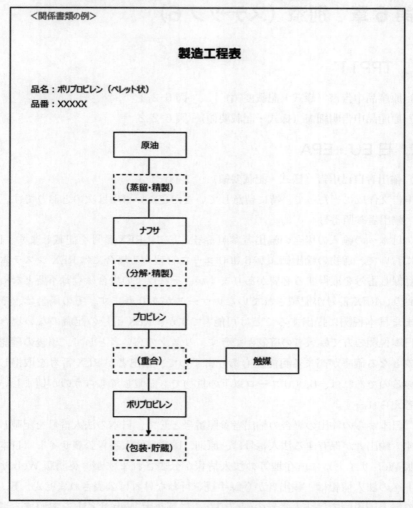

出典：税関ホームページ（「自己申告制度」利用の手引き～RCEP 協定～）

第6章　別添（ステップ6）

1. TPP11

(1) 原産品申告書（様式・記載要領）　　　図 6-2-1
(2) 原産品申告明細書（様式・記載要領）　図 6-2-2

2. 日 EU・EPA

(1) 輸出者自己申告（様式・記載要領）　　図 6-2-3

申告文作成に当たって、特に留意していただきたい事項は次のとおりです。

① 輸出者参照番号

　　日本への輸入の場合の輸出者参照番号として、REX 番号を記載します。EU において、貨物の輸出価額が 6,000 ユーロを超える場合には REX システムに登録し番号を取得する必要がありますが、それ以下の場合は登録不要となっており、REX 番号が記載されていないケースがあり得ます。その場合は、そのまま日本税関に提出することは可能[1]ですが、REX 番号の記載のない場合、日本税関の方で輸入者の確認ができず、リスクの高い者として、事後の確認対象となる確率が高まる可能性もありますので、輸出者が REX 番号を取得しているのであれば、6,000 ユーロ以下の貨物でも記載してもらうのが望ましいと考えられます。

　　日本からの輸出の場合の輸出者参照番号として、日本の法人番号を記載します。輸出者が保有する法人番号は、原則、国税庁法人番号公表サイト（日本語版 Web サイト）に所在地等の法人情報が公表されますが、英語版 Web サイトへの法人情報は、輸出者が登録手続を行わなければ公表されません。EU 側の輸入国税関では法人番号の確認のために英語版 Web サイトを参照する場合があり、その登録がない場合は、EU 側税関の方で輸入者を確認できず、その後の手続きに進めなくなる可能性があります。これを避けるため、輸出者自己申告を利用して EU へ輸出される方は、国税庁法人番号公表サイト[2]から英語

1　日本関税協会ホームページ「日 EU・EPA1 周年記念セミナー質疑応答集」（https://www.kanzei.or.jp/info/eu-japan_epa1stanniversary.htm）

2　https://www.houjin-bangou.nta.go.jp/eigotouroku/

表記の登録を行っていただくことが望ましいと考えます。

② 作成者（生産者及び輸出者）

EU へ輸出する場合、日本の生産者又は輸出者（商社等）の双方が原産地申告を作成することができ、具体的には、次の 4 つのシナリオが考えられ、それぞれのシナリオについて、図 6-2-4〜図 6-2-7 に作成例及び注意点を示します。

シナリオ 1：生産者が協定上の輸出者として、自身が作成する商業上の書類（納品書（Delivery Note）等）に原産地に関する申告を記載して、貨物を実際に輸出する商社等に送付し、商社等は別途インボイスその他の商業書類を用意して輸出申告を行う場合です。

シナリオ 2：輸出申告を行う商社等が、原産品としての資格の判断に必要な情報を生産者から入手し、当該商社等が協定上の輸出者として、自己の発行するインボイスに原産地に関する申告文を記載する場合です。

シナリオ 3：上記シナリオに比べて採用される可能性は少ないですが、生産者が協定上の輸出者として、貨物の輸出者である商社等が発行するインボイスに申告文を記載する場合です。商社等に原産品としての資格の判断に必要な情報を提供したくない場合等での利用が考えられます。なお、この場合、申告文に加え、協定上の輸出者が商業上の書類（この場合インボイス）を発行した者でないことをインボイスに明記する必要があります。

シナリオ 4：採用の可能性はほとんどないと思われますが、輸出申告を行う商社等が、協定上の輸出者として、生産者が発行した商業上の書類（納品書等）に申告文を記載する場合です。この場合も、申告文に加え、協定上の輸出者が商業上の書類を発行した者でないことを書類に明記する必要があります。

③ 別紙の使用

商業上の書類ではなく、図 6-2-8 に示すような独立した文書（別紙）に申告文を作成して、使用することが可能です。この場合には、別紙に申告文及び商業上の書類（インボイス等）の番号とその発行日を記載し、併せて当該商業上の書類に申告文は別紙である旨を記載し、商業上の書類と別紙の関連付けを明確にすることが必要です。

独立した別紙を利用する場合として、一つの申告文で複数回の産品の輸出をカバーしたい時に利用される可能性が高いと考えられますが、その場合、別紙

図 6-2-1　TPP11：原産品申告書（様式・記載要領）

〈原産品申告書記載要領〉

原 産 品 申 告 書
(環太平洋パートナーシップに関する包括的及び先進的な協定)

1. 輸出者の氏名又は名称、住所（国名を含む）、電話番号及び電子メールアドレス

2. 生産者の氏名又は名称、住所（国名を含む）、電話番号及び電子メールアドレス

3. 輸入者の氏名又は名称、住所（日本国内に限る）、電話番号及び電子メールアドレス

No.	4. 産品の概要 品名、仕入書の番号（一回限りの輸入申告に使用する場合で、判明している場合）	5. 関税分類番号（6桁、HS 2012）	6. 適用する原産性の基準（WO、PE、PSR）適用するその他の原産性の基準（DMI、ACU）

7. 包括的な期間（同一の産品が2回以上輸送される場合の期間）

8. その他の特記事項

9.　私は、この文書に記載する産品が原産品であり、及びこの文書に含まれる情報が真正かつ正確であることを証明する。私は、そのような陳述を立証することに責任を負い、並びにこの証明書を裏付けるために必要な文書を保管し、及び要請に応じて提示し、又は確認のための訪問中に利用可能なものとすることに同意する。

作成年月日
作成者の氏名又は名称
代理人の氏名又は名称
代理人の住所又は居所

本原産品申告書の作成者（□輸入者、□輸出者、□生産者）

※WO: 完全生産品、PE: 原産材料のみから生産される産品、PSR: 品目別原産地規則を満たす産品、DMI: 僅少の非原産材料、ACU: 累積

輸出者が証明者と異なる場合に記載する。輸出者の住所は、締約国内の産品が輸出された場所とする。

証明者又は輸出者と異なる場合に記載する。
生産者が複数いる場合には、「複数」と記載するか又は生産者の一覧を提供する。
これらの情報の秘密が保持されることを希望する者は、「輸入締約国の当局の要請があった場合には提供可能」と記載することが認められる。
なお、生産者の住所は、締約国内の産品が生産された場所とする。

産品毎に記載する。

品名は、対象となる産品と関連付けるために十分なものとする。

該当する特恵基準（WO、PE、PSR）のいずれかを必ず記載する。
なお、必要に応じて DMI、ACU を記載する。

12 箇月を超えない特定の期間における同一の産品の 2 回以上の輸送を対象とする場合には、当該特定の期間を記載する。

本原産品申告書の作成を委託する場合はその依頼者。

税関ホームページ「「自己申告制度」利用の手引き～CPTPP～」（2021 年 6 月）から作成

図6-2-2　TPP11：原産品申告明細書（様式・記載要領）

原 産 品 申 告 明 細 書

（□オーストラリア協定、□TPP11協定）

1.　仕入書の番号及び日付	
2.　原産品申告書における産品の番号	3.　産品の関税分類番号
4.　適用する原産性の基準 　　□WO　□PE　□PSR（□CTC・□VA・□SP）　□DMI　□ACU	
5.　上記4.で適用した原産性の基準を満たすことの説明	
6.　上記5.の説明に係る証拠書類の保有者 　　□生産者、□輸出者、□輸入者	
7.　その他の特記事項	
8.　作成者　氏名又は名称及び住所又は居所 　　　　（代理人の氏名又は名所及び住所又は居所） 　　　作成　　　年　　　　月　　　　日	

※ WO：完全生産品、PE：原産材料のみから完全に生産される産品、
　　PSR：品目別規則を満たす産品　（CTC：関税分類変更基準、VA：付加価値基準、SP：加工工程基準）
　　DMI：僅少の非原産材料、ACU：累積

いずれか1つに必ずチェック。

原則として日本への輸入通関に用いられるインボイスの番号・日付。

該当する原産品申告書の産品の概要欄の番号を記載。なお、概要欄1欄毎に明細書を作成。

産品の関税分類番号を6桁レベルで記載。

産品に適用する原産性の基準について、WO、PE、PSRのいずれか1つに必ずチェック。なお、PSRにチェックを付した場合には、CTC（関税分類変更基準）、VA（付加価値基準）、SP（加工工程基準）のいずれか1つに必ず、また必要に応じてDMI、ACUにチェック。

4欄でチェックを付した原産性の基準に応じて、以下のような事実を記載。
・WO：締約国において完全に得られた、又は生産された産品であることを確認できる事実
・PE：すべての一次材料（産品の原材料となる材料をいい、当該原材料の材料を除く。）が原産材料となっていることが確認できる事実
・CTC：すべての非原産材料の関税分類番号と産品の関税分類番号との間に特定の関税分類番号の変更があることが確認できる事実
・VA：各協定に定める計算式によって、一定の価値が付加されていることが確認できる事実
・SP：特定の製造又は加工の作業が行われていることが確認できる事実
・その他の原産性の基準：輸入しようとする産品が各協定に規定するその他の原産性の基準を満たしていることを示すために必要となる事実

いずれか1つに必ずチェック。

6欄においてチェックを付した証拠書類の保有者と8欄の作成者の関係性が不明確な場合には、必要に応じて両者の関係性を記載。

税関ホームページ「「自己申告制度」利用の手引き〜CPTPP〜」（2021年6月）から作成

図 6-2-3　日 EU・EPA：原産品申告書（様式・記載要領）

● **附属書三一D に規定する申告文を仕入書その他の商業上の文書**に作成。
「商業上の文書」：**仕入書、プロフォーマインボイス、パッキングリスト、デリバリーノート（納品書）等**

申告文（日本語）	申告文（英語）
（期間...............から...............まで（注1））	(Period: from .... to ....(1)
この文書の対象となる産品の輸出者（輸出者参照番号..........（注2））は、別段の明示をする場合を除くほか、当該産品の原産地.........（注3）が特恵に係る原産地であることを申告する。	The exporter of the products covered by this document (Exporter Reference No ....(2)) declares that, except where otherwise clearly indicated, these products are of .... preferential origin(3).
（用いられた原産性の基準（注4））	(Origin criteria used(4))
....	....
（場所及び日付（注5））	(Place and date(5))
....	....
（輸出者の氏名又は名称（活字体によるもの））	(Printed name of the exporter)
....	

（注1）同一の原産品の2回以上の輸送のために作成される場合には、適用される期間を記入（1 年以内）
（注2）輸出者が特定される番号。**EU＝REX 番号、日本＝法人番号**。番号が割り当てられていない場合は空欄を記載
（注3）産品の原産地（EU 又は日本）を記載
（注4）A：完全生産品、B：原産材料のみから生産される産品、C：実質的変更基準を満たす産品（1：関税分類変更基準、2：付加価値基準、3：加工工程基準）、D：累積、E：許容限度
（注5）場所及び日時の情報がインボイス等の証明を記載する文書自体に含まれる場合には、省略可能

税関ホームページ「日 EU・EPA の現状について」（2020 年 2 月）から作成

図 6-2-4　日 EU・EPA（生産者と輸出者①）

◆ シナリオ 1：生産者が協定上の輸出者として、自身が作成する商業上の書類に原産地に関する申告を記載

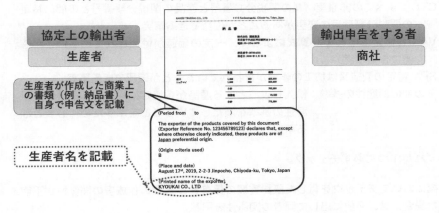

協定上の輸出者　生産者

輸出申告をする者　商社

生産者が作成した商業上の書類（例：納品書）に自身で申告文を記載

生産者名を記載

図6-2-5　日 EU・EPA（生産者と輸出者②）

◆ シナリオ2：輸出者である商社が、生産者からの情報に基づき、自身が作成する商業上の書類に原産地に関する申告を記載

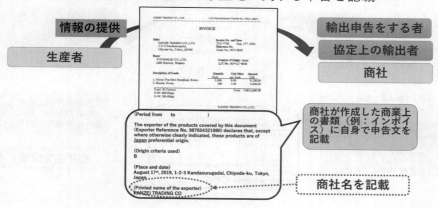

図6-2-6　日 EU・EPA（生産者と輸出者③）

◆ シナリオ3：生産者が、協定上の輸出者として、輸出者である商社等が作成する商業上の書類に原産地に関する申告を記載

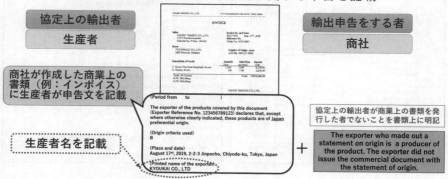

図6-2-7　日EU・EPA（生産者と輸出者④）

◆ シナリオ4：輸出者である商社等が、生産者からの情報に基づき、生産者が作成する商業上の書類に原産地に関する申告を記載

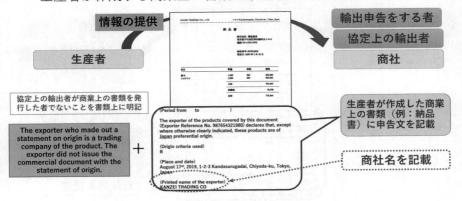

図6-2-8　日EU・EPA（別紙を利用する場合①）

インボイス及び別紙（原産地に関する申告）との関連付けが明らかとなるよう別紙にインボイス番号及び日付を記載

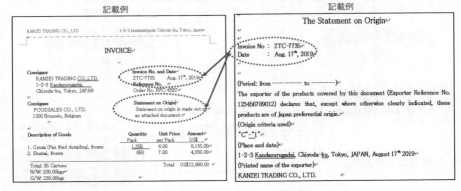

図6-2-9　日EU・EPA（別紙を利用する場合②）

インボイス及び別紙（原産地に関する申告）との関連付けが明らかとなるようインボイスに別紙の情報を記載

記載例（同一の原産品の二回以上の輸送用の場合）　　記載例（同一の原産品の二回以上の輸送用の場合）

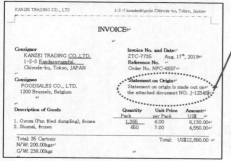

に固有の番号を付し、その番号を商業上の書類であるインボイスに記載して関連付けを明確にすることによって、利用可能となります（図6-2-9）。

④　第三者の仕入書（インボイス）

　第三者の仕入書（インボイス）の使用について、日EU・EPAにおいても他のEPA[3]同様、輸入締約国は、仕入書が産品の輸出者又は生産者により発給されていないことのみをもって関税上の特恵待遇の要求を否認してはならないと規定しており、仕入書が輸出者又は生産者以外の第三者によって発給された場合であっても特恵の要求が可能です。しかし、日EU・EPAでは、協定上「「輸出者」とは、締約国に所在する者」と明記されており、第三国に所在する貿易業者が、自社の発行するインボイスに申告文を記載して、原産地申告することは認められていません。

　第三国にある貿易業者が輸出者から購入した貨物が、輸出国から直接日本に送られる一方で、輸入申告時には第三国で発行されるインボイスが提出される場合があります。この場合は、輸出締約国に存在する輸出者が発行したインボイス、パッキングリスト、デリバリーノート等の商業上の書類に申告文を記載

3　日EU・EPA第3.17条第3項「輸入締約国の税関当局は、（略）、又は仕入書が第三国において発給されたことのみを理由として、関税上の特恵待遇の要求を否認してはならない。」
　TPP11（第3.28条第4項）、日豪EPA（第3.24条）にも同様の規定があります。日マレーシアEPA等アセアン加盟国との二国間のEPAでも、運用上の手続規則に同様の規定がなされ、日アセアンEPAにおいては、原産地証明書のフォーマットに第三国による仕入書のチェック欄が設けられ、チェックとともに発給者の情報を記載することになります。

し、当該商業上の書類等の番号を第三国で発行されたインボイスに記載し、その関連付けを明確にすることにより、特恵税率の適用が可能となります。

(2) 輸入者自己申告

　　① 　原産品申告書（様式・記載要領）　　図 6-2-10
　　② 　原産品申告明細書（様式）　　　　　図 6-2-11

3. RCEP

(1) 原産地証明書（様式・記載要領）　　図 6-2-12
(2) 原産品申告書（様式・記載要領）　　図 6-2-13-1〜3
(3) 原産品申告明細書（様式・記載要領）　図 6-2-14

4. 日米貿易協定

(1) 原産品申告書（様式・記載要領）　　図 6-2-15
(2) 原産品申告明細書（様式・記載要領）　図 6-2-16

図 6-2-10　日 EU・EPA：原産品申告書（様式・記載要領）

原 産 品 申 告 書

（経済上の連携に関する日本国と欧州連合との間の協定）

　　本様式は、協定第 3・18 条に規定する「輸入者の知識」に基づく自己申告を行う場合に、任意様式として使用することができる。

No.	2.　産品の概要 品名、仕入書の番号（一回限りの輸入申告に使用する場合で、判明している場合）等、輸入申告に係る内容と原産品申告書に係る内容との同一性が確認できる事項を記入する。	3.　関税分類番号（6 桁、HS 2017）	4.　適用する原産性の基準（A, B, C（C の場合 1、2、3）） 適用するその他の原産性の基準（D、E）

（表の上部：1.　輸出者の氏名又は名称及び住所（国名を含む））

5.　包括的な期間（同一の産品が 2 回以上輸送される場合の期間）

6.　その他の特記事項

7.　以上のとおり、2.　に記載する産品は、経済上の連携に関する日本国と欧州連合との間の協定に基づく欧州連合の原産品であることを申告します。

作成年月日
作成者の氏名又は名称
作成者の住所又は居所
代理人の氏名又は名称
代理人の住所又は居所

※ A：完全生産品、B：原産材料のみから生産される産品、C：品目別規則を満たす産品、1：関税分類変更基準、2：付加価値基準、3：加工工程基準、累積若しくは許容限度の規定を適用した場合　D：累積、E：許容限度

産品毎に記載する。

該当する特恵基準（A、B、C）のいずれかを必ず記載する。
なお、C の場合には実際に適用される品目別規則の種類に応じて（1、2、3）の
いずれかを必ず記載する。
また、必要に応じて D 又は E を記載する。

品名は、対象となる産品と関連付けるために十分なものとする。

12 箇月を超えない特定の期間における同一の産品の 2 回以上の輸送を対象とす
る場合には、当該特定の期間を記載する。

輸入者の氏名又は名称、住所又は居所を記載する。

税関ホームページ「日 EU・EPA 自己申告制度について〜手続簡略化〜」（2019 年 10 月）、様式見本から作成

図 6-2-11　日 EU・EPA：原産品申告明細書（様式）

産品が原産性の基準を満たすことの説明（日 EU 協定）

作成日：　　　年　　　月　　　日

1. 仕入書の番号及び発行日（仕入書が複数ある場合に、原産品が含まれる仕入書について記載して下さい。）

2. 産品が原産性の基準を満たすことの説明

3. 作成者
氏名又は名称：＿＿＿＿＿＿＿＿＿＿＿＿＿＿＿＿＿＿＿＿＿＿＿＿＿＿＿＿＿＿＿＿＿

住所又は居所：＿＿＿＿＿＿＿＿＿＿＿＿＿＿＿＿＿＿＿＿＿＿＿＿＿＿＿＿＿＿＿＿＿

（代理人が作成した場合）
氏名又は名称：＿＿＿＿＿＿＿＿＿＿＿＿＿＿＿＿＿＿＿＿＿＿＿＿＿＿＿＿＿＿＿＿

住所又は居所：＿＿＿＿＿＿＿＿＿＿＿＿＿＿＿＿＿＿＿＿＿＿＿＿＿＿＿＿＿＿＿＿

出典：税関ホームページ「日 EU・EPA 自己申告及び確認の手引き」

図 6-2-12　RCEP：原産地証明書（様式・記載要領）

1. Goods Consigned from (Exporter's name, address and country) 輸出者の名称、住所及び国名	Certificate No.　証明番号（証明ごとの個別番号）　　　　Form RCEP **REGIONAL COMPREHENSIVE ECONOMIC PARTNERSHIP AGREEMENT** **CERTIFICATE OF ORIGIN** Issued in ......発給国名................. (Country)
2. Goods Consigned to (Importer's/ Consignee's name, address, country) 輸入者の名称、住所及び国名	
3. Producer's name, address and country (if known) 生産者の名称、住所及び国名 （分かる範囲で）	
4. Means of transport and route (if known) 輸送の手段及び経路（分かる範囲で） Departure Date:　出発日 Vessel's name/Aircraft flight number, etc.:　船名、フライト番号等 Port of Discharge:　荷卸港	5. For Official Use Preferential Treatment: ☐ Given　　　☐ Not Given (Please state reason/s) Signature of Authorised Signatory of the Customs Authority of the Importing Country

6. Item number	7. Marks and numbers on packages	8. Number and kind of packages; and description of goods.	9. HS Code of the goods (6 digit-level)	10. Origin Conferring Criterion	11. RCEP Country of Origin	12. Quantity (Gross weight or other measurement), and value (FOB) where RVC is applied	13. Invoice number(s) and date of invoice(s)
項目番号	包装の記号、番号	包装の個数及び種類、品名	HS番号 （6桁、2022年版）	原産地基準	RCEP原産国	数量（グロス重量その他の計量法）及びRVCが適用される場合はFOB価額	原則として日本への輸入に用いられるインボイスの番号及び日付

14. Remarks

15. Declaration by the exporter or producer The undersigned hereby declares that the above details and statements are correct and that the goods covered in this Certificate comply with the requirements specified for these goods in the Regional Comprehensive Economic Partnership Agreement. These goods are exported to: ....輸入締約国名......... (importing country) ....申請の場所、日付、申請者の署名......... **Place and date, and signature of authorised signatory**	16. Certification On the basis of control carried out, it is hereby certified that the information herein is correct and that the goods described comply with the origin requirements specified in the Regional Comprehensive Economic Partnership Agreement. ....発給機関の場所、日付、署名及び証明印......... **Place and date, signature and seal or stamp of Issuing Body**
17.　☐ Back-to-back Certificate of Origin　　　☐ Third-party invoicing　　　☐ ISSUED RETROACTIVELY	

税関ホームページ原産地規則ポータル「地域的な包括的経済連携（RCEP）協定」（記載要領）から作成

英語により作成される。

○生産者が複数に渡る場合は、"SEE BOX 8" と記載し、8 欄目に記載される。
○生産者がその情報を秘密とすることを望む場合は、"CONFIDENTIAL"、
　生産者の詳細が判明していない場合は、"NOT AVAILABLE" と記載される。

日本への輸入については第 5 欄は使用されない。

○連続する原産地証明書の場合には、最初の原産地証明の参照番号、発行日、発効国、最初
　の輸出国における RCEP 原産国が記載される。また、認定輸出者による自己申告である
　場合は最初の輸出国における認定輸出者番号も併せて記載される。
○第三者インボイスの場合には、当該インボイスの発行者の名称及び国名。
○再発給の場合には、再発給の日付及び "CERTIFIED TRUE COPY" が記載される。

下記①～③のカテゴリーのいずれか 1 つが記載される。
① WO（完全生産品）
② PE（原産材料のみから生産される産品）
③ CTC（関税分類変更基準）、RVC（付加価値基準）、CR（加工工程基準（化学反応））の
うちの該当するもの

ACU（累積）、DMI（僅少の非原産材料）を適用する場合は、これらが併記される。

所有する情報に基づき、RCEP 原産国を決定し記入される。
情報不足により決定できない等の理由により、第 2.6 条 6(a) 又は第 2.6 条 6(b) に該当する最
高税率の締約国名を記載する場合は、適用した規定の文脈において最も高い関税率となる締
約国名の後にそれぞれ「*」（第 2.6 条 6(a)）又は「**」（第 2.6 条 6(b)）が付記される。
例：Australia*、Indonesia**

「連続する原産地証明書」の場合、ここにチェック（✓）が付される。

「第三者インボイス」の場合、ここにチェック（✓）が付される。

「遡及発給」の場合、ここにチェック（✓）が付される。

図6-2-13-1　RCEP：原産品申告書（様式・記載要領①）

原産品申告書（自己申告制度）の様式見本と記載必須項目　1/3

協定上様式に定めはなく、必要的記載事項が含まれていれば任意の様式で作成可能です。なお、協定上、<u>RCEP の原産品申告書は英語で作成する必要があり</u>、輸入者自己申告の場合も同様です。日本税関 HP に掲載する様式見本は、各項目の日本語訳を併記しております。是非ご利用ください。

様式見本上部分

Declaration of Origin 原産品申告書
(Regional Comprehensive Economic Partnership Agreement 地域的な包括的経済連携協定)

1. Unique reference number 固有の参照番号		2. Authorization code (in the case of approved exporter) 認定番号（認定された輸出者の場合）		
3. Exporter's name, address (including country) and contact (phone or email address) 輸出者の氏名又は名称、住所（国名を含む）、連絡先（電話番号又は電子メールアドレス）				
4. Producer's name, address (including country) and contact (phone or email address), if known 生産者の氏名又は名称、住所（国名を含む）、連絡先（電話番号又は電子メールアドレス）（判明している場合）				
5. Importer's or consignee's name, address (including country) and contact (phone or email address) 輸入者又は荷受人の氏名又は名称、住所（国名を含む）、連絡先（電話番号又は電子メールアドレス）				
No.	6. Description of the goods , Invoice numbers and date of invoice 産品の品名、仕入書番号・日付	7. HS Code (6-digit level, HS2022) 関税分類番号 (6桁、HS2022)	8. Origin conferring criterion 原産性の基準	9. RCEP country of origin RCEP 原産国	10. Quantity and value (FOB) where RVC is applied 数量及び FOB 価額

RCEP 協定に係る業務説明会資料（2021 年 12 月 9 日）から作成

【項目1　固有の参照番号】
申告書の作成者が管理する任意の整理番号を記載する。

【項目2～5　輸出者、生産者及び輸入者又は荷受人に関する情報】
輸出者の氏名又は名称及び住所、生産者の氏名又は名称及び住所、輸入者又は荷受人の氏名又は名称及び住所については必須の記載項目。ただし、生産者の氏名又は名称及び住所が判明していない場合には「NOT AVAILABLE」と記載する。

【項目6　品名及び仕入書番号・日付】
産品を特定するために十分な記載とする。仕入書番号・日付は輸入に際して発行されたものを記載する。当該仕入書が輸出者又は生産者により発行されたものでない場合（第三者の仕入書の場合）には、仕入書の発行者の氏名又は名称及び国名を「11. Remarks」欄に記載する。

【項目7　関税分類番号】
統一システム（2022年版）に従い6桁の水準までの関税分類番号を記載する。

図 6-2-13-2　RCEP：原産品申告書（様式・記載要領②）

原産品申告書（自己申告制度）の様式見本と記載必須項目　2/3

様式見本下部分

No.	6. Description of the goods , Invoice numbers and date of invoice 産品の品名、仕入書番号・日付	7. HS Code (6-digit level, HS2022) 関税分類番号 (6桁、HS2022)	8. Origin conferring criterion 原産性の基準	9. RCEP country of origin RCEP 原産国	10. Quantity and value (FOB) where RVC is applied 数量及び FOB 価額

11. Remarks　その他の特記事項

12. Information on original Proof of Origin (in the case of a back to back Declaration of Origin) 最初の原産地証明に関する情報（連続する原産地申告の場合）

13. The undersigned hereby certifies that the above details and statements are correct and that the goods specified in this Declaration of Origin meet all the relevant requirements of Chapter 3 (Rules of Origin) in the Regional Comprehensive Economic Partnership Agreement. These goods are exported from ＿＿＿＿＿＿＿＿＿ (exporting country) to ＿＿＿＿＿＿＿＿＿ (importing country).

私は、上記の情報が正確であること及びこの申告に記載された産品が地域的な包括的経済連携協定第3章（原産地規則）に定める全ての関連する要件を満たしていることを証明します。これらの産品は(輸出締約国)から（輸入締約国）に向けて輸出されます。

Date of Declaration 作成年月日 :

Name of the certifying person 作成者の氏名又は名称 :

Name of the agent of the certifying person 代理人の氏名又は名称 :

Address of the agent of the certifying person 代理人の住所 :

RCEP 協定に係る業務説明会資料（2021 年 12 月 9 日）から作成

【項目 8　原産性の基準】
適用した原産性の基準を記載する。
（WO：完全生産品、PE：原産材料のみから生産される産品、CTC：関税分類変更基準、RVC：付加価値基準（域内原産割合）、CR：加工工程基準（化学反応）、ACU：累積、DMI：僅少の非原産材料）

項目 9 は次ページに掲載

【項目 10　数量及び FOB 価額】
FOB 価額については、原産性の基準として域内原産割合が用いられている場合のみ記載する。

項目 11　その他の特記事項は、必須項目ではありません。

【項目 12　最初の原産地証明の情報】
協定第 3.19 条に基づき発給された連続する原産地証明の場合には必須の記載項目。
当初の原産地証明の参照番号、発給年月日、発給国、RCEP 原産国、（該当する場合）認定輸出者の認定番号を記載する。

【項目 13　作成者による誓約】
輸入者自己申告の場合は importing country は記載不要。

【作成者】
本申告書は、輸入者、輸出者又は生産者が作成することができる。また、輸入者に代えて輸入者の代理人が作成することができる。なお、日本への輸入の場合には作成者の署名は不要。

図 6-2-13-3　RCEP：原産品申告書（様式・記載要領③）

原産品申告書（自己申告制度）の様式見本と記載必須項目　3/3

No.	6. Description of the goods , Invoice numbers and date of invoice 産品の品名、仕入書番号・日付	7. HS Code (6-digit level, HS2022) 関税分類番号 （6 桁、HS2022）	8. Origin conferring criterion 原産性の基準	9. RCEP country of origin RCEP 原産国	10. Quantity and value (FOB) where RVC is applied 数量及び FOB 価額

【項目 9　RCEP 原産国】
協定第 2.6 条により決定される「RCEP 原産国」を記載する。記載要領は以下

原産品の例
（a）協定附属書 I の輸入締約国の約束の表の付録（以下「付録」という。）に特定された原産品で、輸出締約国における付加価値が産品の価額の 20 パーセント未満の場合 （b）付録に特定された品目以外の原産品のうち、協定第 3.2 条(b)に規定する原産材料のみから生産される産品で、協定第 2.6 条 5 に規定する軽微な工程以外の生産工程が輸出締約国において行われていない場合
上記以外の場合 （c）付録に特定された原産品で、輸出締約国における付加価値が産品の価額の 20 パーセント以上の場合 （d）協定第 3.2 条(a)に規定する完全生産品 （e）付録に特定された品目以外の原産品のうち、協定第 3.2 条(c)に規定する品目別規則（附属書三 A）を満たす産品 （f）付録に特定された品目以外の原産品のうち、協定 3.2 条(b)に規定する原産材料のみから生産される産品で、軽微な工程以外の生産工程が輸出締約国において行われた場合

自らが所有する情報に基づいて「RCEP 原産国」を決定することができない場（第 2.6 条 6(b)の場合）を記載する。

例）「Australia*」「Indonesia**」

注：　上記にかかわらず、協定第 2.6 条 6 に基づき輸入者は以下のいずれかの税率の適用
・輸入締約国が、原産品の生産において使用された原産材料を提供する締約国から
・輸入締約国が、締約国からの同一の原産品に適用する各関税率のうち最も高い税

のとおり。

記載事項
輸出締約国における原産品の生産において使用された原産材料のうち合計して最高価額のものを提供した締約国名を記載する。
輸出締約国名を記載する。

合には、最も高い税率の締約国名と併せて「*」(第2.6条6(a)の場合)又は「**」

を求めることができる。
の同一の原産品について適用する各関税率のうち最も高い税率(第2.6条6(a))
率(第2.6条6(b))

RCEP協定に係る業務説明会資料(2021年12月9日)から作成

図6-2-14　RCEP：原産品申告明細書（記載様式・要領）

原 産 品 申 告 明 細 書

（RCEP協定）

1. 仕入書の番号及び日付	
2. 原産品申告書における産品の番号	3. 産品の関税分類番号
4. 適用する原産性の基準 □WO　□PE　□CTC・□RVC・□CR　□ACU　□DMI	
5. RCEP原産国	
6. 上記4.で適用した原産性の基準を満たすことに関する説明	
7. 上記6.の説明に係る証拠書類の保有者 　　□生産者、□輸出者、□輸入者	
8. その他の特記事項	
9. 作成者　氏名又は名称及び住所又は居所 　　　（代理人の氏名又は名称及び住所又は居所） 　　　作成日　　　年　　　月　　　日	

※ WO：完全生産品、PE：原産材料のみから生産される産品、CTC：関税分
類変更基準、RVC：付加価値基準（域内原産割合）、CR：加工工程基準（化
学反応）、ACU：累積、DMI：僅少の非原産材料

原産性の基準に係る記号

RCEP協定に係る業務説明会資料（2021年12月9日）から作成

【項目2　原産品申告書における産品の番号】
原産品申告書中「産品の概要」における産品の欄の番号等、原産品申告書に係る
内容との同一性が確認できる事項を記載すること。

【項目4　適用する原産性の基準】
適用する基準にチェックを付す。

【項目6　上記4.で適用した原産性の基準を満たすことに関する説明】
◆適用する原産性の基準を満たしていることを示すために必要となる以下のよう
　な事実を記載。
<u>完全生産品</u>：協定第3.2条(a)に規定する一の締約国において完全に得られ、又
は生産された産品であることを確認できる事実
<u>原産材料のみから生産される産品</u>：協定第3.3条(b)に規定する一の締約国にお
いて一又は二以上の締約国からの原産材料のみから生産された産品であることを
確認できる事実
<u>品目別規則を満たす産品</u>：品目毎に定められた原産地基準を満たしていることを
確認できる事実
　　・関税分類変更基準（CTC）：すべての非原産材料の関税率表番号
　　・付加価値基準（域内原産割合）（RVC）：協定第3.5条に規定する計算式を
　　　用いて、特定の付加価値を付けていることが確認できる事実
　　・加工工程基準（化学反応）（CR）：協定附属書三Aの頭注7(f)に規定する
　　　化学反応が行われていることが確認できる事実
　　・その他の原産性の基準：輸入しようとする産品が適用する協定に規定する
　　　原産性の基準を満たしていることを示すために必要となる事実
◆「RCEP原産国」をどのように判断したかの説明についても記載する

【項目9　作成者】
本明細書は、輸入者、輸出者又は生産者が作成することができる。
また、輸入者に代えて輸入者の代理人が作成することができる。

第6章　別添（ステップ6）

図6-2-15　日米貿易協定：原産品申告書（様式・記載要領）
原 産 品 申 告 書
（米国協定）

　本様式は、協定附属書ⅠC節第1款9（a）に基づく自己申告を行う場合に、任意様式として使用することができる。

1. 輸出者の氏名又は名称及び住所
2. 生産者の氏名又は名称及び住所
輸出者と生産者が異なる場合において、生産者に関する情報は、可能な範囲において記載する。
3. 輸入者の氏名又は名称、住所及び電話番号
輸入者の住所は日本国内とする。

No.	4. 産品の概要（品名及び仕入書の番号等）	5. 関税分類番号 (6桁, HS 2017)	6. 適用する原産性の基準※
産品毎に記載する。	品名は、原産品申告書の対象となる産品と関連付けるために十分なものとする。		該当する特恵基準（WO、PE、PSR）のいずれかを必ず記載する。なお、必要に応じてDMIを記載する。産品毎に記載する。

7. その他の特記事項
原産品申告書の作成者の氏名又は名称、住所又は箇所を記載する。
8. 作成者　氏名又は名称及び住所又は居所
（代理人の氏名又は名称及び住所又は居所）
作成日　　年　　月　　日

以上のとおり、4. に記載する産品は、日米貿易協定に基づく原産品であることを申告します。
※ WO：完全生産品、PE：原産材料のみから完全に生産される産品、PSR：品目別原産地規則を満たす産品、DMI：僅少の非原産材料

出典：税関ホームページ「日米貿易協定にかかる原産品申告書等の作成の手引き」

図6-2-16　日米貿易協定：原産品申告明細書（様式・記載要領）

原 産 品 申 告 明 細 書

（米国協定）

1. 仕入書の番号及び日付	
2. 原産品申告書における産品の番号 （該当する原産品申告書の産品の概要欄の番号を記載。なお、概要欄 1 欄毎に明細書を作成。）	3. 産品の関税分類番号 （産品の関税分類番号を 6 桁レベルで記載。）
4. 適用する原産性の基準 ─ 　□WO　　□PE　　□PSR　　□DMI	産品に利用する原産性の基準について、WO、PE、PSR のいずれか 1 つに必ずチェックを付す。また、チェックを付した場合には、必要に応じて DMI にチェックを付す。

5. 上記 4. で適用した原産性の基準を満たすことの説明

（4欄でチェックを付した原産性の基準に応じて、以下のような事実を記載。）
・WO：締約国において完全に得られた、又は生産された産品であることを確認できる事実
・PE：すべての一次材料（産品の原料となる材料をいい、当該原材料の材料を除く。）が協定上の原産品であることを確認できる事実
・PSR：非原産材料が規定された規則を満たすことを確認できる事実
・DMI：非原産材料が規定された基準を満たさない場合に、一定の価額の割合を超えていないことを示すために必要となる事実

6. その他の特記事項

7. 作成者　氏名又は名称及び住所又は居所

　　　　　（代理人の氏名又は名称及び住所又は居所）

　　　　作成日　　　年　　　　月　　　　日

※ WO：完全生産品、PE：原産材料のみから完全に生産される産品、PSR：品目別原産地規則を満たす産品、DMI：僅少の非原産材料

出典：税関ホームページ「日米貿易協定にかかる原産品申告書等の作成の手引き」

第 7 章　EPA 特恵待遇の要求、記録の保存と事後の確認への対応（ステップ 7〜9）

本章では、ステップ 7（日本又は相手国での輸入手続（EPA 特恵税率の適用の要求））、ステップ 8（証明書類の保存）、ステップ 9（輸入国税関の事後の確認（輸入事後調査、輸入国税関からの検証）への対応）について説明します。

1. ステップ 7：日本又は相手国での輸入手続（EPA 特恵税率の適用の要求）

ステップ 7 では、輸入国で EPA 特恵税率の適用を受けるために、輸入者が提出を求められる原産地証明及び積送基準の要件を満たすことを証明する書類について説明します。

（1）原産地証明の提出

輸入国で EPA 特恵税率の適用を受けるためには、輸入者が、ステップ 6 で作成された原産地証明を輸入国税関に提出し、特恵待遇（すなわち、EPA 特恵税率の適用）の要求を行うことが必要となります。原産地証明を作成する者は、第 6 章で述べたように各証明制度で異なりますが、輸入国税関へ特恵待遇の要求を行うのは輸入者となります。

特恵待遇要求に当たって、原産地証明は、各 EPA に定められた必要的記載事項や様式、記載要領に従って正しく作成され、不備がないことが原則となりますが、軽微な誤り又は表現の相違によって特恵待遇の要求を拒否してはならないと規定されています。以下、TPP11、日 EU・EPA、RCEP の規定を示します。

TPP11 第 3.22 条（表現の相違）
　各締約国は、原産地証明書における軽微な誤り又は表現の相違により自国が当該原産地証明書の受理を拒否してはならないことを定める。

日 EU・EPA 第 3.17 条（原産地に関する申告）（抄）
3　輸入締約国の税関当局は、原産地に関する申告における軽微な誤り若しくは表現の相違を理由として、（中略）関税上の特恵待遇の要求を否認してはならない。

RCEP 第 3.26 条（軽微な表現の相違又は誤り）
　輸入締約国の税関当局は、軽微な表現の相違又は誤り（例えば、文書間の軽微な表現の相違、情報の欠落、タイプの誤り、指定された欄からのはみ出し）を考慮しないものとする。

ただし、当該軽微な表現の相違又は誤りが産品の原産品としての資格に疑いを生じさせないことを条件とする。

　軽微な誤り又は表現の相違の具体的な扱いについては、各締約国の運用に委ねられますが、日本税関では、記載事項漏れなど軽微な誤りと判断できるものについて、原産地証明書等の真正性に疑義はなく、輸入貨物が原産品であることが確認できる限り、有効なものとして取り扱うとして、税関ホームページに不備のある原産地証明書等の取扱い[1]を公表しています。

　記載要領どおりではない原産地証明を輸出者から入手した場合には、これを参照するとともに、不明な点があれば税関へ相談してください。なお、よくある事例として、日本関税協会主催の RCEP 説明会[2]で税関が取り上げた事例を紹介します。

① 　原産地証明書等の HS 番号の相違
　原産地証明書等に記載されている HS 番号と日本における輸入通関時に適用される HS 番号に相違がある場合、次のイ．～ニ．のいずれかに該当する場合は、輸入貨物が RCEP 上の原産品であることに特段の疑義が認められなければ、有効な原産地証明書等と認められます。

イ．相違が HS のバージョンが異なることに起因する場合
　　輸入申告の際の適用税番は最新の HS 番号に基づきますが、原産地証明に記載される HS 番号は、EPA によりバージョンが異なります[3]。

ロ．原産地証明書等に記載された「原産性の基準」が「WO」（完全生産品）又は「PE」（原産材料のみから生産される産品）である場合

1　「不備のある経済連携協定（EPA）原産地証明書等の取扱い」税関ホームページ（https://www.customs.go.jp/roo/procedure/fubi_epa.pdf）

2　「RCEP 協定フォローアップセミナー資料（2022 年 4 月）」日本関税協会ホームページ（https://www.kanzei.or.jp/info/rcep4.htm）

3　RCEP の場合、原産地証明に記載する HS 番号として、「原産地規則運用上のガイドライン」に品目別規則（協定附属書三 A）が基づく HS 番号を記載すると規定されており、2023 年 1 月 1 日からは、HS2022 版に変換された品目別規則に基づき HS2022 版での記載を行うことになりました。また、他の多くの EPA においても、「運用上の手続規則」等により、それぞれの EPA の原産地証明書に記載すべき HS のバージョン（具体的には、各 EPA の品目別規則の基となった HS のバージョンです。）が規定されています（税関ホームページ（https://www.customs.go.jp/roo/text/index.htm）参照）。各 EPA の品目別規則に基づく HS のバージョンについては、第 3 章表 3-1 を参照してください。

「WO」、「PE」は、産品の HS 番号が異なったとしても、その原産地規則の適用に影響がありません。

ハ．原産地証明書等に記載された「原産性の基準」が「CTC」、「RVC」、「CR」（品目別規則を満たす産品）であって、輸入申告における適用税番と原産地証明書等に記載された HS 番号に対応する品目別規則が同じである場合

　例として、原産地証明書等には HS 番号が第 0910.91 号、「原産性の基準」が RVC と記載され、日本での輸入申告における適用税番が第 2103.90 号であった場合、第 09.10 項及び第 21.03 項の品目別規則はともに「CC 又は RVC40」であり、原産地証明書等に記載された HS 番号と適用税番に対応する品目別規則は同じ付加価値基準（RVC40）となります。

　一方、注意しなければならないのは、品目別規則に関税分類変更基準が採用されている場合です。例えば、原産地証明書等には HS 番号が第 61.03 項、「原産性の基準」が CTC と記載され、日本での輸入申告における適用税番が第 62.03 項であった場合、第 61 類及び第 62 類の品目別規則がともに「CC」であっても同じ品目別規則とはなりません。産品が第 61 類のものであるとした場合の「CC」は、その産品の本来の適用税番である第 62 類に分類される非原産材料を使用している可能性があります（例えば、産品が第 61 類の編物製の衣類とした場合、第 62 類に分類される非原産の織物製の衣類の部分品を使用しても「CC」（類変更）を満たすことができますが、当該産品の適用税番が第 62 類であった場合には、当該非原産の織物製の衣類の部分品を使用すると「CC」を満たすことができなくなります。）。この場合でも、第 62 類の材料が生産に使用されていないことを客観的な資料で示すことができれば、原産地証明書等は有効と認められます。

ニ．資料に基づいて RCEP 上の原産品であることを明らかにできる場合

　これには、文書による原産地に関する事前教示を取得している場合も含まれます。

② 輸出者名の記載

　原産地証明書発給申請者と貨物のインボイスを発行する者が異なるため、インボイス発行者についての記載がない原産地証明書の取扱いとして、輸入関係書類において両者の関係性が分かる場合には（例えば、メーカーズインボイスや両者の業務委託関係が分かるような取引関連書類を輸入申告時に提出）、有効とされます。

(2) 積送基準の要件を満たすことを証明する書類の提出

　特恵待遇要求を行うために提出すべき書類として、原産地証明以外に、輸出締約国から輸入締約国への輸送途上で第三国を経由する場合には、第 5 章第 12 節で説明した積送基準の要件を満たすことを証明する書類を輸入締約国の税関に提出する必要があります。

　積送基準の要件を満たすことを証明する書類について、例えば、TPP11、日EU・EPA、RCEP には以下のとおり規定されています。これによれば、第三国の税関が発出した証明以外に、運送書類等の書類であって、積送要件を満たしていることを示す書類であれば認められることになります。ただし、具体的にどのような書類が認められるのかは、輸入締約国に確認することが必要です。

TPP11 第 3.24 条（輸入に関する義務）（抄）
1 (d) 締約国が第 3.18 条（通過及び積替え）に規定する要件を満たしていることを示すよう要求する場合には、関連する書類（運送書類、（蔵置する場合には）蔵置又は税関の書類等）を提出すること。

日 EU・EPA 第 3.10 条（変更の禁止）（抄）
4　輸入締約国の税関当局は、1 から 3 までの規定が遵守されているかどうかについて疑義がある場合には、輸入者に対し、遵守の証拠であって何らかの方法によるもの（船荷証券等の契約上の運送書類、事実関係の又は具体的な証拠（包装の表示又は包装に付された番号に基づくもの）、産品自体に関連する証拠等）を提供するよう要求することができる。

RCEP 第 3.15 条（直接積送）（抄）
2　1 (b) に規定する要件を満たすことについては、中間締約国若しくは非締約国の税関の書類又は輸入締約国の税関当局が要求するその他の適当な書類のいずれかを当該輸入締約国の税関当局へ提出することにより証明するものとする。
3　2 に規定する適当な書類には、商業船積書類又は運送貨物に関する書類（例えば、航空貨物運送状、船荷証券、複合運送に関する書類、産品に関する商業送状の原本の写し、財務記録、非加工証明書）その他輸入締約国の税関当局が要求する関連する補助的な文書を含むことができる。

　日本への輸入の場合に提出する積送基準を満たすことを証明する書類は、関税法施行令第 61 条第 1 項第 2 号ロに「運送要件証明書」として規定される、①通し船荷証券の写し、②税関その他の権限を有する官公署が発給した証明書、又は③その他税関長が適当と認める書類、とされています。③その他税関長が適当と認める書類とは、例として、輸出締約国から第三国及び第三国から日本への運送

関係関連書類（船荷証券等）、倉庫の管理責任者等による非加工の証明書類、税関監督下の倉庫への搬出入記録の写し等が挙げられています[4]。これら書類が証明することを求められている内容として、①当該第三国以外を経由していないこと、②更なる加工がなされていないこと、③税関の監督下にあったことを証明するものとなります。

（3）輸入後の還付の要求

　輸入時に特恵待遇要求を行わなかった場合の輸入後の還付について、TPP11では第3.29条の規定で、輸入時に特恵待遇要求を行わなかった場合でも、輸入後1年間は、関係書類がそろっていれば還付の請求ができることとなっています。

　RCEPにおいて、第3.23条第1項に同様の規定がありますが、同第2項で、第1項にかかわらず、自国の法令に従い、輸入者が輸入の時に自国の税関当局に対して関税上の特恵待遇を要求する意思を通報することを要求することができると規定されています。日本への輸入において、TPP11以外のEPAでは、輸入時に輸入者が原産地証明を所持しない際に、担保の支払いによる原産地証明の提出の猶予の申請が必要とされており、同第2項により、RCEPにおける当該扱いが可能となります。

　なお、輸入後の申請による関税等の還付については、TPP11、RCEP以外に、日豪EPAにおいても、第3.17条第5項で、豪州側は、TPP11同様、輸入後の申請による関税等の還付を行う一方、日本側は、輸入者が原産品の輸入の際に原産地に関する証拠書類を所持していない場合には、関税上の特恵待遇のための担保の支払いによる原産地に関する証拠書類の提出を一時的に猶予し、当該担保は輸入締約国の税関当局に原産地に関する証拠書類を提出した際に解除されると規定しています。

　このように、日本の輸入においては、TPP11のみ輸入後の還付が認められ、それ以外のEPAでは、輸入時に輸入許可前引取申請手続を行い、担保を提供して貨物を引き取り、後日、証拠書類がそろった時点で特恵税率の適用を受けるための輸入申告を行うこととなります。

4　詳細は、税関ホームページ「特恵税率の適用における「積送基準」について」（https://www.customs.go.jp/roo/2_leaflet_tokukei_sekisou.pdf）を参照してください。

TPP11 第 3.29 条（輸入後の還付及び関税上の特恵待遇の要求）
1　各締約国は、自国の領域に輸入された時に産品が関税上の特恵待遇を受ける資格があっ
　たであろう場合において、輸入者がその輸入の時に関税上の特恵待遇を要求しなかったと
　きは、当該輸入者が当該産品について関税上の特恵待遇及び超過して徴収された関税の還
　付を申請することができることを定める。
2　輸入締約国は、1 の規定に基づく関税上の特恵待遇を与える条件として、輸入者に対し、
　輸入の日の後 1 年以内又は自国の法令で定めるこれよりも長い期間内に次のことを行う
　ことを義務付けることができる。
　(a)　関税上の特恵待遇の要求を行うこと。
　(b)　当該輸入の時に当該産品が原産品であった旨の申告を行うこと。
　(c)　原産地証明書の写しを提供すること。
　(d)　当該輸入締約国が要求する当該産品の輸入に関連するその他の書類を提供すること。

RCEP 第 3.23 条（輸入後の関税上の特恵待遇の要求）
1　各締約国は、自国の法令に従うことを条件として、産品が自国に輸入された時に原産品
　とされたであろう場合には、当該産品の輸入者が、自国の法令に定める期間内かつ当該産
　品が輸入された日の後に、次の書類を自国の税関当局に提示することにより、関税上の特
　恵待遇が与えられなかった結果として超過して支払った関税又は担保の還付を申請するこ
　とができることを定める。
　(a)　原産地証明その他当該産品が原産品であることについての証拠
　(b)　その他の税関当局が要求する輸入に関する書類であって、要求された関税上の特恵
　　　待遇を十分に立証するためのもの
2　1 の規定にかかわらず、各締約国は、自国の法令に従い、輸入者が輸入の時に自国の税
　関当局に対して関税上の特恵待遇を要求する意思を通報することを要求することができる。

日豪 EPA 第 3.17 条（関税上の特恵待遇の要求）（抄）
5　各締約国は、輸入者が輸入締約国の法令に従い次の事項について申請することができる
　ことを定める。
　(a)　オーストラリアについては、輸入者が産品の輸入の際に関税上の特恵待遇を要求し
　　　ない場合には、当該産品に関税上の特恵待遇が与えられなかった結果として超過して徴
　　　収された関税の還付。ただし、2 (b) 及び (c) に規定する要件が満たされていること
　　　を条件とする。
　(b)　日本国については、輸入者が原産品の輸入の際に原産地に関する証拠書類を所持し
　　　ていない場合には、関税上の特恵待遇のための担保の支払による原産地に関する証拠書
　　　類の提出の一時的猶予。当該担保は、輸入締約国の税関当局に原産地に関する証拠書類
　　　を提出した際に解除される。

2. ステップ 8：証明書類の保存

　ステップ 6 で原産地証明を作成した輸出者、生産者、輸入者は、第 5 章第 13

節で説明した、原産品であることの裏付資料（証明資料）等を決められた期間保存することが必要です。これは、次のステップ9（輸入国税関の事後の確認（輸入事後調査、輸入国税関からの検証）への対応）のために必要なもので、輸入国税関より、検証のための情報提供要請があった場合には、それら情報をすぐに出せるよう社内体制を整えておくことが重要です。

（1）証明書類の保存期間

　EPA特恵待遇の要求を行った輸入者は、EPAによって異なりますが、以下の関係書類を産品の輸入後、少なくとも3年間（日EU・EPA及びRCEP）、少なくとも5年間（TPP11）と一定期間（表7-1参照）[5]保存する義務があります。なお、日本の輸入者は国内法により5年間保管する義務があります[6]。

① 第三者証明の場合には、原産地証明書
② 認定輸出者制度又は輸出者自己申告の場合には、輸出者又は生産者によって作成された原産品である旨を申告する書面（原産品申告書）
③ 輸入者自己申告の場合には、当該産品が原産品としての資格を得るための要求を満たすことを示すすべての記録

　具体的には、①又は②はステップ6で作成された原産地証明、③はステップ5で作成した証明資料となります。

　産品が原産品である旨を申告する書面を作成した輸出者又は生産者は、EPAによって異なりますが、作成後少なくとも5年間（TPP11）、少なくとも4年間（日EU・EPA）、少なくとも3年間（RCEP）と、当該産品が原産品としての資格を得るための要件を満たすことを示す他のすべての記録（ステップ5で作成した証明資料）を一定期間（表7-1参照）保存する義務があります。

（2）求められる社内管理体制

　証明書類の保存は、原産地証明作成のために作成された証明資料を適切に保存し、輸入国の税関からの事後の確認に備えるために行うものです。第5章第13節の「証明資料の作成」で説明しましたが、証明資料の作成に必要な情報の入手・保有・管理には、社内の多くの部署が関係しており、その保存についても、原産地証明を一元的に管理する部署（とりまとめ部門）が中心となって、根拠資

5　各EPAの最低の保存期間を示します。
6　日本への輸入の場合、輸入申告の際に税関に提出した書類は保存義務の対象とはなりません。

表 7-1　輸入国税関からの事後の確認への対応（比較表）

日本の EPA	検証への回答期間	記録の保存義務期間 EPA の規定（国内法）	
		輸入者	輸出者・生産者
第三者証明制度			
シンガポール	規定無	無（5年）	無
マレーシア、フィリピン、チリ、タイ、インド	3か月	無（5年）	5年
ブルネイ、アセアン、ベトナム	3か月 ベトナムは90日	無（5年）	3年
インドネシア	6か月	無（5年）	5年
モンゴル	4か月	無（5年）	5年
認定輸出者制度			
メキシコ*（輸出締約国）	6か月	—	5年
（輸出者・生産者）	45日	5年	5年
スイス*	10か月	無（5年）	3年
ペルー*	3か月	無（5年）	5年
自己申告制度			
豪州*	45日	無（5年）	5年
TPP11	少なくとも30日	5年	5年
米国	規定無	無（5年）	無
EU、英国	10か月	3年（5年）	4年
RCEP*	30日～90日	3年（5年）	3年

（＊）メキシコ、ペルー、スイス、豪州との EPA での第三者証明、RCEP での第三者証明、認定輸出者制度における検証への回答期間等も、協定上区別はなく同じです。

料の裏付資料を保存する部署を指定して、それら証明資料が確実に保存されるとともに、検証があった場合には、速やかに提出できるような体制[7]を整備（社内体制例：図7-1）しておくことが必要です。

　証明書類の保存について、証明資料及び原産地証明の作成についても一体となった、社内の関係部門の具体的な役割分担の例を示します。

7　産品の生産に使用された材料を原産材料として扱うために、サプライヤーからの資料（サプライヤー証明など）を裏付資料とする場合、検証で求められた際には、その根拠となる資料がサプライヤーから提供される体制となっていることが前提となります。

① 原産地証明の作成・保存（担当：とりまとめ部門）

ステップ5で作成された証明資料に基づいて、貿易管理部門等のとりまとめ部門が原産地証明の申請・入手、作成及び保存を担当します。

② 証明資料の作成・保存（担当：とりまとめ部門・関係部門）

（a）根拠資料（対比表、計算ワークシート等原産品としての資格の判定・確認を行った資料）

　　根拠資料に記載される、産品の生産に使用した材料及び産品の製造工程の情報は、産品の開発・技術・生産管理等を担当する部門が、産品の生産にかかる材料の単価、製造コスト・経費、利益などの製造原価情報は、財務・経理等を担当する部門が、原産材料として扱った材料の情報は、当該材料を調達した購買部等の部門が管理・保有しています。したがって、ステップ5で説明したように、根拠資料は、とりまとめ部門が中心となって、その記載はそれぞれ情報を有する部門が行う等、関係部門が協力して作成し、その裏付資料については、情報を有する関係部門が保存します。

（b）根拠資料の裏付資料

　イ．根拠資料に記載された材料で製造されたことを裏付ける書類（総部品表、製造工程フロー図、生産指図書等）

　　産品の生産に使用した材料及び産品の製造工程の情報を有する、産品の開発・生産管理等を担当する部門が保存を担当します。

図7-1　証明資料の作成・保存（社内管理体制（例））

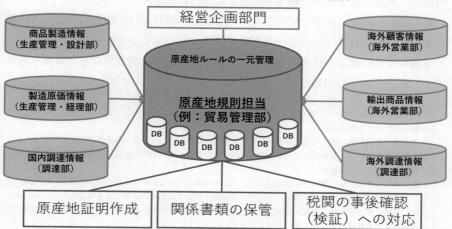

　　ロ．記載された価額の情報の妥当性を示す書類（製造原価計算表、投入され
　　　た各材料の単価を裏付ける資料等）

　　　　産品の生産に要した材料・費用の原価の情報を有する、財務・経理等を
　　担当する部門が保存を担当します。

　　ハ．サプライヤー証明

　　　　原産材料として扱う材料のサプライヤー証明の入手及びその内容の正確
　　性の一義的な確認は、購買部等の材料の調達を行う関係部門が担当します。
　　事後の確認の際に、サプライヤー証明の根拠となる資料の提出が求められ
　　た場合に備えて、サプライヤー側でこれら根拠となる資料を確実に保存し
　　てもらうことが必要です。

3. ステップ 9：輸入国税関の事後の確認（輸入事後調査、輸入国税関からの検証）への対応

　ステップ 6 で作成された原産地証明が正しいかどうかについて、輸入国税関
から事後の確認が行われる場合があります。

（1）事後の確認の方法

　ステップ 7 で述べたように、輸入国で EPA 特恵税率の適用を受けるためには、
輸入者が原産地証明を輸入国税関に提出することによって特恵待遇（すなわち、
EPA 特恵税率の適用）の要求を行うことから、輸入国税関による事後の確認は、
通常は、当該要求を行った輸入者に対して行われます。

　輸入者から確認に必要な情報が得られなかった場合には、輸入者自己申告の場
合を除き、輸出者又は生産者への事後の確認が行われることとなります。

　税関の事後の確認の具体的な方法は、輸入国の法令により異なると考えられま
すが、通常次の 2 つの方法があるとされています[8]。

8　日本税関による輸入貨物への事後確認は、以下の方法で行うとされています。
　①　輸入者に対する事後確認
　　　書面での情報提供要請又は輸入者等の事業所を個別に訪問して行う調査（事後調査）により実施され、
　　輸入者から提出された資料等に基づき、輸入申告された貨物が相手国の原産品であるか否かを確認します。
　②　輸出国に対する事後確認
　　　輸入者に対する事後確認で貨物が原産品であることを確認できない場合には、日本税関から輸出国に対
　　し、当該貨物が原産品であるか否かについての情報提供要請や現地への訪問による検証を行うことがあり
　　ます。なお、RCEP において輸入者自己申告に基づき特恵税率を適用した場合、協定上、輸入国税関は輸
　　出国に対する事後確認を実施することができません。

3. ステップ9：輸入国税関の事後の確認（輸入事後調査、輸入国税関からの検証）への対応

一つは、税関が行う「輸入事後調査」において行われるものです。「輸入事後調査」は、輸入貨物の通関後における税関による税務調査であり、輸入者の事業所等を税関職員が訪問し、輸入者等に保管されている帳簿や書類等により、輸入貨物に係る納税申告が適正に行われているか否かを確認するものです。

もう一つは、EPA の規定に基づいて輸入国税関が行う事後確認（以下「検証」といいます。）です。この場合でも、通常は、輸入者に対して最初に確認がなされ、輸入者より十分な情報が得られなかった等、必要な場合には、輸出国の発給機関又は権限ある当局、輸出者又は生産者に確認がなされます。どのような方法及び手続きによって輸出国の発給機関、輸出者等に対して検証が行われるかは EPA 又は証明制度によって異なっており、利用する EPA の検証手続についてよく確認を行っておく必要があります。

次に、輸入事後調査の例として、日本税関が実施する輸入事後調査を説明し、その後、EPA の規定に基づく検証について説明します。

（2）輸入事後調査

輸入貨物に課される関税額の決定・確定は、「関税評価」により決定された課税価格に、「関税分類」及び「原産地規則」により決定された税率を乗ずることによりなされます。輸入事後調査[9] は、税関がそれらの決定・確定が適正に行われているかを事後的に確認するものです。

輸入事後調査は、通常は、①実地調査の事前通知、その後②実地調査といった流れで行われます。事前通知とは、税関職員が実地調査を行う場合には、原則として、調査の対象となる輸入者に対して、調査開始前に相当の時間的余裕を置いて、実地の調査を行う旨、調査を開始する日時・場所や調査の対象となる輸入貨

（出典）「地域的な包括的経済連携（RCEP）協定フォローアップセミナー資料」日本関税協会ホームページ（https://www.kanzei.or.jp/check/epa_psr.htm）

9　輸入事後調査は、関税法第105条第1項第6号に基づいて行われます。また、業として輸入を行う輸入者には、関税関係帳簿の備付け及び関税関係書類の保存義務（関税法第94条等）があります。
関税法第105条第1項（税関職員の権限）（抄）
　税関職員は、この法律（第十一章（犯則事件の調査及び処分）を除く。）又は関税定率法その他関税に関する法律で政令で定めるものの規定により職務を執行するため必要があるときは、その必要と認められる範囲内において、次に掲げる行為をすることができる。
同条第1項第6号（抄）
　六　輸入された貨物について、その輸入者、その輸入に係る通関業務を取り扱つた通関業者、当該輸入の委託者、（中略）その他の関係者（中略）に質問し、当該貨物若しくは当該貨物についての帳簿書類その他の物件を検査し、又は当該物件（その写しを含む。）の提示若しくは提出を求めること

物、調査の目的などの通知を行うことです。

　輸入者が税関より事前通知を受けた場合には、実地調査の実施前までに、納税不足となっている輸入（納税）申告の有無のチェックを行い、納税漏れや納税不足の税額が判明した際には、調査開始前までに税関への修正申告（調査担当者への申し出）を行うことが最善の方法です[10]。その理由として、事前通知を受けてから実地調査開始前までに、修正申告を行った場合には過少申告加算税は 5%[11] ですが、開始後では過少申告加算税 10% が、さらに、隠蔽・仮装があったと判断される場合には重加算税 35% が課される可能性があり、調査開始前までに修正申告を行うことは、支払う加算税額の大きな節減に繋がることとなります[12]。

　輸入事後調査で税関により指摘された非違として、「関税評価」、「関税分類」、「原産地規則」それぞれに係るものがありますが、一番多いのは、「関税評価」の原則によって正しく課税価額が算出されないもの、例えば、税関へ申告を行った価額と売手へ実際に支払った貨物代金の相違による非違とされていますが、近年の EPA の進展により、「原産地規則」に係る非違も指摘されています[13]。

　非違の原因としては、意図的に行われたもの以外に、営業、購買及び経理部門の担当者と通関担当者間の連絡不足といった社内連絡体制の不備、各担当者及び取引関係者の法令の理解不足によるものが多いとされています。

　このことからも、2.（2）求められる社内管理体制等のところでも説明しましたが、日頃より、関係部門間で適切に連携していただく必要があります。

（3）輸入国税関からの検証
①　検証の方法
　輸入国税関からの事後の確認の方法については、EPA 又は証明制度によって異なります。

　証明制度として、第三者証明制度、認定輸出者制度及び自己申告制度の 3 つ

10　どのような準備が必要かを含め輸入事後調査への対応についての詳細をお知りになりたい方のために、日本関税協会では「輸入事後調査への対応」等のセミナーを用意しております。

11　事前通知を受ける前に修正申告を行った場合は、過少申告加算税は課されません。

12　さらには、所得税法又は法人税法上、加算税は損金不算入となることにも留意が必要です。

13　輸入事後調査の結果については、日本税関から毎年公表されています。直近（「令和 3 事務年度の関税等の申告に係る輸入事後調査の結果」）は、財務省ホームページ（https://www.mof.go.jp/policy/customs_tariff/trade/collection/ka20221109a.htm）を参照してください。また、「原産地規則」にかかる非違事例については、税関ホームページ「EPA/GSP での原産性に係る非違事例」（https://www.customs.go.jp/roo/gensan_hiijirei/index.htm）を参照してください。

3. ステップ９：輸入国税関の事後の確認（輸入事後調査、輸入国税関からの検証）への対応

があると説明しましたが、第三者証明制度及び認定輸出者制度の場合には、通常
は、輸出国の発給機関又は権限ある当局を通じて、輸出者又は生産者への検証が
行われます。

一方、自己申告制度のうち輸出者自己申告の場合には、日EU・EPA及び日英
EPAを除き、基本的に輸入国税関から直接、輸出者又は生産者へ検証が行われ
ます[14]。なお、輸入者自己申告の場合には、輸入者に対してのみ検証が行われ、
輸入者が輸入国税関から要求のあった確認に必要な情報を提供できなかった場合
には、特恵適用が否認されることとなりますので注意が必要です[15]。

ここで、利用されている方が多い、日EU・EPA、TPP11、RCEPの輸入国税
関による検証の方法についてより詳しく説明します。

イ．日EU・EPA

日EU・EPAにおける検証の具体的な方法は、第3.21条（原産品であるかど
うかについての確認）及び第3.22条（運用上の協力）に規定されています。

第3.21条第1項で、輸入国の税関当局は、産品が原産品であるかどうか等の
確認のため、特恵税率の適用の要求を行った輸入者に対して情報の提供を要求す
ることができると規定されています。後述するように、日EU・EPAでは、輸出
者自己申告の場合、輸出者又は生産者への検証は輸出国税関によって実施されま
すが、輸出国税関への検証依頼は、輸入者への検証の後に行うこととされ、また、
輸入者自己申告の場合は、輸出国税関への検証依頼の対象とはされていませんの
で、まずは輸入者に対して検証が行われることとなります。輸出者自己申告の場
合で、輸入者が詳細な情報を有していない場合、輸入国税関の検証の際は、必要
な支援を得られるよう事前に協議しておくことも重要です。

第3.21条第2項で、輸入者に対して提供を要求する具体的な情報[16]が限定列

---

14 日EU・EPA（日英EPAも同様）の場合には、輸出者自己申告の場合であっても、輸入国税関から輸出
　者又は生産者への直接の検証は行われず、輸入国税関の要請により輸出国税関が検証を行うこととなります。

15 RCEP及び日EU・EPA（日英EPAも同様）では、輸入者自己申告によって原産地証明が行われた場合、
　輸入国税関は輸出者又は生産者への検証及び輸出国当局への検証依頼は実施できないことが明確に規定され
　ています。日豪EPA、TPP11では、輸入国税関による輸出者（生産者）への検証自体は可能となっていま
　すが、「輸入者の知識」による場合に輸入者が情報提供できなければ、輸入締約国税関は特恵適用を否認で
　きると規定されています。

16 (a) 原産地に関する申告（輸出者自己申告の場合）、(b) 産品のHS番号及び用いられた原産性の基準、
　(c) 生産工程についての簡潔な記載、(d) 原産性の基準が特定の生産工程に基づくものである場合には、
　当該生産工程についての具体的な記載、(e) 該当する場合には、生産工程において使用された原産材料及

挙されています。これら限定列挙されている情報以外を求めてはならないとされていますが、同第3項で、輸入者は関連すると思われる他の情報を追加することができると規定されています。

第3.21条第4項で、輸出者自己申告の場合で、輸入国税関から要求された情報のすべて又は一部が、輸出者又は生産者から直接輸入国税関に提出される場合、輸入者は、その旨を輸入国税関に連絡すると規定されています。これは、輸出者又は生産者が、輸入者に産品が原産品かどうかの確認に必要な情報（例えば、付加価値基準を適用した場合の価格情報の内訳）を知られることなく、直接輸入国税関に提供する方法として利用されます。

第3.22条第2項で、輸出者自己申告の場合、第3.21条第1項に基づいて輸入者から提供された情報のみでは原産品としての資格を確認できず、追加の情報が必要と判断した時には、輸入国税関は、産品の輸入の後2年以内に輸出国税関へ情報の提供を要請することができると規定され、また、同条第3項で、当該要請を受けた輸出国税関は、自国の法令に基づき、記録を検討するため及び産

図7-2 日EU・EPAの検証手続（輸出者・生産者自己申告）

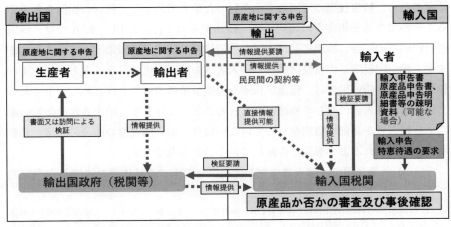

び非原産材料についての記載、(f) 原産性の基準が「完全に得られるものであること」である場合には、該当する区分、(g) 原産性の基準が価額方式に基づくものである場合には、産品の価額及び生産において使用された全ての非原産材料又は価額の要件の遵守を確保するために適当なときは生産において使用された原産材料の価額、(h) 原産性の基準が重量に基づくものである場合には、産品の重量及び産品に使用された関連する非原産材料又は重量の要件の遵守を確保するために適当なときは産品に使用された原産材料の重量、(i) 原産性の基準が関税分類の変更に基づくものである場合には、全ての非原産材料の一覧表であって、当該非原産材料のHS番号を含むもの、(j) 第3.10条に規定する変更の禁止に関する規定の遵守に関連する情報

品の生産に使用された設備を視察するため、輸出者又は生産者に対し、証拠の請求又は当該施設を訪問することによる審査を要請することができると規定されています。なお、同条第２項又は第３項による輸出締約国への情報提供の要請は、輸出者自己申告の場合に限られています。

第3.21条第５項で、輸入者自己申告の場合、同第１項に基づき提供された情報を確認した結果、輸入国税関が追加の情報が必要であると判断したときは、輸入者に対して追加の情報を求めることができると規定されています。輸入者自己申告の場合には、輸入国税関は、前述の輸出国への情報提供の要請はできませんので、輸入者が必要な追加情報を提供することができない場合は、EPA特恵税率の適用が否認される可能性があります。よって、輸入者自己申告を利用する場合、輸出者から原産品であることの確認に必要な情報はすべて入手しておくか、または、輸出者との間で、輸入国税関の検証がある場合、適切な支援が得られるよう、事前に契約や覚書にその旨を加えておくことも必要です。

図7-3　日EU・EPAの検証手続（輸入者自己申告）

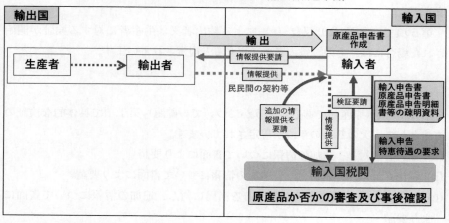

ロ．TPP11

第3.27条（原産品であることの確認）において具体的な検証の方法が規定されています。

第１項で、検証の方法として次の５つの手段が規定されています。なお、これら方法の優先順位の規定は設けられていません。

（a）輸入者に対し、情報について書面により要請

(b) 輸出者又は生産者に対し、情報について書面により要請 [17]

(c) 輸出者又は生産者の施設に確認のために訪問 [18]

(d) 繊維又は繊維製品については、第 4.6 条（確認）[19] に規定する手続き

(e) 輸入国と輸出国との間で決定するその他の手続き

　第 2 項で、輸入国は、輸入者、輸出者又は生産者から直接情報を受領すると規定されており、輸出者自己申告の場合、輸出国当局を経由することなく、輸入国税関から直接書面により検証の要請が届き、その回答を行うこととなります。また、第 4 項 (a) で、輸入国による検証の要請は、英語又は要請を受ける者の締約国の公用語とされており、通常、英語での要請が届き、その回答も英語で行うこととなります。

　第 3 項で、輸出者自己申告の場合、上記 (a) の方法により輸入者に対し情報提供を要請し、当該輸入者が情報を提供しない、又は提供されて情報が不十分なときであっても、輸入国税関は特恵税率の適用を否認する前に、上記 (b) 又は (c) の方法により輸出者又は生産者に対し情報提供を要請すると規定されています。

　第 5 項で、上記 (b) 又は (c) による輸出者又は生産者に対する検証が開始された場合には、その旨輸入者に通報すると規定されています。

ハ．RCEP

　第 3.24 条（原産品であるかどうかについての確認）第 1 項で具体的な検証の方法として、次の 5 つの手段が規定されています。

(a) 輸入者に対し、追加の情報について書面により要請

(b) 輸出者又は生産者に対し、追加の情報について書面により要請

(c) 輸出国の発給機関又は権限のある当局に対し、追加の情報について書面により要請

(d) 産品に係る設備及び生産工程を視察し、原産性に関する記録（会計の資料を含む。）を検査するため、輸出者又は生産者の施設を確認するための訪問

17　第 3.27 条第 7 項で、(b) の検証において、輸入国は（輸出国の求めに応じ）通報し、また、輸入国の要請を受け、輸出国は支援を行うことができるとされています。

18　第 3.27 条第 8 項で、(c) の検証において、輸入国は輸出国に通報し、輸出国の職員の同行の機会を与えるとされています。

19　繊維・繊維製品については、輸出国が輸入国の輸入者又は生産者の施設への訪問への支援等を実施することが規定されています。

図7-4　TPP11の検証手続

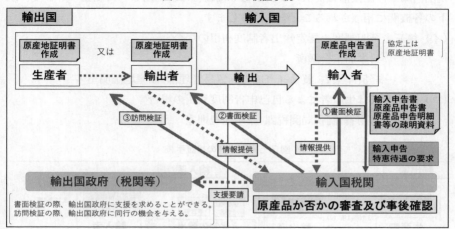

(e) 関係する締約国が合意するその他の手続き

　(a)〜(c) までの実施方法に優先順位はありませんが、(d) の施設の訪問については (c) の実施の後のみ行うことができると規定されています。

　なお、輸入者自己申告の場合、第3.16条（原産地証明）第4項（注）で、上記1 (b) 〜 (d) に規定する手段による検証は実施できないこと、また、輸入者は、産品が原産品であることを証明するための十分な情報を有している場合に限り、輸入者自己申告を行うべきことが規定されています。

　RCEPでは上記 (b) のとおり、輸入国税関による輸出者又は生産者への追加の情報要請が検証方法として規定されていますが、第3.24条の注においては、締約国は、自国の輸出産品に係る原産品であるかどうかの確認のための単一の連絡部局（コンタクトポイント）を指定することができると規定されています。日本関税協会が主催したRCEP説明会において、「日本が輸出国として、相手国（輸入国）から輸出国による検証の要請を受ける場合も、コンタクトポイントを通じて受理することとなっています。相手国が日本の輸出者又は生産者に対して情報提供を要請する場合にも、コンタクトポイントへ要請の送付が行われることとなっており、その場合、利用された証明制度に応じ、以下の機関から輸出者又は生産者の方に連絡いたします。」との説明がありました[20]。このため、輸入国

20　RCEP協定に係る業務説明会資料（2021年12月）(https://www.customs.go.jp/kyotsu/kokusai/news/rcep/shiryou.pdf)

税関当局から直接情報提供の要請があった場合は、利用された制度に応じて、以下の各機関に相談されることをお勧めします。

（イ）第三者証明制度・認定輸出者制度利用の場合

　　　　　日本商工会議所

　　　　　経済産業省 貿易経済協力局貿易管理部 原産地証明室

（ロ）輸出者又は生産者による自己申告制度利用の場合

　　　　　財務省 関税局関税課 原産地規則室

図 7-5　RCEP の検証手続

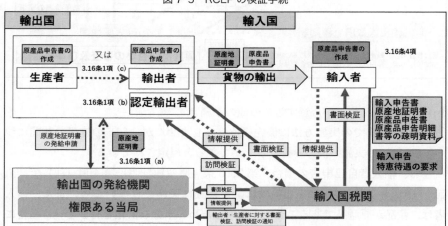

②　検証要請の期限

　検証要請期限については、日 EU・EPA では輸入から 2 年間、日英 EPA では、日本への輸入は輸入の日から 2 年間、英国への輸出は輸入の日から 2 年間又は原産地証明（原産地に関する申告）の作成日から 38 か月のいずれか早い日まで[21]、日シンガポール EPA では輸入から 3 年間と規定されている以外は、他の EPA では設定されていません。しかし、記録の保存義務期間を超えた検証要請は事実上困難なことから、それら EPA での検証要請可能な期間は、各 EPA の記録の保存義務期間を踏まえたものになると考えられます。

21　これは、日本側での原産地に関する申告の有効期限が 1 年間であるのに対し、英国側の原産地に関する申告の有効期限が 2 年間であるため、記録の保存期間である 4 年（48 か月）から検証期間の 10 か月を引いた 38 か月間が検証要請期限として設定されています。

③　検証回答期限

　輸入国税関から情報提供要求がある場合の回答期限についても、EPA 又は証明制度によって異なります（表 7-1 参照）。第三者証明制度及び認定輸出者制度の場合は、多くの EPA で 3 か月から 6 か月とされていますが[22]、輸出国の発給機関又は権限ある当局を通じて検証が行われることから、輸出者又は生産者が回答に与えられる時間はより短いと考えられます。

　輸出者自己申告の場合は、原産地証明を作成した輸出者又は生産者に対し、直接情報提供要求が行われ、その場合の回答期限をみると、TPP11 の場合、協定上少なくとも 30 日を与えると規定されており、RCEP の場合は、協定上 30 日〜90 日を与えると規定されていますが、30 日〜90 日の期間の設定は輸入締約国の裁量であることから、短い場合には、30 日以内に回答を求められることもあり得ます[23]。加えて、回答に当たっては、輸入国税関から送付される英語で記載された質問の内容を正しく理解し、その疑問に的確に答える回答書及び関係書類を英語で準備・作成し、当該税関当局に送付する時間も考慮する必要があります。

　よって、いずれの EPA 及び証明制度についても、輸入国税関の検証に対してすぐに対応できるよう、前述した社内体制の整備を図ることが大変重要となります。

　ここで、日 EU・EPA、TPP11、RCEP における検証回答期限と輸入国税関による否認に係る規定についてより詳しく説明します。

イ．日 EU・EPA

　日 EU・EPA においては、第 3.24 条（関税上の特恵待遇の否認）で具体的な検証への回答期限を以下のように定め、期限内に回答がない場合に否認できると規定されています。

　(a) 第 3.21 条第 1 項に基づき輸入者に対する情報提供の要求が行われた日の後 3 か月以内に、

---

[22] 日メキシコ EPA の場合、協定上、輸出者又は生産者への直接の検証も可能であり、その場合の回答期限は 45 日となっています。RCEP の場合、協定上、証明制度の区別はなく、回答期限は 30 日〜90 日とされており、後述のように、30 日とされることもあり得ますので、注意が必要です。

[23] 日 EU・EPA の場合は 10 か月となっていますが、検証を実施する輸入国税関が、検証要請を行った輸入国税関へ回答を行う全体の期限であり、輸出者又は生産者に与えられる時間はより短くなることに留意が必要です。

（ⅰ）回答がない場合

（ⅱ）輸入者自己申告の場合で、提供された情報が、産品が原産品であることの確認に十分でない場合

(b) 輸入者自己申告の場合で、第 3.21 条第 5 項に基づき輸入者へ追加の情報の提供要求が行われた日の後 3 か月以内に、

（ⅰ）回答がない場合

（ⅱ）提供された情報が、産品が原産品であることの確認に十分でない場合

(c) 第 3.22 条第 2 項に基づき輸出国税関に対して情報提供要請を行った日の後 10 か月以内に、

（ⅰ）回答がない場合

（ⅱ）提供された情報が、産品が原産品であることの確認に十分でない場合

ロ．TPP11

TPP11 においては、第 3.27 条（原産品であることの確認）第 6 項で具体的な検証への回答期限が以下のとおり規定されています。

(a) 輸入者、輸出者又は生産者に対し、回答するために書面による要請の受領の日から少なくとも 30 日の期間を与えること。

(b) 輸出者又は生産者に対し、訪問についての書面による要請に同意するため、又は当該要請を拒否するため、当該要請の受領の日から 30 日の期間を与えること。

(c) 確認の後、できる限り速やかに、遅くとも決定を行うために必要な情報を受領した後 90 日以内に、かつ、最初の情報についての要請その他の行動をとった後 365 日以内（非常に複雑な事案等例外的な事案については、自国の法令に従い延長可能とされています。）に決定を行うこと。

さらに第 3.28 条第 2 項で、上記期限内に回答を行わない等、検証への対応が不十分な以下の場合に、特恵待遇の要求を否認できると規定されています。

(a) 産品が原産品であることを決定するのに十分な情報を得られなかった場合

(b) 輸出者、生産者又は輸入者が回答を行わなかった場合

(c) 輸出者又は生産者が確認のための訪問について同意を与えなかった場合

ハ．RCEP

RCEP においては、第 3.24 条（原産品であるかどうかについての確認）第 4 項で具体的な検証への回答期限について以下のとおり規定されています。

(a) 輸入者、輸出者、生産者又は輸出締約国の発給機関若しくは権限ある当局に対し、書面による要請の受領の日から 30 日以上 90 日以下の期間を与えること。

(b) 輸出者、生産者又は権限のある当局に対し、確認のための訪問についての書面による要請の受領の日から 30 日以内に同意又は拒否することを認めること。

(c) 必要な情報の受領の日から 90 日以内（又は 180 日以内）[24] に決定を行うように努めること。

さらに第 3.25 条第 3 項において、上記期限内に回答を行わない等、検証への対応が不十分な以下の場合に、特恵待遇の要求を否認できると規定しています。

(a) 輸入国税関が産品が原産品であることを決定するために十分な情報を受領しなかった場合

(b) 輸出者、生産者又は輸出国の権限のある当局が前記第 3.24 条第 4 項の書面による要請に回答しない場合

(c) 前記第 3.24 条第 4 項の確認のための訪問についての要請が拒否される場合

4. ステップ 5、6、8 及び 9 のまとめ

ステップ 5、ステップ 6、ステップ 8 及びステップ 9 で行うべき事項の一連の流れを図 7-6 にまとめました。この流れに従って、ステップ 5 では、原産地規則を満たすかどうかを確認するための証明資料（根拠資料（対比表、計算ワークシート等））の作成、根拠資料に記載された内容の裏付資料の収集・作成、定期的な見直しの実施（そのための社内体制の整備）、ステップ 6 では、ステップ 5 で作成した証明資料に基づいた原産地証明の作成（原産地証明書の申請・入手、原産地申告書＋原産品申告明細書及び関係書類の作成、サプライヤー証明の作成（他社へ納入の場合））、ステップ 8 では、ステップ 5 及びステップ 6 で作成・収

---

24 RCEP 第 3.24 条第 4 項（c）は、「必要な情報の受領の日から 90 日以内及び 180 日以内に決定を行うよう努める」と規定しており、輸入締約国が 90 日又は 180 日のいずれかを選択することが可能と解釈されます。

集した証明資料及び原産地証明の保存（そのための社内体制の整備）、ステップ9では、税関の事後の確認への対応（そのための社内連絡体制等を事前に整備）を確実に実施することにより、原産品か否かの適正な判断の実施、また、輸入国税関による事後の確認による否認のリスクを最小化していくことが大変重要となります。

図 7-6　証明書類の作成・保存（フロー図）

ステップ5：原産地規則を満たすか否かの確認（証明資料の作成）	証明資料の収集・作成 ・ 根拠資料（対比表、計算ワークシート等）の作成 ・ 根拠資料に記載された内容の裏付資料の収集・作成 ・ 定期的な見直しの実施（そのための社内体制の整備）
ステップ6：原産地証明の作成	・ 原産地証明書の申請・入手 ・ 原産地申告書＋原産品申告明細書及び関係書類の作成 ・ サプライヤー証明の作成（他社へ納入の場合）
ステップ8：証明書類の保存	・ ステップ5及びステップ6で作成・収集した資料及び原産地証明の保存（そのための社内体制の整備） 　（注）輸出入申告書類（申告書、インボイス、B/L、P/L）等も保存
ステップ9：輸入国税関の事後の確認への対応	・ 迅速な対応のため、社内連絡体制等を事前に整備

（著 者）

長谷川　実也
〔略 歴〕

　（公財）日本関税協会　教育・セミナーグループ部長。元長崎大学経済学部教授、青山学院大学経営学研究科客員教授、WCO 認定専門家（基準の枠組み）。我が国最初の EPA である日シンガポールEPA 交渉に従事して以降、長年にわたり原産地規則に関する国際交渉、政策の策定及び税関における執行に従事し、また、研究者としての立場で原産地規則に係る多数の論文を執筆。在米国大使館一等書記官、インドネシア財務省（JICA 専門家）、東京税関業務部総括原産地調査官、財務省関税局関税課原産地規則専門官、横浜税関調査部長、長崎大学経済学部教授等を経て、2019 年東京税関調査部長。2020 年 10 月から現職。

松本　敬
〔略 歴〕

　（公財）日本関税協会　調査・研究グループ部長、政策研究大学院大学客員教授。WCO 認定専門家（基準の枠組み、通関所要時間調査）。税関研修所教官、インドネシア関税局長政策顧問（JICA 専門家）、関税局課長補佐（APEC 担当）、WCO アジア太平洋キャパシティビルディング事務所長、関税国際交渉専門官、WCO 事務局対外調整官を経て、2014 年大阪税関総務部長。2015 年 9 月から現職。

基礎から学ぶ原産地規則

2023 年 3 月 17 日　初版発行　ISBN 978-4-88895-496-9

発　行　　公益財団法人 日本関税協会

〒 101-0062
東京都千代田区神田駿河台 3-4-2
日専連朝日生命ビル 6 階
https://www.kanzei.or.jp/

© Jitsuya Hasegawa, Takashi Matsumoto 2023 Printed in Japan